KB155577

영화로
열어가는
가족상담

조원국

박영story

머리말

설 명절맞이 목욕을 하기 위해 아들과 함께 동네 목욕탕을 찾았습니다. 평소보다 많은 사람들로 북적이는 틈에서 혼자 힘으로는 서계시지도 못하고 걸음을 옮겨 놓지도 못하시는 노인을 아들과 손자가 부축하고 조심스럽게 정성을 다하여 몸을 씻겨드리는 따뜻한 장면이 눈에 들어왔습니다. 코끝이 시큰해지면서 20년 전 아버지가 돌아가시기 전에 남동생과 함께 마지막 목욕을 시켜드리던 모습이 떠올랐습니다. 그래서였을까요? 올해 설은 아버지가 무척이나 그리웠습니다. 요즈음 저를 흐뭇하게 바라보시는 아버지의 모습을 꿈속에서 만나는 때가 자주 있습니다. 어린 시절의 아픔과 상처가 치유되어 과거에 대한 이해가 깊어지니까 꿈에 등장하시는 아버지의 모습도 바뀌어가는 것 같습니다. 우리는 가족이라는 지붕아래 태어나고 사랑으로 연결된 가족은 가장 소중한 가치가 됩니다. 하지만 가족은 서로를 구속하고, 사소하게 작은 일에도 상처를 주고받아 관계가 어긋나고, 단절이 되기도 합니다. 상처를 치유하고 가족관계를 회복하는 일. 가족이기 때문에 할 수 있고 해야 하는 일이 아닐까요?

오늘도 많은 사람들이 영화관을 찾아 스크린에 펼쳐진 세상 속으로 여행을 다닙니다. 각종 영상매체의 눈부신 발전에 힘입어 다양한 형태로 영화 관람이 가능해져 자아를 탐색하고 정서적 통찰을 얻게 하며 문제해결방법을 깨우치도록 돕는 상담의 과정에 영화가 광범위하게 활용되고 있습니다. 대학원 수업에서 가족상담 과목에 흥미를 갖게 하고 학습내용의 이해를 돕는 방법으로 영화를 활용하기 시작한 것이 영화치료와 첫 만남이었습니다. 영화를 상담에 활용했던 경험을 책으로 엮어내고 싶은 마음은 오래전부터 있었지만 부족함이 많아 망설이다가 함께 공부하는 분들의 격려에 힘입어 이제야 용기를 냅니다. 이 책은 가족상담의 이론을 체계적으로 다루고 있는 전공서적이 아닙니다. 사람들에게 친숙한 영화라는 매체를 활용하여 가족상담에서 자주 언급되는 중요한 개념과 이론적 내용들을 찾아 재미있게 담아내려고 노력하였습니다.

책은 총 3부 12장으로 구성되어 있습니다. 1부는 가족상담의 이해로 여자와 남자의 차이, 결혼, 가족의 의미와 가족상담의 이해, 기능적 가족과 역기능적 가족, 가족 스트레스와 가족갈등, 그리고 새로운 동향의 가족에 대하여 기술하였습니다. 2부 가족생활주기에서는 가족생활주기와 발달과업, 가족생활주기와 가족문제를 다루었고, 3부 가족상담이론에서는 가족상담의 근간을 이루는 경험주의 가족상담, 구조주의 가족상담, 다세대중심 가족상담, 해결중심 가족상담, 이야기 치료 가족상담을 영화 속 주인공들이 갈등을 풀고 문제를 해결하는 접근방법에 대한 분석을 통해 설명하였습니다. 책에서는 총 22편의 영화를 활용하여 이론을 설명하였고, 상담을 하는 장면에서 실제적인 도움이 될 수 있도록 각 장마다 영화를 활용한 가족상담 레시피를 제시하였습니다. 레시피는 영화상담에서 활용할 수 있는 장면, 상담자가 내담자의 내면에 다리 놓기(bridging)를 할 수 있는 유용한 질문, 마음타래 풀기, 마음에 북주기를 통해 내담자의 성장과 발달을 도울 수 있도록 구성되어 있습니다. 물론 영화를 감상하는 시각과 독자들의 견해에 따라 다른 각도와 관점에서 설명하고 분석하는 것이 가능하므로 저의 생각과 접근이 옳고 그름의 기준이 될 수 없음을 미리 밝혀두고자 합니다. 다만 이 책을 읽는 독자들에게 영화를 통해 가족상담에 조금 더 쉽게 다가갈 수 있는 기회가 되고, 영상영화매체를 활용하는 영상영화심리상담사들에게 작은 도움이 되기를 바랍니다.

　김태용 감독의 영화 <가족의 탄생>에는 마음 씀씀이가 좋아서 주변 사람들의 일을 늘 제 일처럼 챙기는 여자친구 채현(정유미 분)의 태도가 마음에 들지 않는 경석(봉태규 분)이 "너 너무 헤퍼."라고 하자 채현은 "경석아! 헤픈 거 나쁜 거야?"라고 반문하는 장면이 있습니다. 헤픈 건 나쁜 걸까요? 좋은 걸까요? 정이 헤픈 사람들이 만나 이루어지는 것이 가족이니까 많이 헤프면 행복할 것 같다는 생각이 듭니다. 별빛 총총한 밤하늘아래 작은 스크린 걸어 놓고 가족들과 함께 헤픈 영화 한편 보는 건 어떨까요?

2017년 2월 담쟁이심리상담연구소에서
저자 조원국

차 례

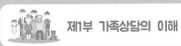
제1부 가족상담의 이해

제2부 가족생활주기

제1장

여자와 남자, 그리고 결혼

🎥◖영화 기본 정보

제목: 해리가 샐리를 만났을 때

　　　(When Harry met Sally, 1989)

제작국: 미국

감독: 롭 라이너

출연: 빌리 크리스탈, 맥 라이언

장르: 코미디, 멜로/로맨스

러닝타임: 96분

관람기준: 청소년 관람불가

📷 힐링시네마를 위한 이 영화의 키워드

만남/사랑/이별/여자와 남자의 차이/진로

여자는 누구일까요? 남자는 어떤 존재일까요? 서로의 어떤 면에 이끌리는 것일까요? 이성에 관심을 가지기 시작하는 사춘기 이후부터 여자와 남자는 서로에게 매력적인 존재가 되려고 많은 시간과 에너지를 쏟아 붓습니다. 별처럼 수많은 여자와 남자 중에 두 사람이 만나 사랑을 하고 결혼을 하고 가족이라는 이름을 만듭니다. 그런데 여자와 남자는 의사를 전달하는 방법이 서로 다를 뿐만 아니라, 생각하고 느끼고 지각하고 반응하고 행동하고 사랑하고 필요로 하는 것까지 많은 것이 다릅니다. 그러므로 가족의 첫 번째 구성원이 되는 여자와 남자가 서로 어떤 특성을 가지고 있는지 알아야 가족을 이해하는 폭이 넓어질 수 있습니다. 왜냐하면 여자와 남자는 서로의 '다름'으로 인해 매력을 느끼지만 이런 '다름'이 갈등의 시작이 되고 불협화음의 원인이 되기 때문입니다. 여자와 남자가 서로 부대끼는 과정에서 상대를 변화시키려고 애쓰거나 맞서기보다 그 차이를 받아들이면 더불어 잘 지낼 수 있는 지혜를 발휘할 수 있을 것입니다. 그런데 이것은 쉽지 않은 일입니다. 오죽했으면 존 그레이는 남자를 화성에서, 여자를 금성에서 온 서로 다른 행성인으로 묘사를 했을까요?

저는 대학을 다니는 딸과 아들을 두고 있습니다. 둘은 1년 차이로 태어났기 때문에 대부분을 같은 시간과 공간에서 성장하고 발달을 함께 했습니다. 기억을 거슬러 올라가 보면 딸아이는 2~3살 때 못하는 말이 거의 없어 의사소통에 전혀 어려움이 없었던 반면, 아들아이는 4살이 되어서도 언어표현이 명확하지 못해 알아듣기 어려워 답답해했던 것 같습니다. 발달심리를 공부하면서 그 이유를 알게 되었는데, 대체적으로 여자가 남자보다 언어능력이 일찍 발달하고, 구사하는 언어의 수에서 남자는 여자에 비해 현저히 적다는 것입니다. 하루에 남자는 1만 개, 여자는 남자의 3배에 달하는 2만 5천 개의 단어를 재생하며 생활한다고 하니 단어재생 능력에서 남자들이 여자들을 따라가기는 힘든 것 같습니다.

부부싸움을 하거나 연인들 간에 다툼이 있을 때 여자들이 다양한 언어로 차근차근 따지고 들어오면 남자들은 "그래서, 어떻다는 거야?", "나보고 어떻게 하라는 거야?" 하고 소리를 지르면서 문을 세게 닫고 밖으로 나가는 경우가 많습니다. 언어를 재생하는 능력에서 여자를 따라갈 수 없기 때문에 말문이 막힌 남자가 할 수 있는 유일한 의사표현행동인 것입니다. 남자들은 모임에서 스포츠 활동, 오락, 게임 등 몸으로 움직이는 활동을 주로 하는 반면, 여자들은 찻집이나 카페에 앉아 몇 시간 동안 이야기꽃을 피우는 것을 볼 수 있습니다. 여자들의 이런 탁월한 언어능력을 질투하고 시기한 나머지 밴댕이처럼 속이 좁은 몇몇 남자들이 '여자 셋이 모이면 접시가 깨진다.'는 속담을 만들어 낸 것은 아닐까 싶습니다.

영화 <해리가 샐리를 만났을 때>는 여자와 남자가 많이 다르다는 것을 잘 보여주는 영화입니다. 시카고 대학 졸업생 해리와 샐리는 졸업을 하면서 부푼 희망을 품고 성공을 위해 뉴욕으로 함께 차를 타고 갑니다. 일면식도 없었던 두 사람이 해리의 여자 친구 아만다의 소개로 함께 차를 타고 뉴욕을 향해 가는 여정에서 발생하는 에피소드는 여자와 남자의 차이를 잘 보여주는데, 먼저 식당에서 음식을 주문하는 장면에서 확연하게 드러납니다.

식당에서 종업원이 주문을 받으러 오자 남자 해리는 단순하게 "3번 주세요."라고 하는 반면 여자 샐리는 "샐러드 주세요. 드레싱은 따로 주시고, 애플파이 알라모드도 주세요. 파이는 데워주시고 아이스크림은 따로 주세요. 바닐라 말고 딸기로 주시고, 없으면 생크림으로 주시는데... 깡통에 들은 거는 안돼요."라고 상세하고 구체적으로 주문을 합니다. 샐리가 종업원에게 주문하는 광경을 해리는 금성에서 날아온 공주를 만난 표정을 지으며 입을 벌리고 멍하니 바라보고만 있을 뿐입니다.

남자는 굶주린 배를 채우는 것에 목적을 두고 무엇을 어떻게 먹느냐는 중요하지 않기 때문에 목적을 향한 터널시야(一視野, tunnel vision)적 관점에서 3번 메뉴를 선택한 것입니다. 그러나 여자들은 배가 고프더라도 자신을 만족시키고, 자신을 존중해줄 수 있는 음식을 섭취하길 바라기 때문에 자신의 욕구를 탐색한 후에 천천히 그리고 꼼꼼하게 주문을 하는 것입니다. 주변의 모든 것을 고려하는 서클시야(廣角視野, circle vision)적 관점이라고 할 수 있습니다. 냉장고 문을 열고 바로 앞에 있는 우유팩을 찾지 못하고 "엄마 우유 어딨어?"라고 결국 엄마를 불러대는 사내아이들의 외침이, 주방에서 음식 준비를 하면서도 공부를 하다가 장난을 하는 아이들의 딴 짓을 마치 뒤통수에 눈이 달린 것마냥 감지하는 여자들의 정확한 지적이 터널시야와 서클시야의 차이를 설명해줍니다.

사회인류학자들의 이야기를 빌리면 원시사회부터 남자들의 임무와 책임은 식구들을 굶주리지 않게 하기 위해 식량을 구하는 것이었습니다. 수렵사회였으므로 토끼나 사슴은 잡아야 하고, 호랑이 같은 큰 동물은 피해야 했습니다. 남자는 어디서 사냥감이 나타나는지를 살펴야하기 때문에 바위나 나무에 숨어서 멀리 바라봐야 합니다. 그리고는 사냥감이 나타나기를 기다리며 조용히 입을 다물고 서너 시간 망을 보는 일이 점차 익숙해질 수밖에 없었을 것입니다. 여기서부터 비롯된 것이 남자들의 터널시야입니다.

반면에 여자들의 시야는 여러 각도로 주위의 다양한 것을 보고, 알아채고, 배려하는 써클시야입니다. 단체생활을 하는 동굴에서는 여러 가족이 함께 살아야 하기 때문에 갑순이네 가족과도 잘 살아야 하고, 춘향이네 가족과도 잘 살아야 합니다. 그러려면 이웃들의 기분을 살피고, 사람들의 특징을 잘 파악해야 했을 것입니다. 고기를 썰면서도 옆에 있는 길동이네 엄마와 살아가면서 겪는 소소한 이야기를 자세히 하게 되었을 것입니다. 그러다보니 자연스럽게 솥 뚜껑을 열어 밥을 살피면서 찌개를 끓이기 위해 칼질을 하고, 아이의 옷 입는 것까지 참견하는 등 여러 가지 일을 동시에 할 수 있는 서클시야가 발달하게 되었으리라 생각합니다. 동서남북을 찾아내는 방향감각과 지리적 탐색 능력을 과시하다가 네비게이션 안내를 무시한 결과로 엉뚱한 길에서 헤매는 핵존심 남자들이 발생하는 것은 터널시야와 무관하지 않으리라 생각합니다. 반면에 길 찾는 것, 주차하는 것이 어려운 여자들은 서클시야를 가지고 있기 때문이겠지요. 그러니까 남자들은 여자들이 운전을 서툴게 한다고 무시하거나 핀잔을 주지 말고, 여자들은 남자들이 냉장고 속 물건을 바로바로 못 찾아온다고 구박하지 않았으면 좋겠습니다. 여자와 남자는 서로 다른 시야를 가지고 태어나기 때문에 어쩔 수 없는 성향이라고 인정해주고 서로 이해하고 배려해주어야 합니다.

2009년부터 2011년까지 케이블 방송 tvN에서 방영되었던 <롤러코스터 남녀생활탐구>는 일상생활 속에서 여자와 남자의 각각 다르게 나타나는 심리와 행동을 재미있게 표현한 프로그램으로 많은 이들의 공감을 불러일으켰습니다. 남자 정형돈은 백화점에 들어가자마자 구입하기로 목표를 정한 바지 가게로 곧장 갑니다. 여기저기 둘러보거나 들러서 가지 않고 곧바로 바지 가게로 가서 자기 마음에 썩 들지 않음에도 불구하고 판매여직원이 손님의 환심을 사기 위해 내뱉는 "어머, 잘 어울립니다."라는 한 마디에 불편한 바지임에도 그냥 사서 입고 나옵니다. 남자는 왜 여자의 칭찬하는 말 한 마디에 쉽게 마음을 빼앗길까요? 상대를 배려하기 위해 지나가는 말로 하는 여자의 상냥한 말 한마디는 남자에게 의미 있는 소중한 한마디로 인식될 수 있습니다. 어쨌든 정형돈은 가서 목표로 했던 바지만 달랑 사서 나옵니다. 반면에 여자 정가은은 그날 미니스커트를 사고 싶었습니다. 그런데 미니스커트를 사기 위하여 백화점에 들어선 여자는 먼저 눈에 띄는 블라우스를 요리조리 따져보며 한참을 탐색하기 시작합니다. 어렵게 블라우스를 구입을 한 여자에게는 블라우스에 어울리는 스커트가 필요하고, 스커트에 맞출 구두가 필요하고, 구두에 깔맞춤할 수 있는 핸드백도 필요합니다. 거기에다 복장에 어울리는 여러 가지 악세사리도 필요한 모양입니다. 여자의 손에는 쇼핑백이 여러 개 들려져 있지만 들고 있는 쇼핑백에 처음에 구매하려고 목표했던 미니스커트는 없습니다. 그래도 여자는 괜찮은지 쇼핑백을 주렁주렁 들고 나오면서 혼자 말합니다. "미니스커트는 내일 다시 사야지."

마트나 백화점에 가면 기분 좋게 쇼핑을 나왔다가 서로 티격태격 다투고 기분이 상해서 돌아가는 연인이나 부부를 종종 보게 됩니다. 이들이 티격태격하며 말하는 것을 들어보면 대부분 남녀의 쇼핑패턴을 이해하지 못하는 것이 원인이 되었다는 것을 짐작할 수 있습니다. 터널시야를 장착하고 목표를 향해 돌격 앞으로 전진하는 정형돈 같은 남자들이, 360° 회전하는 서클시야로 여러 가지 득템을 고대하며, 백화점을 여러 바퀴 돌아다니고, 쇼핑하는 시간을 마음껏 즐기는 여자 정가은을 이해하기란 쉽지 않은 일입니다. 요즘에는 남자가 쇼핑카트를 밀고 여자들이 물건을 담으면서 함께 쇼핑하는 문화가 보편화되어 있지만, 그럼에도 불구하고 쇼핑몰 구석의자에 앉아 휴대폰을 들여다보면서 여자가 빨리 쇼핑을 마치고 돌아오기만을 기다리는 남자들이 눈에 많이 띄는 것을 보면 남자들이 여자들의 쇼핑패턴에 익숙해지는 것은 어려운 모양입니다. 여자들은 남자들이 대형 마트에 가서 카트를 밀고 이곳저곳 다니는 것 자체가 힘들다는 것을 이해해줘야 합니다. 그리고 그렇게 같이 쇼핑을 하는 남자들에게 차이를 극복하고 존중해줘서 고맙다는 의사표현을 하는 것이 서로의 관계에 좋은 징검다리를 놓을 수 있을 것입니다.

영화 〈해리가 샐리를 만났을 때〉를 활용한 가족상담 레시피

레시피 1: 여자와 남자1 　지시적 접근 + 연상적 접근

치유적 장면: 영화 감상

해리와 샐리가 차를 몰고 뉴욕으로 향하면서 대화를 하고 식당에서 음식을 주문하고 계산하는 장면

① 당신은 식당에서 음식을 주문할 때 어떤 스타일인가요?
　 해리인가요? 또는 샐리인가요?
② 당신은 살면서 남자 또는 여자가 이해되지 않았던 경험이 있나요?
③ 당신은 식사 후 식사비를 어떻게 계산하는 유형인가요?

레시피 2: 여자와 남자2 　지시적 접근 + 연상적 접근

치유적 장면: TV프로그램 영상 감상

롤러코스터 〈남녀생활탐구〉의 쇼핑편

① 당신은 어떤 쇼핑 스타일을 즐기시나요?
　 정형돈? 또는 정가은?
② 부부, 또는 연인과 같이 쇼핑을 하다가 다툰 적이 있나요?
③ 다투었을 때 주로 누가 화해를 청하나요?
④ 어떤 방법으로 화해를 하나요?

남자는 왜 여자가 자기에게 의지하기를 바랄까요? 저는 제 아내가 "당신 참 믿음직해요.", "당신은 운전도 잘 하고 못하는 것이 없어요.", "항아리 좀 옮겨줄래요?"라고 저의 능력에 대해 칭찬해주거나 저의 힘이 필요한 일을 하고나면 어깨가 으쓱해지곤 합니다. 아내가 저에게 의지할 때 저는 남자로서의 가치를, 그녀 옆에 존재하는 이유를 발견하고 모든 문제를 해결할 수 있을 것 같은 자신감이 듭니다. 이런 근거 없는 자신감은 종종 저를 고립무원의 검객으로 변신시키곤 하는데 문제에 부딪히면 골머리를 싸매고 혼자 끙끙대며 해결하려고 하다가 이야기했으면 쉽게 해결할 일을 복잡하고 어렵게 만들었다는 핀잔을 아내에게 듣습니다.

이런 문제해결 방법을 사용하는 남자들은 이렇게 심경 고백을 합니다. "아내는 나에게 처음부터 모든 것을 세세한 부분까지 똑바로 이야기하고, 한꺼번에 모두 다 쏟아내길 바라지만, 난 그렇게 하지 않습니다. 난 좀 더 깊이 생각할 시간을 갖는 것이 필요하기 때문이지요. 아내는 내가 이야기하지 않는 것이 솔직하지 못하기 때문이라고 생각하는데, 나는 무엇을 감추려고 처음부터 이야기하지 않은 것은 아닙니다. 어느 정도 해결이 된 후에 이야기를 하는 것이 걱정근심을 덜어주는 길이라고 생각했습니다." 대체로 남자들은 아내에게 말하기 전에 이야기의 주제를 잡고 간략하게 해야 된다는 의사소통 패턴을 가지고 있습니다. 남자들에게 허심탄회한 이야기를 듣기를 바란다면 그들만의 문제해결중심적 의사소통 방법을 여자들이 조금 더 이해하고 기다려주는 센스가 필요합니다.

반대로 남자들은 여자들이 이야기할 때 잘 들어줘야 합니다. 그런데 많은 남자들은 여자들과 이야기할 때 능력 있는 남자로서 해결사 역할을 해줘야 한다는 강박관념을 갖는 것 같습니다. 여자들이 "회사에서 부장님과 사이가 안 좋았는데..."라고 직장에서 속이 상했던 이야기를 하면 "그래? 한번 세게 들이 받아서 본때를 보여줘야 당신을 쉽게 생각하지 않아." 또는 "얼마 번다고 그런 수모를 당하고 있어. 나 혼자 벌어도 충분히 먹고 살 수 있으니까 힘들면 그만 둬."라고 말을 합니다. 합리적인 해결책을 제시했다고 생각을 하는 순간 여자는 마음이 상해 삐치고 돌아섭니다. 남자들의 단순하고 무신경한 반응이 여자들 마음을 아프고 다치게 해서 힘들고 외롭게 한다는 사실을 남자들은 잘 모르는 것 같습니다. 여자들이 속이 상했던 이야기를 할 때는 문제를 해결해주길 바라는 마음으로 털어놓는 것이 아닙니다. "지금 내가 속이 상하니까 그 속상함을 들어 달라."는 것이지요. 이런 마음을 이해하지 못하면 남자는 여자에게 "초점을 맞추어 조리 있게 이야기하라."고 요구를 하고, "주제에서 벗어난 이야기는 하지 말라."고 핀잔을 주다가 결국 언쟁을 하게 될지도 모릅니다. 그러므로 남자들은 여자들과 이야기를 나누고 대화를 할 때는 천천히, 그리고 정성스럽게 들어주는 노력을 해야 합니다. 즉, 경청하는 자세가 필요합니다. 남자들은 사실을 정확하게 표현하고 전달하는 것을 목적으로 대화를 하고, 여자들은 감정 전달을 목적으로 대화합니다. 남자들은 믿음, 자신의 능력을 인정받는 것에 관심을 갖고 있고, 여자들은 내가 이해받고자 하는 것에 관심을 가집니다. 이렇게 의사소통의 가장 중요한 수단인 언어를 표현하는 것에서부터 여자와 남자의 차이는 확연하게 드러납니다.

 영화 〈해리가 샐리를 만났을 때〉를 활용한 가족상담 레시피

 레시피 3: 마음 털어놓기　　　　　　　연상적 접근

 치유적 장면: 영화 감상
샐리가 남자친구와 헤어지고 해리에게 전화를 걸어 눈물을 흘리며 밤새 마음을 털어 놓는 장면

① 해리는 샐리의 이야기를 어떻게 잘 들어줄 수 있었을까요?
② 해리에게 상처받은 마음을 털어 놓은 샐리의 마음은 어땠을까요?
③ 당신 주변에 힘들고 아픈 상처를 털어놓을만한 이성이 있나요? 있다
면 그 사람의 어떤 면이 그것을 가능하게 했을까요?

　　영화 <해리가 샐리를 만났을 때>에서 그냥 친구사이로 지내자는 샐리에게 해리는 "섹스가 걸린 한 남녀관계에 친구란 없어요." 라고 합니다. 그러자 샐리는 "섹스 안하고 친하게 지내는 남자친구도 많다."며 티격태격하지요. 섹스에 대한 여자와 남자의 관점에 대한 차이를 충분히 이해할 수 있는 장면입니다. 남자 해리는 샐리의 성에 대해 소유적인 관점을 보이고 있으며 시각적인 성적 자극에 반응을 합니다. "당신처럼 매력적인 여자와 친구를 할 남자는 없다."고 말하는 장면이 이것을 증명해줍니다. 이에 반해 샐리는 로맨스 스토리에 집중하고 자신을 진정으로 사랑해 줄 남자를 찾습니다. 남자들이 섹시한 여배우에 넋을 놓고 있을 때, 여자들은 신분차이와 온갖 역경을 극복하고 진실한 사랑을 이루는 사랑이야기에 매료되어 있습니다. 진화인류학적인 측면에서 볼 때 남자는 자신의 유전자를 번식시키는 데 주안점이 있어 외모가 괜찮은 상대가 나타나면 즉각적인 성적 반응을 보이는 반면, 임신과 육아를 담당해야 했던 여자는 아이를 양육하는 것에 실제적인 도움을 줄 수 있는 남자에게 반응을 보일 가능성이 많습니다. 이런 남녀 간의 차이점은 남자들이 스포츠와 선정적이고 자극적인 장면이 들어간 영화나 TV 프로그램을 좋아하고 여자들이 겨울연가, 시크릿 가든과 같은 감성적인 드라마에 매료되는 이유를 설명할 수 있기도 합니다.

　　결혼을 앞두고 여자는 "이 남자에게 내 인생을 맡겨도 될까?" 하는 걱정을 가지고 있고, 남자는 "아! 이제 화려한 날은 갔다. 이 세상에서 나에게 관심을 가졌던, 그리고 내가 관심을 가졌던 여자들

이여, 이젠 안녕!"이라고 아쉬워 한다는 우스개 소리가 있습니다. 결혼을 앞둔 남자와 여자의 생각과 시야, 가치관에는 분명히 차이가 있습니다. 결혼을 할 때 동서양을 막론하고 서약의 반지는 약지에 낍니다. 왜 네 번째 손가락에 결혼반지를 끼울까요? 주먹을 쥐고 손가락을 하나씩 펴보면 엄지, 검지, 중지, 소지는 어렵지 않게 독립적으로 펼 수 있지만 약지는 홀로 펴는 것이 쉽지 않습니다. 그런데 왼손과 오른손에 있는 두 약지가 만나 서로 밀어주면 쉽게 손가락을 펼 수 있습니다. 이런 이유로 결혼반지를 4번째 손가락에 끼운다는 이야기도 있는데, 이 이야기는 여자와 남자가 서로의 차이, 잘할 수 있는 것, 서로 부족한 것을 알고 이해하고 배려하고 메워줄 때 긍정적인 시너지 효과가 일어난다는 것을 더 설득력있게 말하고 싶어 생겨난 것이겠지요.

동양에서는 '틀리다'와 '다르다'를 혼동해서 사용하고 '다르다'를 '틀리다'에 해당하는 개념으로 받아들이는 경향이 서양보다 더 강하게 있는 것 같습니다. 다문화가정을 손쉽게 인정하고 받아들이지 못하는 이유 중에 다르다는 것을 틀리다로 생각하는 의식의 왜곡이 자리하고 있지는 않을까요? 여자와 남자는 틀리지 않습니다. 다를 뿐이지요. '틀리다'는 옳다 그르다, 맞다 맞지 않다는 것을 판단하는 것입니다. '틀리다'는 '옳다'라는 기준이 있어야 성립될 수 있는 것입니다. '다르다'는 '너와 나는 차이가 있어'의 의미입니다. 차이가 있다는 것은 너는 너 나름의 타고난 성향이 있고, 나는 나 나름의 타고난 성향이 있으므로 그것들을 존중해주자 라는 의미가 내포되어 있다고 볼 수 있습니다. 이렇게 다른 여자와 남자가 만나서 서로에게 끌려 사랑을 하고 결혼해서 예쁜 가정을 꾸리고 긍정적인 시너지 효과를 잘 나타내려면 여자와 남자의 차이점을 알고 존중하는 것이 중요합니다. 여자와 남자가 만나서 긍정의 시너지를 발생할 수 있어야 가족 구성원들이 행복하고, 자녀들이 세상을 예쁘게 바라보게 됩니다.

가족상담에서 가장 먼저 고려해야 할 것은 부부관계에서 일어나는 역동입니다. 자녀들에게 발생하는 왕따, 학교폭력, 학업성적불안, 스트레스, 비행 등의 모든 문제는 가족에서 출발합니다. 그러므로 가족상담을 위해서 가장 먼저 측정하고 평가해야 할 것은 부부관계입니다. 부부관계에서 여자와 남자가 서로 잘 이해하고 배려하는 마음으로 살아간다면 가정에 역기능적인 문제가 발생하더라도 가족에게 상처 입히는 것을 최소화하면서 무리 없이 해결할 수 있는 열쇠를 찾을 수 있을 것입니다.

제2장
가족의 의미와 가족상담의 역할

1 영화 〈좋지 아니한가〉

🎬 영화 기본 정보

제목: 좋지 아니한가(Shim's Family, 2007)

제작국: 한국

감독: 정윤철

출연: 천호진, 문희경, 김혜수, 유아인

장르: 코미디, 드라마

러닝타임: 117분

관람기준: 15세 관람가

📷 힐링시네마를 위한 이 영화의 키워드

가족/부모역할/가족부양/사랑/이복남매/

진로/독립/교사/학교

무관심하고, 애정표현 없고, 공통분모를 찾아볼 수 없이 무덤덤하게 살아가던 콩가루 같은 심씨네 가족에게 공동의 위기가 찾아오고 그 속에서 가족의 의미를 찾아가는 영화 <좋지 아니한가>. 심 씨네 가족의 딸, 둘째 용선이가 자신이 운영하는 인터넷 음악방송 카페에 대고 주저리주저리 가족을 소개하는 장면을 시작으로 영화는 시작됩니다. 용선이는 인터넷방송 마이크에 대고 이렇게 말합니다.

"왜 사람들은 서로 사랑하지도 않으면서 같은 집에 모여 살까요? 집에 들어오면서 매일 그런 생각을 합니다. 왜 나는 이 집으로 들어가고 있는 걸까? 왜 옆집으로 들어가면 안 되는 걸까?"

혹시 집에 들어가면서 이런 질문을 스스로에게 던져본 적이 있나요? 어느 누가 이런 가당치도 않은 생각을 하면서 집에 들어가느냐고 언짢아 할 사람이 있을지도 모릅니다. 하지만 저는 이 영화를 본 날 집으로 올라가는 엘리베이터 안에서 스스로에게 질문을 해보았습니다. 나는 왜 이 집으로 들어가고 있는가? 질문의 끝에서 집에 들어가는 것이 싫어 마음을 가다듬으려고 괜히 시장바닥을 이리저리 배회하며 시간을 보내던 중·고등학교 시절 까까머리 소년을 만났습니다.

7남매 중 다섯 번째로 중간에 낀 순번으로 태어난 저는 보살핌을 받을 위치에 있지 않았습니다. '둘만 낳아 잘 기르자.'라는 가족계획 장려 구호가 한창이던 때라 집집마다 올망졸망 아이들이 많았지만 우리 집 7남매는 동네에서 으뜸이었습니다. 많은 자녀의 양육에 힘에 부쳐서 그러셨는지 고단한 삶의 그늘이 드리워진 아버지를 마주하는 것은 슬프고 짜증나는 일이었습니다. 평소에 말씀이 별로 없으셨던 아버지께서 술을 한 잔 걸치고 들어오시는 날이면 동생들과 저는 숨을 죽이고 아버지의 기분을 살펴야 했습니다. 아버지는 집에 들어오시기 전 동네 어귀에서 큰 헛기침을 여러 번 하는 것으로 당신의 귀가를 예고하시곤 하였는데 저는 아버지의 기침소리를 듣기만 해도 기분 상태를 알 수 있었고 거기에 따른 맞춤 행동을 했습니다. 그러니 집에 들어가고 싶은 마음이 생겼을 까닭이 만무하지요.

영화 <좋지 아니한가>의 심 씨네는 무기력하게 영어를 가르치는 고등학교 교사 아버지, 삶에 지쳐 히스테릭한 엄마, 자신의 과거와 전생에 빠져 사는 아들 용태, 눈뜨면 그게 아침이라는 이모, 그런 가족이 이해가 되지 않아 답답해하는 딸 용선으로 이루어져 있습니다. 가족 간에 따뜻한 말, 고운 말 한마디 없고 그저 그러려니 하며 살아가고 있습니다. 가족상담에서 바라보면 역기능적인 요소만 골라 가지고 있는 가족입니다. 이런 가족이지만 함께 밥을 먹고, 커피를 마시며 뒹굴뒹굴 엮여서 살아갑니다. 자신이 친아들이 아니라는 것을 아버지의 입을 통해서 확인한 용태가 아무 일 없었던 듯 아침을 먹고 학교에 가는 것처럼 가족인 듯, 가족 아닌, 가족 같은 거리를 유지하면서 살아갑니다. 마치 고슴도치가 서로 찔리지 않기 위해 적당한 거리를 두는 것처럼...

가족은 사회를 구성하고 있는 가장 작은 체계입니다. 일면식도 없었던 남자와 여자가 만나 한 지붕 아래 사는 것을 시작으로 가족이 형성되고 시작됩니다. 즉, 가족은 부부관계를 기초로 해서 부모와 자녀관계, 형제 자매관계가 생겨나는 것입니다. 가족이라는 이름으로 역할을 감당하고, 기념일을 챙기고, 많은 일을 감당하며 살아갑니다. 그러므로 가족은 소수의 사람을 주요한 구성원으로 해서 서로 깊은 정서적 끈으로 연결된 제1차적인 복지를 추구하는 집단이라고 정의할 수 있습니다. 가족체계 안에 있는 개인은 자신만의 독특한 개별성을 가지고 있는 동시에 전체 가족체계의 흔적을 가지고 있습니다. 개인 안에 모든 가족의 실체가 존재하며 개인의 실체는 가족체계 안의 각 사람과의 관계에 의해 형성됩니다. 가족은 구성원이 몇 명 되지 않는 가장 작은 집단이지만 매우 이질적인 요소를 품고 있으며 허약함이 내재되어 있는 취약한 성질이 있습니다.

가족이 내포하고 있는 취약성은 종종 가족을 휘감아 돌아서 헤어

나오기 어려운 소용돌이에 함께 빨려 들어가게 합니다. 영화 <좋지 아니한가>에서 심 씨네 가족은 아들 용태가 자신의 출생에 대한 비밀을 알게 되고, 교사인 심씨가 쓰러진 여학생을 도와주려다가 원조교제를 한 것으로 오해받는 사건이 발생하고, 십자인대 파열로 심씨 부인이 병원에 입원을 하면서 일어나는 가족의 스트레스와 갈등 상황에서 가족의 취약성이 전면에 드러나게 됩니다.

이모와 같은 방에 있던 아들 용태가 이어폰 줄이 엉켜 풀리지 않자 방바닥에 내팽개치며 "왜 이어폰 줄은 가만히 있어도 엉키지?"라고 푸념을 하는데 옆에 있는 이모가 깊게 한숨을 쉬며 "그깟 줄이 엉켜봐야 남녀 간의 정보다 더 하겠느냐?"고 읊조립니다. 맞습니다. 남녀 간의 정으로부터 시작된 가족은 가만히 있어도 엉키지요. 원조교제 사건에 휘말린 아버지로 인해 부부의 신뢰에 금이 가고, 용선이는 학교에서 급우들의 따가운 시선을 받아야 하며, 십자인대 파열로 엄마가 병원에 입원을 하자 가족들은 밥을 해먹지 못해 컵라면으로 끼니를 해결하다가 밥이 그리워지자 부엌일과 거리가 멀게 살았던 이모가 대신 밥을 하기로 합니다. 예상치 못했던 사건발생, 한 사람의 입원으로 지금까지 별일 없었던 듯 유지되던 가정에 위기가 찾아오는 것입니다. 마치 이어폰줄이 엉킨 것처럼...

언니가 해주던 밥만 먹던 동생이 밥을 하는데 전기밥솥 뚜껑이 폭발하면서 밥알이 온 집안을 뒤덮습니다. 엄마가 이런 밥솥으로 어떻게 밥을 해먹었는지 이해가 안 되지만 아버지의 오래된 허리띠로 전기밥솥 몸통을 굳게 동여매어야 가족이 먹을 수 있는 밥을 맛있게 할 수 있다는 사실은 우리에게 가족을 구성하고 있는 한 사람한 사람의 소중함을 말해주는 것 같습니다. 또한 가족 안에서 개인은 하나의 개체라는 것을 말해주기도 합니다. 영화 <좋지 아니한가>의 이런 장면들은 가족의 의미를 되새길 수 있게 시선을 끌어당깁니다.

가장 작은 사회체계인 가족 안에는 여러 가지 경제적인 활동과 욕구를 충족시키기 위한 상호 간의 의사소통이 이루어지기 때문에 가족의 정서적 결합은 매우 중요합니다. 가족 구성원의 서로 다른 에너지를 긍정적으로 모으는 정서적 결합인가, 가족이라는 이름 아래 한 사람의 희생을 통하여 상처를 주고받는 부정적인 정서적 결합인가 하는 것은 가족자원이 서로에게 많은 영향을 끼치기 때문에 매우 중요합니다.

영화 <좋지 아니한가>의 심씨네 가족은 혼외자 아들 용태의 자아정체성 유실과, 심씨의 교직에 찾아온 위기, 심씨 부인의 갱년기 우울, 무협소설작가 이모의 흔들리는 사랑과 엽기적인 행동 등이 취약성으로 표면에 등장하면서 가족의 위기가 시작되지만, 코메디 영화답게 위기를 극복하고 반전을 이루는 상황이 재미있게 그려집니다. 동네 사람들이 모두 강변 둔치에 모여 태극전사들의 월드컵 축구경기 승리를 응원하던 날, 족보도 없는 심씨네 멍멍이(똥개)가 술주정뱅이 남자 집안의 비싼 강아지(푸들)와 사랑을 나누는 행각 때문에 가족 대 가족으로 집단싸움을 벌이고 각자 뿔뿔이 흩어져 집에서 뭉치는 장면이 연출됩니다. 막장 싸움을 통해서 가족의 소중함을 깨닫고 응집력을 발휘한 것이지요. 싸움 중에 각자 흩어져 집으로 달리는 장면에서 용선이가 읊조리는 독백이 인상 깊게 다가옵니다.

"그날 밤 난생 처음으로 미치도록 집이 그리웠습니다. 너무나도 우리 집에 빨리 들어가고 싶었습니다. 살아서 말이죠. 신기한건, 불이 나가 깜깜할 줄 알았는데 길이 환히 다 보이는 것이었습니다. 죽지 않으려고 눈이 밝아진 걸까요? 그래도 좋지 아니한가요? 여러분! 우주에 떠있는 지구라는 별에 홀로 외로이 있지 않으니까요."

가족상담은 가족의 취약성이 장애로 발전하지 않도록 안내하는 활동이 되어야 하며 가족에게 나타나는 역기능적인 문제를 상담을 통해서 기능적인 양상으로 변화할 수 있도록 계기를 마련해주는 역할을 해야 합니다. 이것이 가족상담의 목표입니다.

영화 〈좋지 아니한가〉를 활용한 가족상담 레시피

 레시피 1: 가족소개　　　　지시적 접근 + 표현치료

준비물: 시나리오 활동지, 필기도구, 휴대폰

 치유적 장면: 영화 감상

심 씨네 딸 용선이가 가족을 소개하는 장면

 마음타래 풀기

가족소개 시나리오 작성

① 당신이 당신의 가족을 소개하는 영화의 시나리오를 쓰는 작가가 된다면 어떤 내용으로 가족을 소개하겠습니까?
② 작성한 시나리오를 활용하여 가족소개 동영상 촬영하기(휴대폰 활용)
③ 촬영한 동영상을 보고 감정 나누기

 레시피 2: 가족 역할 나무 만들기　　　　지시적 접근 + 표현치료

준비물: 4절지, 포스트 잇, 필기도구

 치유적 장면: 영화 감상

가족의 역할이 그려지는 장면

 마음타래 풀기

집 안에 가족 구성원을 그리고 포스트 잇에 각자 맡은 역할과 하는 일을 적어 역할 나무를 만든다.

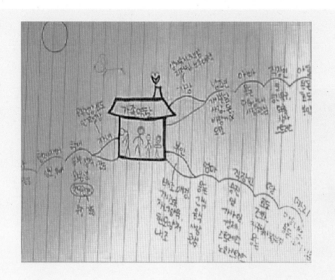

① 가족 역할 나무에서 가장 힘든 역할을 담당하는 가족은 누구인가요?

② 가족 역할 나무에서 가장 외롭게 보이는 가족은 누구인가요?

③ 가족 역할 나무에서 자신의 역할을 소홀하게 하는 가족은 누구인가요?

④ 자신의 역할을 모르고 있거나 모르는 척 하는 가족이 있나요?

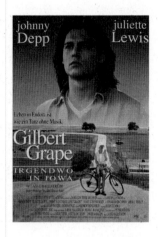

🎥◀ 영화 기본 정보

제목: 길버트 그레이프(Gilbert Grape, 1994)

제작국: 미국

감독: 라세 할스트롬

출연: 조니 뎁, 줄리엣 루이스, 레오나르도
   디카프리오

장르: 드라마

러닝타임: 118분

관람기준: 12세 관람가

📷 힐링시네마를 위한 이 영화의 키워드

가족/부모역할/가족부양/사랑/형제자매/

진로/독립

　　미국 아이오와주의 작은 도시 엔도라의 식료품가게에서 매장정리
와 배달을 하며 가족들의 생계를 책임지는 말수가 적은 청년 길버
트 그레이프. 길버트와 함께 사는 가족구성원들은 참으로 복잡다난
합니다. 자신이 손수지은 집의 지하실에서 목을 매 자살한 목수 아
버지, 그 충격으로 7년 동안 한 번도 집밖으로 나가지 않아 거대한
음식자루처럼 변해 다른 사람들이 볼까봐 부끄러운 뚱보 어머니,
대학 졸업 후 집을 나가 소식이 전혀 없는 형 래리, 일하던 식당에
서 불을 내는 바람에 쫓겨나고 무기력한 엄마 대신 가사 일을 전담
하는 누나 에이미, 사사건건 반항하고 염장을 지르는 사춘기 여동
생 앨런, 그리고 길버트의 삶에 가장 무거운 짐을 지운 정신지체아
남동생 18살 어니.

영화 <길버트 그레이프>에서 돌아가신 아버지, 집을 나가 소식을 끊고 사는 형을 대신해서 4명의 가족을 부양해야 하는 버거운 책임을 짊어진 길버트는 자신이 자기 삶의 주인공이 될 수 없습니다. 자신을 위해 어떤 계획, 장래를 위한 희망, 미래를 위한 설계가 있을 리 없습니다. 가족이라는 이름으로 희생하며 하루하루 살아내는 길버트가 답답하고 암담한 현실을 벗어나고 싶은 욕망을 가지고 있다는 것은 마을을 지나가는 캠핑카 행렬을 바라보며 "항상 떠날 수 있는 그들이 부럽다."고 고백하는 영화의 시작 부분에 잘 드러나 있습니다.

그러던 어느 날 고장이 난 캠핑카를 수리하기 위하여 동네에 잠시 머물게 되면서 길버트를 사랑에 빠지게 한 아름다운 아가씨 베키가 길버트에게 묻습니다. "네가 진짜로 원하는 게 뭐냐고……" 길버트는 "글쎄, 일단 새것이 필요해. 새가구, 새집, 그리고 어머니가 에어로빅이라도 하셨으면 좋겠고, 앨런도 빨리 커야 하고, 어니의 뇌도 새것으로 바꿔주고 싶어."라고 대답합니다. 가슴이 미어지는 대답이 아닐 수 없습니다. 길버트는 자신 없이는 아무것도 못하는 가족들 걱정으로 꽉 채워져 있지만, 길버트를 이해하고 배려하는 가족은 없습니다. 그래서 베키가 또 다시 묻습니다. "가족들 말고 너만을 위한 것이 무엇이냐?"고……

영화 <길버트 그레이프>는 우리에게 가족의 역할과 책임에 대하여 성찰할 수 있는 시간을 주는 영화입니다. 가족은 부부관계를 기초로 해서 부모와 자녀관계, 형제 자매관계가 형성됩니다. 영화에서 길버트는 가족을 부양해야 하는 책임이 상대적으로 가벼울 수 있는 차남이지만 아버지의 자살, 대학을 졸업한 형 래리의 소식 없는 가출로 인해 어쩔 수 없이 가족을 부양해야 하는 책임을 떠안게 됩니다. 높은 곳만 보면 올라가고, 혼자 목욕도 할 수 없는 지적장애를 가진 남동생 어니는 길버트가 짊어진 책임 중에서도 가장 무겁고 버거운 존재일 것입니다.

영화 <길버트 그레이프>에서 지적장애를 가진 동생 어니가 높은 급수탑 꼭대기에 올라갔다가 경찰서에 붙잡혀가는 사건이 발생하고 이 소식을 접한 엄마는 아무런 망설임 없이 가족들을 이끌고 경찰서에 가서 생떼를 쓰다시피 하여 어니를 데리고 집으로 돌아옵니다. 그 과정에서 마치 동물원 원숭이처럼 사람들에게 구경거리가되는 상황을 아랑곳하지 않고 어머니로서의 책임과 역할을 합니다. 7년 동안 바깥 세상에 모습을 드러내지 않았던 금기를 깨고 막내아들 어니를 구하기 위해 망설임 없이 길을 나선 것입니다. 무엇이 엄마에게 이런 행동을 가능하게 했을까요? 가족이라는 이름으로 가능한 일이 아니었을까요?

가족상담은 가족을 하나의 사회체계로 보고 그 체계 속에 있는 한 개인의 상호 교류에 상담자가 개입하여 도와줌으로써 개인의 증상이나 행동에 변화를 가져오도록 추구하는 것입니다. 그런데 여기에서 상담자들이 주목해야 할 것은 표면에 드러난 문제 상황에 대한 원인과 결과를 밝히는 것에 초점을 두면 상담이 가족들의 욕구 불만과 불편을 성토하는 자리가 될 수 있다는 것입니다. 이렇게 되지 않게 하려면 문제에 초점을 두지 말고 해결에 초점을 두고 가족이 서로 영향을 주고받는 과정을 이야기하도록 해야 합니다. 우리는 종종 가족을 '모빌'에 비유합니다. 공중에 매달려 균형을 맞추고있던 여러 인형 중 어떤 하나라도 작은 움직임이 시작되면 다른 인형들도 함께 움직이는 것이 대부분의 가족들이 보이는 역동과 많이 닮아 있기 때문이겠지요. 경험적 가족치료의 싹을 틔운 버지니아 사티어는 "전체 가족의 96%가 역기능적이다."라고 말을 했습니다. 이 말은 가족상담을 받아야 하는 가족이 많고, 변화가 필요한 가족이 많다는 것을 시사하는 것입니다.

베키와의 사랑이 깊어질수록 자신이 초라하고 보잘 것 없이 느껴지는 길버트 그레이프는 동생 어니가 자신의 성인식 생일파티에 사용할 케이크를 망가뜨리고 목욕을 거부하며 형에게 과격한 행동을 보이자 화를 참지 못하고 그토록 끔찍이 돌보고 아끼던 어니를 홧김에 때리고 도망치듯 고향(엔도라)을 떠나려 하지만 고향을 벗어나는 경계에서 다시 핸들을 돌려 돌아옵니다. 자기만을 바라보며 살고 있는 가족들을 차마 외면하고 버릴 수 없었던 것입니다.

이런 길버트네 가족을 상담한다면 개개인의 변화를 통해서 가족 전체의 기능이 서로 긍정적인 영향을 줄 수 있는 기능으로 서서히 바뀌어 갈 수 있도록 도와주는 전략을 구사해야 할 것입니다. 개인이 변하면 개인 간의 관계 또한 변하기 때문에 관계변화를 통해서 가족에게 좀 더 나은 생활, 서로 간에 만족감을 느낄 수 있는 체계를 구축할 수 있다는 믿음을 가지고 상담을 진행해야 합니다. 가족 구성원 개개인이 가족의 역기능적인 패턴을 인식하고 구성원들 스스로 순기능으로 변화하려는 의지를 갖게 하여 각자 가지고 있는 에너지를 긍정적인 방향으로 모을 수 있도록 안내하는 것이 가족상담의 역할입니다. 가족의 갈등과 위기상황이 가족구성원 중 한 개인의 단편적인 문제에 국한된 것은 없습니다. 가족의 문제는 가족들의 상호관계성에 있고 위기상황 속에는 가족희생양이 존재하고 있습니다. 그러므로 개인증상에 대한 관점을 가족의 관계역동으로 이해할 수 있는 가족상담 역량이 필요합니다. 특히 가족역동에서 고정적인 패턴은 어떤 것들이 있는지, 그 패턴은 어떤 의미를 내포하고 있는지 살펴보아야 합니다.

영화 <길버트 그레이프>에서 보면 가족의 경제활동은 모두 길버트가 책임지고 있습니다. 엄마 제비가 둥지에 도착하면 새끼 제비들이 먹이를 달라고 입을 벌리듯 가족 구성원들(여동생, 남동생, 누나, 그리고 엄마) 모두 길버트에게만 입을 벌리고 있는 가족역동 체계를 볼 수 있습니다. 길버트의 희생으로 가족이라는 울타리를 유지하고 있고 난관을 극복하고 있습니다. 가족상담에서 길버트의 가족에게 무엇을 해줄 수 있을까요? 전문적인 조언, 심리적인 지지, 조정과 타협이 어떻게 필요한지에 대해서 도움을 줄 수 있어야 합니다. 치료가 필요하다면 컨설팅을 해줄 수 있어야 합니다. 이것이 가족상담의 의미이고, 가족상담이 필요한 이유입니다.

 영화 〈길버트 그레이프〉를 활용한 가족상담 레시피

 레시피 1: 가족소개 **지시적 접근 + 표현치료**

준비물: 시나리오 활동지, 필기도구, 휴대폰

 치유적 장면: 영화 감상

길버트 그레이프가 가족을 소개하는 장면

마음타래 풀기

가족소개 시나리오 작성

① 당신이 당신의 가족을 소개하는 영화의 시나리오를 쓰는 작가가 된다면 어떤 내용으로 가족을 소개하겠습니까?
② 작성한 시나리오를 활용하여 가족소개 동영상 촬영하기(휴대폰 활용)
③ 촬영한 동영상을 보고 감정 나누기

 레시피 2: 가고 싶은 길 **연상적 접근**

 치유적 장면: 영화 감상

길버트가 동생 어니를 때리고 나서 집을 벗어나려고 차를 몰고 가는 장면

① 가족이라는 울타리를 벗어나고 싶은 때가 있었나요?
② 가족이라는 이름으로 어쩔 수 없이 해야 했던 일은?

③ 울타리를 벗어나지 못했다면 무엇이 나를 붙잡았나요?
④ 우리 가족에서 가장 짐을 많이 짊어진 사람은 누구이며 그 사람을 보면 어떤 감정이 드나요?
⑤ 그 사람이 짐을 덜어 낼 수 있는 방법은 무엇이 있을까요?

 레시피 3: 내가 바라는 것   연상적 접근

 치유적 장면: 영화 감상

베키가 길버트에게 바라는 것이 있으면 생각나는 대로 말해보라는 질문에 길버트는 새집, 엄마의 건강, 여동생의 성장, 어니의 두뇌 등에 대해 이야기하는데, 베키가 다시 "자신을 위해 바라는 것은 없어요?"라고 묻는 장면

① 영화 속 길버트처럼 당신이 가족을 위해 바라는 것을 적어보세요.
② 자기 자신을 위해 바라는 것은 무엇인가요?
③ 내가 바라는 것을 이루기 위해 어떤 결심이나 변화가 필요한가요?

제3장
기능적 가족과 역기능적 가족

📽◀ 영화 기본 정보

제목: 동경가족(Tokyo Family, 2013)

제작국: 일본

감독: 야마다 요지

출연: 츠마부키 사토시, 아오이 유우,
　　　하시즈메 이사오, 요시유키 가즈코

장르: 가족/드라마

러닝타임: 146분

관람기준: 전체 관람가

📷 힐링시네마를 위한 이 영화의 키워드

부자관계/편애/엄마/죽음/이별/부모역할/
자녀역할

가수 이선희의 '그중에 그대를 만나'라는 노래에는 '별처럼 수많은 사람들 그중에 그대를 만나 꿈을 꾸듯 서로를 알아보고~'라는 가사가 있습니다. 필연인 듯 운명처럼 만나 한 지붕 아래 가족이라는 이름으로 살아가는 동안 즐거운 일로 기쁨과 행복을 느끼기도 하지만, 슬픈 일로 고통과 절망을 맛보는 순간도 여러 번 있습니다. 가족상담에서는 가족을 기능적인 가족과 역기능적인 가족으로 구분하고, 가족상담의 목표는 당연히 역기능적인 가족이 기능적인 가족으로 변화할 수 있는 에너지를 발현할 수 있도록 돕는 것으로 삼습니다.

　영화 <동경가족>은 전 세계 영화감독들이 롤모델로 꼽는 일본 영화의 대표적인 거장 오즈 야스지로 감독이 1953년에 만든 <동경이야기>를 재해석한 영화입니다. 영화사에 기록될 위대한 영화로 회자되고 있는 영화 <동경이야기>를 현재 일본의 모습을 반영하여 만들었다는 사실만으로도 원작을 알고 있는 많은 관객의 기대를 받았던 영화이며, 모두가 공감할 만한 현대사회 가족의 모습과 이야기를 현실적이고도 섬세하게 그려내 호평을 받았습니다.

　영화 <동경가족>은 섬에 사는 부모의 삶과 도시에 사는 자식들의 삶의 대비를 통해 도시화, 개인화가 진행되는 과정 속에서 대가족은 핵가족으로, 핵가족은 1인 가족으로 축소되어가고, 가족의 기능과 중요성이 약해지며, 가족의 해체로 이어질 수 있다는 것을 보여줍니다. 자녀들은 부모의 품을 떠나 구축한 자신들의 세계에 부모가 들어오는 것을 불편해하고, 부모들은 자식들에게 폐를 끼칠까봐 조심스러워하는 장면은 시간이 가면 갈수록 점점 벌어지는 부모와 자식 간의 물리적 공간과 심리적 괴리를 넘어서는 것이 쉬운 일이 아님을 보여주고 있습니다. 영화는 자식 자랑하는 것을 삶의 즐거움으로 삼고 있는 부모세대, 그런 부모를 귀찮아하는 자식들의 이야기를 통해 가족의 기능적, 역기능적인 특성을 살펴보고 가족 간의 역기능적인 의사소통으로 인해 발생하는 가족스트레스와 갈등을 이해할 수 있는 소재를 담담하게 담아내고 있습니다.

섬에 사는 노부부는 의사인 장남 코이치, 미장원을 운영하는 딸 시게코, 그리고 연극무대를 설치하는 일을 하는 미덥지 못한 막내 쇼지를 만나기 위해 동경여행을 떠납니다. 먹고 살기 바쁘다는 핑계로 고향에 오지 않는 자녀들의 집을 방문하여 4박 5일 동안 함께 생활하는데 삼남매는 부모의 갑작스러운 방문이 반갑기는 하지만 한편으로는 부담스럽고 불편한 기색이 역력해보입니다. 부모님을 모시고 동경관광을 계획했던 첫째 아들은 환자의 증세가 호전되지 않아 상태가 나빠졌다는 전화를 받고 갑자기 왕진을 가는 바람에 부모님은 집에서 무료하게 하루를 보내고, 딸의 집에서 기거하던 둘째 날은 비가 와서 관광을 하지 못하고 사위가 장인을 모시고 집 근처 온천(사우나 수준)에 다녀옵니다. 3일째 되던 날, 독신으로 지내는 막내 쇼지가 누나의 부탁으로 부모님을 모시고 동경관광을 다니지만 마음이 내키지 않는 쇼지는 영혼 없는 동행을 하게 되고, 결국 교사 출신의 고지식하고 꽉 막힌 뻣뻣한 아버지와 식당에서 언쟁을 벌이게 됩니다. 연극무대를 설치하는 일을 하는 모습이 못마땅한 터에 앞가림도 못하고 계획도 없이 살아가는 막내아들 쇼지의 태도에 아버지가 잔소리를 한 것입니다. 쇼지는 아버지 만나는 것을 별로 좋아하지도 않을뿐더러 대화는 허공을 맴돌기 일쑤입니다. 이렇게 물과 기름 같은 남편과 막내아들 사이에 다리를 놓아주는 것은 언제나 배려 깊고 자상한 어머니의 몫입니다.

좁은 공간에 부모님 모시는 것이 불편했던 장남 코이치와 딸 시게코는 돈을 모아 전망이 좋은 호텔로 부모님을 모시지만 화려한 외관, 고급스러운 시설과 식사로 인해 맞지 않는 옷을 입은 것 같이 불편했던 노부부는 한숨도 자지 못하고 다음날 일찍 호텔을 나와 딸의 집에 가지만 딸은 오늘은 계모임이 있어 안 된다며 다른 잠자리를 찾아보라고 합니다. 상황이 이렇게 되자 노부부는 하는 수 없이 아내는 막내아들 쇼지의 집으로, 남편은 거리가 멀어 장례식에 참석하지 못했던 동료를 추모한 후 친한 친구 누마타의 집에서 하룻밤 지내기로 하고 헤어져 각자 길을 나섭니다.

막내아들 쇼지의 집에 도착한 어머니는 깔끔한 집안 모습에 놀라고, 아들의 우렁각시 노리코의 존재에 다시 놀라는데, 노리코의 솔직함과 상냥함, 쇼지를 이해하는 마음씀씀이는 어머니의 마음에 쏙 들어오고, 친절하고 자상한 어머니의 기품에 노리코도 좋은 감정을 가지게 됩니다. 막내아들 쇼지의 집에서 하룻밤을 지내게 된 엄마는 아들과 진술한 대화를 나누고, 쇼지 또한 어머니의 따뜻한 사랑을 느끼며 행복한 밤을 보냅니다.

영화 <동경가족>은 우리 주변에서 흔하게 볼 수 있는 현대 가족의 초상이며 부모와 자녀들의 관계를 다룬 이야기로 가족의 의미를 되새기게 해줍니다. 의사인 장남 코이치는 부모에게 최고의 자랑거리지만, 세상 물정 모르고 되는대로 살아가며 미래에 대한 계획이 분명하지 않은 막내아들 쇼지는 골칫거리입니다. 미용실을 운영하는 시게코는 자기 것을 잘 챙기는 깍쟁이로 가족의 일보다 자신의 사업을 먼저 고려하는 남편과 함께 척박한 도시 동경에서 똑순이처럼 살아가는 딸입니다. 의사인 형, 미용실을 운영하는 누나에 비하면 변변한 직장이 없고, 공부도 잘 못했고, 특별한 기술도 없는 막내 쇼지는 누나의 표현대로 가족들에게 도움이 되지 않는 모든 문제의 근원으로 취급받고 있습니다. 오랜만에 온 가족이 모이는 날, 쇼지의 누나 시게코는 마중을 나가야하는 기차역을 혼동하여 결국 부모님과 길이 어긋난 동생 쇼지와 전화를 끊으며 "애는 정말 도움이 안 된다니까... 어릴 때부터 그랬어."라며 푸념을 늘어놓고, 형 코이치는 쇼지가 자신의 친구 '켄'이 고등학교 시절 사고뭉치였다고 흥을 보자 "네가 그런 얘기할 처지냐? 네 앞가림이나 하고 나서 남을 평가하든지 해."라며 동생을 괄시하는 역기능적 의사소통을 그대로 드러내고 있습니다.

영화 <동경가족>은 자식들이 좋아하는 음식을 바리바리 싸들고 도시로 찾아오는 부모의 모습, 세상을 살아가는 방법의 차이로 아버지와 아들의 가치관이 대립하는 장면, 큰돈을 쓰는 것만으로 효도를 했다고 생각하는 자식들의 모습이 우리네 가족의 모습과 많이 닮아있어 낯설지 않습니다. 이런 이유 때문에 이 영화에서는 가족의 기능적인 요소, 역기능적인 요소를 찾을 수 있고 진정한 자식의 역할과 도리를 고민할 수 있게 해줍니다.

다른 형제보다 떨어지는 능력 때문에 스스로 위축이 되어 주눅들어 있는 쇼지와 아무 생각 없이 대강대강 살아가는 것 같은 막내아들이 못마땅한 아버지는 오랜만에 만났지만 서로 이야기를 나누다 감정의 골만 깊어집니다. 반면 의사라는 직업을 가지고 안정적인 가정을 꾸리고 있는 장남과 아버지의 관계는 아무런 문제가 없어 보이지만 둘 사이에 오고가는 대화는 아버지 건강을 질문하는 것, 고향의 친구 안부를 묻는 것 같은 허공에 흩날리는 이야기뿐이고 오랫동안 만나지 못한 부모-자식 간의 분위기는 이내 어색해집니다. 머쓱해진 장남은 막내 동생 쇼지가 오기까지 아버지와 2층 방에 함께 있지만 고개를 숙인 상태로 아무 말 없이 아이들 장난감을 만지작거리고 있을 뿐입니다. 의사로 출세한 큰아들이나 변변한 직업 없이 살아가는 작은 아들 모두 원칙적인 것을 강조하는 아버지와 마음의 문을 열고 이야기를 나누지 못합니다. 아버지의 원칙주의적인 특성과 역기능적인 의사소통 방식으로 인해 아들들과의 대화는 무미건조할 뿐입니다,

부모님과 겨우 저녁식사 한번 하고 면피용으로 부모님을 호텔로 모신 것을 도리를 다한 것으로 생각하는 자식들의 소홀함이 서운했던 아버지는 10년 만에 만난 친구 누마타와 함께 건강 때문에 끊었던 술을 마시면서 자식에 대한 걱정과 서운한 감정을 드러내게 됩니다. 늦게 봐서 귀하게 키운 외동아들이 마누라 눈치만 보고 자신을 부담스러워 한다며 한탄을 하고, 실제로는 계장이지만 남들 앞에서는 자식이 잘나가는 인쇄회사의 부장이라고 소개한다는 친구 누

마타. 고향에서 개업하고, 고향을 지켜주기를 바라는 아버지의 뜻을 저버리고 동경으로 온 장남과 첫째의 뒤를 이어 줄줄이 고향을 등진 둘째와 셋째에 대한 서운함이 겹쳐 세상이 뭔가 잘못되었다며 다시 되돌리고 싶은 히라야마. 결국 아버지 히라야마는 술에 취해 새벽에 딸의 집으로 들어가서 술주정을 부리고 딸과 싸우고 맙니다.

가족에게는 그들 가족만의 신화와 규칙이 있습니다. 가족의 신화와 규칙은 강도와 종류의 차이일 뿐 어떤 가족도 예외 없이 가지고 있습니다. 가족의 신화와 규칙은 대부분의 가족들이 그렇듯이 가족의 전통을 이어가고 가족의 틀을 유지하는 도구로 작용되는 측면이 있지만, 의도한 것과 반대로 가족을 위기에 빠뜨리고 해체시키는 부정적인 결과를 초래하는 원인이 되기도 합니다. 영화 <동경가족>에서 아버지는 고향을 지켜야 한다는 신화를 가지고 있기 때문에 활기를 잃어가는 고향의 모습이 안타깝기만 하고, 밥벌이를 위해서는 안정적인 직업을 가지고 있어야 한다는 규칙이 형성되어 있기 때문에 자신이 하고 싶은 일을 하면서 천천히 가려는 막내아들 쇼지를 이해하지 못하고 지적하고 비난을 하는 것입니다.

가족규칙은 오랜 기간 반복되는 가운데 은연중에 정해졌기 때문에 불문율적인 성격이 강하고, 가족신화는 가족구성원이 기대하는 잘못된 기대와 신념을 의미하는 것으로 가족 역기능의 정도가 심하면 심할수록 신화는 단단해져서 깨지기 어렵고, 규칙은 변화하기 어렵습니다. 실제로 가족구성원 모두 S대학 출신인 금수저 집안에서 태어난 A군이 스스로 목숨을 버린 사건은 '우리 가족들은 모두 S대학 출신이어야 한다.'는 가족신화로 인해 일어난 안타까운 일입니다.

기능적인 가족과 역기능적인 가족을 비교해보면 다음과 같은 특징을 관찰할 수 있습니다.

첫째, 기능적인 가족은 가족 규칙에 대해 융통성이 있고 상황에 맞추는 유연함을 보입니다. 그렇지만 역기능적인 가족일수록 한 사람의 권력자에 의해 만들어지거나 익숙해져있는 가족 규칙을 그대로 유지하려는 불가역성이 강하게 작용합니다. 기능적인 가족일수록 가족 간에 의사소통이 자유롭고 윗대로부터 전해져오거나 만들어놓은 가족 규칙에 얽매이지 않고 유연합니다. 영화 <동경가족>에 등장하는 가족들은 대체적으로 융통성을 가지고 있고 예기치 않은 상황에서 발생하는 스트레스에 잘 적응하고 갈등을 적절하게 다룰 수 있는 기능을 가지고 있는 것으로 보입니다.

둘째, 기능적인 가족은 문제가 발생했을 때 건설적으로 해결하는 특징을 가지고 있습니다. 그러므로 비 온 뒤에 땅이 굳어지듯, 문제가 해결된 후에는 가족 전체가 성장하고 성숙한 모습을 보이게 됩니다. 세상에 있는 어떤 가족이든 문제를 가지고 있지 않거나 어려움이 없는 가족은 있을 수 없습니다. 태어난 환경에 따라 금수저와 흙수저로 나뉠지라도 가족 체제 안에서 살아가는 가족생활주기는 별반 다르지 않기 때문입니다. 문제를 해결하는 패턴과 방법에 따라 기능적인 가족과 역기능적인 가족을 구분할 수 있는데, 영화 <동경가족>은 갑작스러운 엄마의 죽음 앞에서 가족의 자원을 활용하고 서로를 존중하며 차분하게 장례를 치릅니다. 장례절차에 대해 의논하고, 홀로 남은 아버지의 돌봄을 걱정하고, 돌아가신 어머니를 충분히 애도한 후 각자의 일상생활로 돌아갑니다. 하지만 역기능적 가족은 예기치 않은 상황에서 발생한 문제가 위기로 이어지고, 가족응집력이 더욱 낮아지고, 심한 경우 관계가 단절되어 씻을 수 없는 상처를 주며, 건설적인 해결방법을 기대할 수 없습니다.

셋째, 기능적인 가족은 가족 구성원들이 서로를 양육하게 됩니다. 양육권자로서의 책임을 가지고 있는 부모는 물론이고 가족의 형제자매 관계에서도 형이, 누나가 때로는 동생이 서로를 양육하는 시스템을 가지고 있습니다. 따뜻하고 긍정적인 영향을 주는 양육의 형태를 보이는 것이 기능적 가족의 특징입니다. 영화 <동경가족>에서 아버지와 말이 통하지 않는 막내 쇼지는 엄마가 돌아가시기

전에 인정해준 여자 친구 노리코를 통해 아버지와 소통을 시도합니다. 아내에게서 느꼈던 따뜻함이 쇼지에게 있음을 발견한 아버지는 두 사람의 관계를 인정하고, 식구로 받아들인다는 의미로 아내의 손목에서 떠나지 않았던 손목시계를 노리코에게 유품으로 건넵니다. 지금까지 서걱서걱하는 부자 사이에서 다리 역할을 맡아주었던 엄마의 역할을 앞으로는 노리코가 대신하게 된 것입니다. 엄마의 죽음으로 약해질 것 같았던 가족응집력이 유지될 수 있는 양육체계가 생긴 것입니다.

넷째, 기능적 가족은 서로의 말을 경청하고 존중해줍니다. 상대방이 이야기할 때 상대방의 마음, 감정, 느낌 등을 잘 받아주고, 공감하며, 비언어적인 감정표현을 잘 알아차려 가족이 심리적 안정을 얻을 수 있도록 보살피는 능력을 가지고 있습니다. 영화 <동경가족>에서 엄마 토미코는 약방의 감초와 같은 역할을 합니다. 시내관광이 취소되어 잔뜩 기대에 부풀었던 손자 이사무가 심통을 부리자 밖으로 데리고 나가 맛있는 것을 사주면서 같이 놀아주고, 막내아들과 남편이 이야기의 핵심을 벗어나 감정적으로 대치하는 상황이 벌어지려고 할 때, 서로 마음상하지 않도록 적절한 시점에 유연하게 개입하여 상대방을 이해할 수 있는 여유를 갖도록 유도하며, 처음 만나는 쇼지의 여자 친구를 인정해주고 편안하고 진솔한 대화를 통해 신뢰관계를 형성합니다.

다섯째, 기능적 가족 구성원들은 자기 스스로가 매우 가치가 있고 가족이나 주변 사람들에게 사랑을 받고 있다는 느낌을 가지고 살아갑니다. 즉, 자아존중감이 높고, 자기 스스로를 중요하다고 여기며, 어떤 문제를 자신의 능력으로 성공적으로 해결할 수 있다는 자기 자신에 대한 신념이나 기대감이 높습니다. 그러니까 기능적 가족 안에서는 사랑이라는 것이 자유롭고 사랑하는 마음이 서로 간에 주어지고 받아들여집니다. 다시 말해 기능적인 가족에게는 사랑이 자연스럽게 물 흐르듯이 흘러가며 가족들의 마음을 촉촉이 적셔줍니다.

여섯째, 기능적인 가족은 서로에게 개방적이면서 솔직합니다. 가족의 즐거움이나 가족 내의 성취, 개인의 성취뿐만 아니라, 실망, 슬픔, 상처받는 일, 화, 분노, 비판 등 어떤 것에 대해서도 이야기할 수 있습니다. 개방적이고 솔직하다는 것은 자신이 가지고 있는 감정을 솔직하게 열어 표현하는 것을 의미하는 것이지, 가족들에게 하나에서부터 열에 이르기까지 모든 것을 말하는 것을 의미하는 것이 아닙니다. 영화 <동경가족>에서 아버지는 감정표현에 인색합니다. 오랜만에 만난 자식들에 대한 반가운 마음을 표현하는 것은 간단하고 투박하며, 일 때문에 관광을 취소하고 자신들이 편하고 싶은 속셈으로 자신을 호텔에 투숙시킨 자식들에 대한 서운한 감정은 전혀 드러내지 않습니다. 그런데 아버지는 이런 서운함을 술의 힘을 빌어 폭발시키게 되는데 결국 부모로서 체면을 구기게 되고 딸과 다투게 되어 서로 상처를 받고 불편하게 됩니다. 아버지가 자신의 감정을 표현하지 못하는 것은 자녀를 힘들게 하지 않으려는 마음에서 비롯된다는 것을 충분히 짐작하고 이해할 수 있지만 가족은 함께 아파하고 어려움을 나누어서 짊어지는 가운데 사랑이 꽃피고 결속력이 강해지는 것입니다.

'나-전달법(I-message)'은 개방적이고 솔직한 의사표현 방법으로 가장 널리 알려진 방법입니다. 예를 들어, 공부를 하기로 약속한 시간에 컴퓨터 게임에 몰두해 있는 자녀에게 "얘야, 엄마는 네가 공부를 하기로 엄마에게 약속한 시간에 약속을 지키지 않는 너의 모습을 보니 화가 올라오는 것 같아. 그리고 시험 기간인데 공부를 하지 않아서 마음이 불편하고, 네가 좋은 성적을 받지 못할까봐 걱정이 된단다. 약속을 지키는 멋진 모습을 보였으면 좋겠어."라고 속상한 마음을 솔직히 개방하는 것이 좋습니다. 속상한 감정을 솔직하게 이야기하지 않고 참다가 나중에 한꺼번에 감정이 올라오면 질타와 꾸중, 화를 내는 방법으로 거친 표현을 하게 되는데, 이러한 의사표현을 '너-전달법(You-message)'이라고 합니다.

일곱째, 기능적 가족은 가족의 구성원들이 변할 수밖에 없다는 것을 수용합니다. 가족 구성원들은 가족생활주기의 주인공입니다. 가족생활주기는 새로운 가족의 형성과 함께 시작되는 변화과정입니다. 결혼을 하고, 자녀를 갖게 되고, 가족이 확대되고, 그 자녀들이 성장한 후 결혼하여 자신들이 자라온 가족을 떠나게 되면서 가족은 축소되기 시작하며, 노부부가 사망함으로써 한 가족이 소멸됩니다. 기능적인 가족은 생활에서 경험하는 결혼, 출산, 육아, 노후의 각 단계에 걸친 시간의 연속적인 변화들을 수용하는 창조적인 에너지를 가지고 있습니다. 영화 <동경가족>에서 노부부는 손자가 공부를 하기 위해 저녁에 학원을 가는 것에 놀라며 밤에 공부하러 가는 손자를 안쓰러워합니다. 그리고 아버지는 "여보, 딸은 시집보내면 끝인가봐."라며 딸이 변했고, 더 이상 자신의 품에 안겨있던 딸이 아니라는 것을 받아들입니다. 가족들은 어머니의 장례를 치르고 둘러 앉아 홀로 지낼 아버지를 걱정합니다. 이것은 어머니의 죽음을 받아들이며 가족의 체계에 새로운 변화가 올 수밖에 없음을 인정하는 것입니다. 동경에 가서 함께 살자는 장남의 말에 아버지는 "절대 자식들 신세는 지지 않는다."며 자신이 혼자 살아가겠다는 의지를 보임으로써 자식들이 안심하고 돌아갈 수 있도록 새로운 에너지를 보여줍니다.

　가족상담을 연구하는 학자들은 기능적인 가족에서 자란 개인은 다음과 같은 능력을 갖게 될 가능성이 많다고 보고하고 있습니다. 첫째, 건강한 개인은 사랑하며, 일하고 즐길 줄 아는 능력을 가지고 있습니다. 둘째, 어떠한 것에 대해서도 합리적인 이유를 찾을 수 있는 능력을 갖고 있습니다. 셋째, 살아가면서 갈등이 와서 스트레스가 닥쳤을 때 스트레스를 잘 다룰 줄 아는 능력을 가지고 있다는 것입니다. 여기서 스트레스를 다룰 줄 아는 능력이라는 것은 스트레스가 없는 것처럼 숨기거나 스트레스를 아예 안 보이게 천으로 뒤집어 씌워 놓거나 하는 것이 아닙니다. 스트레스를 있는 그대로 인정하고, 그것을 잘 다루고 해결해나갈 수 있는 능력을 말합니다. 네 번째, 건강한 개인은 인생의 각 단계를 음미할 수 있는 능력을 가지고 있습니다. 인생의 각 단계를 잘 받아들이고, 그 단계에서 내가 최선의 삶을 살 수 있도록, 그래서 그 단계를 즐기고 음미할 수 있으면 건강한 개인입니다. 다섯 번째, 건강한 개인은 최상의 준비를 갖출 수 있는 능력을 가지고 있습니다. 인생은 불확실하고 어떤 일이 벌어질지 모르기 때문에 내일 아침에 내 가족에게 좋은 일이 나타날지, 좋지 않은 일이 일어날지 우리는 잘 모릅니다. 그러나 좋은 일이든, 좋지 않은 일이든 어떠한 일이 나에게 닥쳤을 때 최상의 준비를 갖출 수 있는 능력을 기능적인 가족 안에서 자라난 건강한 개인들은 가지고 있습니다.

기능적인 가족은 긍정적인 특성들, 가족 간에 좋은 에너지를 주고받을 수 있는 특성들을 가지고 있지만, 역기능적인 가족은 균형을 잃어버리는 상황에 쉽게 처할 가능성이 많습니다. 역기능적인 패턴을 보이는 가족 구성원들은 희망을 품고 꿈을 향하여 나아가는 것이 쉽지 않습니다. 왜냐하면 역기능적인 가정에서 성장한 성인의 모습을 보면 칭찬이나 인정, 돌봄을 받는 것에 어색해하고 사람들의 호감을 잘 수용하지 못하고 두려움을 갖게 됩니다. 역기능적 가정에서 겪었던 상처는 치유하는 데 오랜 시간이 필요하고, 가정 내에서의 역기능적인 패턴은 쉽게 바뀌지 않습니다. 영화 <동경가족>에서 바쁜 자식들에게 외면당한 노부부가 동경의 차가운 빌딩 앞에 앉아 이야기를 할 때 아내가 남편의 양육방식 이야기를 꺼냅니다. 딸에게는 한없이 친절하고 자애로웠지만 아들들에게는 엄격했다고… 특히 막내아들 쇼지는 성적이 조금만 떨어져도 호되게 야단을 맞아서 그때부터 아버지의 눈치를 보게 되었다고 회상합니다.

쇼지가 아직까지 자기가 하고 싶은 일을 찾지 못하고 방황하는 것은 어쩌면 아버지로부터 심하게 야단맞으면서 느낀 수치심과 굴욕감 때문인지도 모릅니다. 가족의 역기능적인 요소는 죄책감을 느끼게 하고 욕구의 좌절로 이어져 자아존중감이 무너지고 동기를 잃어버리게 만듭니다.

역기능적인 가정의 가족들이 자주 사용하는 언어들을 살펴보면, '조금 더 잘 됐었어야 했는데...'라며 자꾸 라면을 먹습니다. 여기에서 라면의 의미는 '~했었더라면'이라고 자꾸 과거 지향적으로 생각하는 것을 의미합니다. 계속 라면을 먹는 의사소통 유형이 이어지고, '그렇게 화내면 안돼'라고 규정짓고 상대방의 행동을 막고, 이미 충분히 잘 하고 있는데 '네가 지금보다 조금만 더 나았더라면...'이라며 더 좋아지기를 바라고, 심한 경우 '차라리 널 낳지 말 것을...'과 같은 심각한 언어들이 서슴없이 표출되는 것을 볼 수 있습니다. 이런 언어표현들은 가족들에게 비수가 되어 깊은 상처로 자리 잡습니다.

부모와 자녀 간의 시선에는 살아온 환경과 방식이 다르기 때문에 차이가 존재하게 되어 있습니다. 영화 <동경가족>에서 아버지는 막내 쇼지의 자상함이 그의 장점이었음을 비로소 알게 되고 아들을 진정으로 믿고 세상에 다시 내보냅니다. 부모 자식 간의 차이 때문에 보지 못했던 아들의 진면모를 보게 된 것입니다. 우리는 훗날 어떤 부모가 되어 있을까요? 가족을 이해하는 긴 여정과 같은 영화 <동경가족>을 보면 자식을 걱정하는 것은 부모라는 인생이 짊어져야 할 과업인 것 같이 느껴지기도 합니다. 자식을 짊어져야 하기 때문에 역기능이 존재할 수밖에 없는 것은 아닐까요?

영화 〈동경가족〉을 활용한 가족상담 레시피

 레시피 1: 부모님의 방문　　　　　연상적 접근

 치유적 장면: 영화 감상

노부부가 동경에 도착해서 큰아들 집에서 자식들을 모두 만나는 장면

① 부모님과 떨어져 살았던 경험이 있나요? 어떤 일로 얼마나 오래 떨어져 살았습니까?
② 갑자기 찾아온 가족을 맞이한 경험이 있나요? 어떤 음식을 대접했고, 어떻게 주무시게 했나요? 그때 혹시 영화 속 자녀들처럼 부모님이 불편하게 느껴지지는 않았나요?
③ 만약 당신이 영화 속 막내아들 '쇼지'처럼 아버지에게 인정을 받지 못하는 아들이라면 어떻게 행동하시겠습니까?
④ 부모님의 기대를 만족시켜 드리거나, 실망시켜 드린 경험이 있었나요? 그때 당신의 심정은 어땠습니까?
⑤ 부모님께서 나에게 기대하신 것에 대한 목록을 작성해보세요.

 레시피 2: 여자 친구를 소개합니다.　　지시적 접근 + 연상적 접근

 치유적 장면: 영화 감상

쇼지의 집에서 엄마가 차려준 저녁을 먹던 중 여자친구 노리코가 들어와 어머니와 대면하는 장면

① 혼자 생활하는 집에 어머니가 찾아와 밥을 차려주신다고 상상을 해보세요. 어머니가 차려주신 밥상에서 가장 맛있는 음식은 무엇인가요? 어머니가 당신을 위해 특별하게 준비하신 음식이 있나요?

② 가족들에게 특별한 관계에 있는 연인을 소개해본 경험이 있나요? 그 때 어떤 기분이었습니까? 가족들의 반응은 어땠나요?

 마음에 북주기: 시나리오 작성

가족들에게 연인을 소개하는 글을 써보세요.

 레시피 3: 갑작스러운 죽음 그리고 이별 　　　　연상적 접근

 치유적 장면: 영화 감상

쇼지의 어머니가 쓰러지고 병원에서 돌아가시는 장면

① 당신의 가족 중 갑자기 쓰러져서 돌아가신 분이 있나요? 그분은 누구이며 어떤 관계였나요? 그때 당신의 감정을 그림으로 표현해보세요.
② 당신은 그때 그분을 위해 무엇을 할 수 있었나요? 혹시 그분이 남긴 마지막 유언은 무엇이었나요?
③ 당신이 만약에 쇼지라면 어머니로부터 어떤 유품을 받고 싶을까요? 그 유품은 당신에게 어떤 의미인가요?

제4장
가족 스트레스와 가족갈등

1 가족 스트레스

🎥 영화 기본 정보

제목: 가족시네마(2012)

제작국: 한국

감독: 신수원, 홍지영, 이수원, 김성호

출연: 정인기, 김지영, 선우선

장르: 드라마

러닝타임: 125분

관람기준: 15세 관람가

📷 힐링시네마를 위한 이 영화의 키워드

가족 스트레스/부모역할/가족갈등/실직

영화 <가족시네마>는 다양한 각도와 시선으로 현실적인 가족의 모습을 돌아볼 수 있는 단편영화 '순환선'과 '별 모양의 얼룩'을 비롯해 'E.D. 571', '인 굿 컴퍼니'로 이뤄진 옴니버스 영화입니다. 이 중에 칸 국제영화제 비평가주간 카날플러스상을 수상한 '순환선'은 실직을 한 40대 직장인 남자, 상우의 이야기를 담고 있습니다. 늦둥이를 임신 중인 아내와 아이폰을 사달라고 조르는 중학생 딸을 부양하는 책임을 지고 있는 주인공 상우는 다니던 회사에서 후배에게 밀려 정리해고되었다는 사실을 집에 알리지도 못하고 출근을 가장한 채 지하철 2호선 순환선에서 시간을 보냅니다. 일자리를 잃어버린 상우는 출산이 임박한 아내의 배를 바라보며 "좀 있다 나오지. 왜 하필이면 지금이야. 좀 기다리라고 해."라고 말을 했다가 딸에게 "아빠 지금 제정신이야?"라는 타박을 받을 만큼 대책 없는 상황에 처해 있습니다. 새로운 생명의 탄생이라는 경사스러운 일이 가장인 상우에게는 실직과 맞물려 생계를 걱정해야 하는 슬프고 암담한 걱정이 되어 버렸습니다. 그리고 보면 가족이라는 것은 지켜야하기에 더욱 힘든 이름인 것 같습니다.

하루 종일 지하철 순환선에서 생활하는 상우는 아이의 분유값을 벌기 위해 아이를 업고 승객들에게 돈을 구걸하고 있는 젊은 엄마와 마주치게 됩니다. 불쌍한 모습에 연민이 느껴진 상우는 자신도 지하철 대합실 차가운 의자에 앉아 빵으로 점심을 때우는 딱한 처지임에도 불구하고 안쓰러운 마음에 천원을 적선합니다. 구걸하는 아기엄마와 상우, 두 사람은 모두 생계를 걱정하며 순환선을 타고 있다는 공통점을 가지고 있습니다. 영화 <가족시네마>의 '순환선'은 아기엄마와 상우의 충족되지 않는 생리적 욕구, 먹고 사는 것에 초점이 맞추어져 있습니다. 인간은 가장 기초적인 생리적 욕구부터 시작해서 안전의 욕구, 사랑과 소속의 욕구, 자존감의 욕구, 그리고 자아실현의 욕구를 차례대로 만족하려 합니다. 각 욕구는 하위 단계의 욕구들이 어느 정도 충족되었을 때 점차 상위 욕구로 나아갈 수 있는데, 아기를 업은 채로 구걸하는 아기엄마나 실직으로 먹고 살아갈 길이 막막한 상우는 먹고사는 생리적인 욕구가 해결되지 않아 스트레스를 받고 갈등을 겪고 있습니다.

상우는 지하철 순환선을 타고 졸다가 꿈을 꾸게 되는데, 꿈속에서 딸과 TV를 보며 통닭을 먹다가 딸이 상우에게 "제대로 키우지 못할 거면 먹어버리는 게 더 나아."라고 하자, 만삭이 된 아내의 배에 들어 있는 생닭을 꺼내 통째로 입에 넣고 먹습니다. 한 가족을 책임지는 가장으로서 가족들의 먹고사는 생계문제가 얼마나 걱정되었으면 이런 꿈까지 꾸었겠습니까? 상우가 아내의 몸에서 빼낸 닭은 출산을 앞둔 둘째 아이를 의미하고 있는 것으로 강제 퇴직을 당해서 먹고사는 문제를 해결하지 못하는 막막한 삶 앞에서 나약해져만 가는 가장의 모습을 상징적으로 보여주는 것 같습니다.

잠깐 상우의 가족을 살펴보겠습니다. 상우는 감정표현이 적고 소심하며 참는 것이 몸에 배어있는 성격을 가지고 있습니다. 불편한 것을 표현하지 못하고 혼자 해결하는 성격으로 인해 실직으로 어려움에 처해있다는 사실을 아내에게조차도 솔직하게 고백하지 못하고 출근하는 척 집을 나와 매일 지하철 순환선을 타고 다람쥐 쳇바퀴 돌듯 뱅글뱅글 도는 것입니다. 현관 앞까지 나와 출근하는 상우를 배웅하면서도 상황을 눈치 채지도 못하는 아내는 욕심 부리지 않고 평범하게 살아가는 전업주부입니다. 부부 간 대화가 활발하거나 애정이 깃든 돈독한 면은 없으나 상대방의 마음에 상처를 주는 역기능적인 의사소통은 없습니다. 중학교에 다니는 딸은 아빠에게 눈을 흘기고, 말을 까칠하게 하며, 엄마 편에 서서 엄마의 생각과 마음을 대변하는 역할을 합니다. 그렇지만 엄마를 끌어안는다든지, 뽀뽀를 한다든지 하는 스킨십이 없는 것을 보면 친밀한 관계는 아닌 것 같습니다. 다시 말하면 상우의 가족은 가족 구성원으로서의 기본적인 자기역할만 관습적으로 하고 있는 덤덤한 가족이라고 할 수 있습니다.

덤덤하게 살아가던 가족에게 아버지의 실직으로 경제적인 스트레스가 찾아오고, 이것이 가족의 갈등 상황을 만들어냅니다. 실직했다는 것을 속 시원하게 말하지 못하고 혼자 가슴앓이 해야 하는 것이 상우의 스트레스라면 노산에 대한 걱정을 해주기는커녕 뱃속에 있는 아이에게 조금 더 있다가 나오라는 상우의 말에 출산일을 넘기는 상황은 상우아내의 스트레스일 것입니다. 친구들과의 관계가 소중한 상우의 중학생 딸은 갖고 싶은 아이폰을 소유하지 못하는 것이 당면한 스트레스겠지요. 딸에게는 다른 아이들과 같은 레벨로 인정받을 수 있게 되고 따돌림을 당하지 않을 수 있는 아이폰을 소유하는 것이 가장 중요한 욕구일 것입니다.

개체에 부담을 주는 육체적, 정신적 자극이나 이런 자극이 가해졌을 때 인간의 생체가 나타내는 반응을 스트레스라고 합니다. 영화 <가족시네마> '순환선'에서 상우는 회사에서 실직을 당하는 정신적인 충격을 받았습니다. 갑작스럽게 당한 실직으로 인한 정신적 충격은 상우의 생체적 스트레스로 변화되어 긴장, 걱정, 불안한 마음으로 하루 종일 순환선을 타고, 패배감으로 인해 악몽을 꾸기도 합니다. 이렇게 시간을 때우고 나서 아무 일 없다는 듯 집에 들어가지만 마음이 편할 까닭이 없는 상우가 가족과 나누는 대화는 퉁명스럽고 곱지 못합니다. 결국 한 사람의 실직이라는 사건으로부터 시작된 개인적인 스트레스가 전체적인 가족갈등으로 확대됩니다.

상우의 경우처럼 예기치 않은 일로 스트레스를 받아 힘에 겨워 비틀거리는 상황에서는 다른 무엇보다도 가족의 사랑이 가장 큰 힘이 됩니다. 가족이 울타리가 되어주고, 보듬어주고, 고통을 함께 나누면서 다른 방법과 해결책을 모색해가는 과정이 필요합니다. 그런데 현대사회에서는 가족의 결속력이 느슨해지고, 중요성은 점점 약화되고 있으며, 가족구조와 체계의 기능적 역할이 사라지고 있습니다. 가족이라는 든든한 울타리에서 제공되었던 돌봄, 나눔, 긍정적인 모델링, 희생 등 순기능적 요소는 쉽고 편한 컴퓨터와 인터넷, 휴대폰 통신기기에 자리를 내어주었고 개인주의 경향에 휩쓸려 방향을 잃어버렸습니다. 투박스럽지만 진솔한 정을 나누고 잔정이 묻어나는 소소한 가족 간 사랑은 산업화로 인한 자본주의 경쟁사회에서 팍팍한 삶을 살아내야 하는 현실에 자리를 내어주고 말았습니다.

예전에는 할아버지, 할머니께서 손자들을 무릎팍에 올려놓고 머리를 쓰다듬어주시며 가족의 소중함과 든든함, 다른 사람들과 살아가면서 지켜야 할 염치와 예절을 사랑으로 가르쳐주셨습니다. 그런데 현대사회에서는 학원이라는 괴물이 아이들을 딱딱한 의자에 앉혀놓고 경쟁사회에서 시험을 잘 치르기 위한 교과목을 일방적으로 주입시키고 성적에 따라 줄을 세우는 몰염치한 교육이 성행하고 있습니다. 즉, 가족 간에 이루어지던 자연스러운 순기능적 내리사랑교육이 불가능해진 것입니다. 또한 이기적인 생활환경 탓에 개인화경향이 강해지면서 가족들이 들어올 때까지 기다려주던 밥상은 사라지고, 아이들은 학원 시간에 맞추어 프랜차이즈 음식점에서 햄버거로 대표되는 즉석음식으로 끼니를 때우고, 부모들은 직장에서 식사를 해결합니다. 핵가족화의 영향으로 가족을 구성하는 수가 감소하고, 개인적인 생활위주의 패턴 변화가 가족의 결속과 중요성을 약화시키는 원인이 되고 있습니다. 때문에 가족 간 스트레스가 쌓이고, 갈등이 불거지면 서로 보듬어 안을 수 있는 매개 역할을 할 수 있는 가족 구성원이 없을 뿐만 아니라 가족갈등이 완충지대 없이 그대로 표출되고 충돌을 일으켜 작고 사소한 문제가 가족해체로 이어지는 심각한 상황이 일어날 수도 있습니다.

2 가족갈등

가족스트레스와 가족갈등은 이해받지 못한다는 느낌을 받게 되고, 누적되는 사랑의 결핍에 따른 부적응 현상으로 가족 구성원들의 친화력과 신뢰관계가 하락하여 생활이 위축되고 적응력이 저하되기도 합니다. 가족생활주기에서 가족스트레스와 가족갈등은 가족

구성원이 가족스트레스를 지각하는 정도와 역할, 그리고 행동변화의 유연성과 관련이 있습니다. 그러므로 가족상담과정에서 가장 경계해야 할 것은 상담자가 이상적으로 기능하는 건전한 가족에 초점을 맞추고 있는 것입니다. 그러므로 상담자는 가족상담 장면에서 이상적인 가족의 모습을 목표로 삼고 가족들이 그 목표에 도달하기를 원하고, 상담자가 상상하는 이상적인 가족의 모습을 강요하고 있는 것은 아닌지 되돌아볼 필요가 있습니다.

가족 구성원 각자 추구하는 행복이 다르기 때문에 이상적인 가족에 대한 그림 또한 모두 다를 수 있으므로 가족들이 공감할 수 있는 이상적인 가족의 공통분모가 필요합니다. 공통분모가 작은 경우 가족갈등은 필연적이고, 가족내부나 외부의 여러 가지 힘이 가족을 흔드는 힘으로 끊임없이 작용하므로 다양한 모순, 갈등, 위기에 직면할 수밖에 없습니다. 가족의 자기회복력이 한계를 넘게 되어 전문적으로 훈련받은 상담자의 도움을 필요로 할 때 상담자는 자신의 주관적인 가치판단 기준을 적용하지 않도록 주의하고 경계해야 합니다. 상담자의 가치관을 강요하거나 이상적인 가족에 대한 당위적인 기준을 제시하는 것은 가족들에게 자괴감을 주고 가족치유 의욕을 떨어트릴 수 있습니다.

가족관계는 다양하기 때문에 가족 구성원 각자의 입장을 존중하고, 귀를 기울여주고, 공감하는 자세가 필요합니다. 가족은 보편적인 존재인 동시에 개별적으로 특수성을 가졌음을 인정하는 자세와 유연한 접근이 요구됩니다. 그러므로 가족의 문제행동이나 병리현상을 개인의 문제로 한정하지 말고 다양한 관점에서 전체 가족체계로 바라보아야 합니다. 가족관계라는 것은 양날의 칼과 같은 속성이 있어서 떨어져 있으면 고독감을 느끼지만, 가까이 있으면 서로 상처를 주는 양면성을 가지고 있습니다.

가족스트레스와 가족갈등이 없는 가족이 이 세상에 존재할까요? 사회적인 지위의 고하, 빈부의 차이를 막론하고 가족갈등이 없거나 가족병리가 없는 가족은 없을 것입니다. 웃음소리 자주 들리는 옆집 가족이 우리 가족보다 화목해보일 수 있지만, 모든 가족에게는 독특한 갈등과 스트레스가 내재되어 있습니다. 단지, 수면 밑에 가라앉아 있을 뿐입니다. 그러므로 가족의 병리는 가족에게 필연적으로 찾아오는 생리적인 것으로 받아들이고 대비하는 것이 필요합니다.

가족 간에 스트레스를 주고받고, 상처를 주며, 극한 갈등상황으로 인해 위기에 직면할 수 있지만 다행스럽게도 가족은 항상성을 가지고 있습니다. 인간의 신체가 정상체온을 유지하기 위해서 추우면 몸이 오그라들고 땀샘이 닫히고, 더우면 몸이 유연해지면서 땀을 배출하는 것과 같이 가족이라는 체계의 기능을 유지할 수 있는 것은 가족 스스로 치유력과 회복력, 즉 가족 항상성을 가지고 있기 때문입니다.

가족갈등은 다양하며 비합리적인 면이 강합니다. 왜냐하면 가족은 우연하게 이뤄졌기 때문입니다. 현재의 가족으로 태어난 것도 우연이고, 언젠가는 만날 수밖에 없었던 운명이라고 생각되어 선택한 배우자도 엄밀하게 말하면 우연입니다. 가족은 보편적인 동시에, 대단히 개별적인 특수한 존재입니다. 우연적인 공간과 시간 속에서 만났기 때문에 가족 구성원들은 자기 나름대로 주관적인 선호감정을 가지고 있습니다. 그러므로 가족상담사는 가족 문제를 정확하게 이해해서 가족이 스스로 해결할 수 있도록 적절한 원조를 해야 합니다. 적절한 원조의 시작은 내담가족이 안고 있는 문제와 어려움이 내담가족에게만 있는 개별적인 문제라는 인식에서 출발합니다. 가족의 고유함과 독특성을 간과하고 문제를 안이하게 일반화시키는 시각에서 접근한다면 내담가족을 이해하기 어려워지고 원조를 할 수 없을 것입니다.

가족상담을 할 때는 보편적인 가치에 얽매이지 않고 유연하게 사례에 접근해가는 개방성이 필요합니다. 인간은 각자 자신의 고유한 눈으로 어떤 사물이나 사건을 보려는 경향이 있기 때문입니다. 갈등이 표면화되어 대립 상태에 있는 부부의 경우 개인이 바라보는 대로, 또는 바라보고 싶은 대로 보려는 의지를 가지고 있기 때문에 상대방의 입장에서 생각하는 것이 쉽지 않습니다. 자신이 바라보는 시선과 생각을 정당화하려면 아내는 내게 바가지만 긁는 여자, 남편은 내게 윽박지르는 남자로 이미지를 만들어 놓고 자기 자신이 피해자라는 생각으로 나의 행동을 정당화해야 하기 때문에 왜곡되고 비합리적인 행동 패턴이 지속되는 것입니다. 그러므로 가족상담사는 내담가족 개인이 이야기하는 주관적인 사실에 귀를 기울이고 들어주어야 합니다. 경청은 내담자 스스로 자신의 태도나 행동을 이해할 수 있게 하고, 자신을 있는 그대로 바라보게 되는 통찰을 가능하게 합니다.

영화 <가족시네마>의 '순환선'에서 상우네 가족의 스트레스 원인은 상우의 실직입니다. 전혀 예측할 수 없는 외적 요인에서 스트레스가 발생된 것입니다. 스트레스 요인이 되는 사건이 발생하면 가족에게는 위기가 찾아오게 되는데 상우의 가족 위기를 Hill의 ABCX 모델에 적용해서 가늠해보면 다음과 같습니다.

스트레스 요인이 되는 사건 A는 스트레스원을 극복하는 가족자

그림 4-1 **Hill의 ABCX 모델**

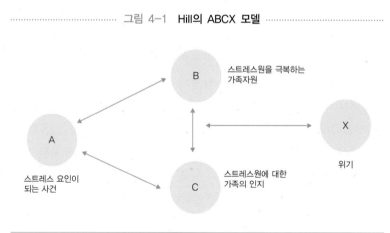

출처: 김유숙(2006) 가족상담에서 재인용.

원 B와 스트레스원에 대한 가족의 인지 C와 상호작용하여 위기 X가 발생합니다. 상우의 실직은 가족체계에 변화를 가져다주는 스트레스 요인이 되는 하나의 생활사건입니다. 그런데 상우에게는 스트레스원을 극복할 수 있고 대처할 수 있는 가족자원이 전혀 없습니다. 상우는 자신의 실직으로 인한 경제적 어려움을 도와주고 짐을 덜어줄만한 가족자원이 아무리 찾아봐도 없으니까 가족에게 알릴 용기가 나지 않았을 것입니다. 상우의 아내와 딸은 아버지에게 일어난 사건을 전혀 인지하지도 못하고, 자신들을 퉁명스럽게 대하는 태도에 서운함을 표현하며, 비난을 하게 됩니다. 그러므로 상우의 실직이라는 사건으로 찾아온 가족의 위기는 더욱 커질 수밖에 없습니다. 상우의 실직은 스트레스 요인이 되는 사건일 뿐이지, 사건 자체가 위기는 아닙니다. 아마도 아내가 맞벌이를 하는 직장인이거나, 실직상황을 대비해서 보험이나 적금을 들어두었다면, 또는 중학생 딸이 장학생으로 선발되어 학비 걱정을 덜어주었다면 상우의 실직으로 가정에 다가오는 위기 X의 세기는 작았을 것입니다.

가족상담은 가족의 문제행동이나 가족의 갈등 상황에서 야기되는 병리현상을 개인의 문제로 한정하지 않고 가족 전체의 문제로 생각하고 대처하는 것이 중요합니다. 개인의 문제로 한정하다보면 사건을 일으키는 당사자 한 사람에게 비난의 화살을 돌리는 경향이 있기 때문에 문제를 더욱 복잡하고 어렵게 합니다. 따라서 이와 같은 오류를 범하지 않으려면 가족 전체의 시스템 안에서 가족 구성원의 문제를 바라보고 해결하려는 접근이 필요합니다. 즉, 가족 문제를 바라보는 올바른 시각은 단순히 지적으로 이해하거나 해석하지 않는 것입니다. 가족구조 전체적인 관점에서 바라보고 접근할 때 내담가족이 가진 문제에 대한 정확한 사정, 가족공동체 유지를 위한 현실적인 해결방법, 가족의 순기능을 회복할 수 있는 구체적인 방안과 대책을 도출할 수 있을 것입니다.

가족스트레스에 어떤 자극 요인이 더해지게 되면 종래의 가족생활 양식에 혼란을 초래하고, 기존의 대처 방식이나 문제해결방식으로는 지금까지 유지해 온 평형상태를 유지할 수 없는 위기의 상황으로 발전할 수 있습니다. 자녀양육의 문제, 청소년기의 정체성 혼란과 학업성취, 직업선택, 결혼, 연로한 부모님 모시기, 부모님과의 이별과 상실 등은 가족 내에서 충분히 예상할 수 있는 스트레스입니다. 이렇게 예상할 수 있는 스트레스는 역할 기대와 가족 규칙의 변화를 천천히 수반할 수 있는 준비를 할 수 있지만 그럼에도 불구하고 그 역할을 획득해야 하는 과제는 또 하나의 다른 스트레스원이 되기도 합니다.

🎥 TV드라마 기본 정보

제목: 넝쿨째 들어온 당신(2012)

제작국: 한국

감독: 김형석

출연: 김남주, 유준상, 윤여정, 장용, 강부자

장르: 드라마

러닝타임: 58부작

관람기준: 15세 관람가

📷 힐링시네마를 위한 이 드라마의 키워드

가족/시월드/부부역할/임신/출산/고부 간 갈등

2012년 50%가 넘는 시청률을 기록했던 KBS드라마 '넝쿨째 굴러온 당신'에는 차윤희라는 커리어우먼이 나옵니다. 차윤희는 자신의 이상형 남자, 외과의사 방귀남을 남편으로 맞아 결혼을 합니다. 시월드가 없는 남자가 이상형 남편의 조건이었는데, 고아인 줄 알았던 방귀남에게 갑자기 시월드가 나타납니다. 친부모를 찾은 것이지요. 시월드는 점차 차윤희에게 스트레스 요인으로 다가오고, 이 스트레스 요인은 결국 가족갈등으로 완전히 표면으로 올라와 시어머니와 며느리가 한판 승부를 벌이는 장면이 연출되게 됩니다.

'넝쿨째 굴러온 당신'은 코믹하게 그려진 가족 드라마입니다. 이 가족의 시어머니에게는 수평적 가족스트레스와 수직적 가족스트레스가 존재합니다. 마찬가지로 며느리인 차윤희에게도 수직적 가족스트레스와 수평적 스트레스가 존재합니다. 수직적 가족스트레스의 요인에는 가족신화와 규칙이 있습니다. 시어머니는 이렇게 말합니다. '한 마디도 지지 않고 꼬박꼬박 말대답한다.' 이건 시어머니가 생각하는 가족이라는 규칙 내에 며느리가 시어머니에게 말대꾸하는 것은 용납되지 않는 가족신화를 갖고 있는 것입니다. 시어머니는 자신의 시어머니에게는 지금까지 한 마디도 말대꾸를 해본 적이 없는 순종하는 며느리였습니다. 그런데 그녀에게 새로 들어온 며느리는 할 말 다하면서 따지기 시작합니다. '왜 시어머니만 할 말을 다 하고 나의 마음은 이야기하지 못하게 하느냐?' 여기에서 수평적 스트레스 요인이 나오기 시작합니다.

우리가 살아가는 사회 체제가 많이 바뀌었습니다. 예전 가부장적인 사회에서, 여자들이 전업주부 역할만 하고 가정을 돌보는 책임이 전적으로 여자에게만 있던 가족 시스템에서 이제는 남녀가 서로 공동양육을 하는 시스템으로 바뀌었습니다. 또한 옛날에는 확대가족이었습니다. 한 집안에 3대가 모여 함께 사는 것은 자연스러운 일이었지요. 그러던 가족의 구조가 현대사회에 접어들면서 단촐하게 생활하는 핵가족으로 바뀌었고 이제는 결혼을 하지 않고 혼자 사는 독신가구가 늘어나는 추세에 있습니다.

드라마 '넝쿨째 굴러온 당신'에서 고부 간에 말다툼이 일어납니다. 수면 아래 가라 앉아 있던 갈등의 요인이 수면 위로 서서히 올라옵니다. 이런 일촉즉발의 상황에서 아버지와 아들이 모의를 합니다. 아버지와 아들이 자신의 아내 편을 들면서 아버지는 며느리에게 핀잔을 주고 아들은 어머니가 잘못했다며 서운함을 표시하지요. 이렇게 아버지와 아들이 싸우는 모습을 보이자 당황한 시어머니와 며느리가 오히려 이들을 말리면서 화해를 하게 되면서 위기를 슬기롭게 극복합니다. 드라마 '넝쿨째 굴러온 당신'에 나오는 차윤희네 가족은 위기가 닥쳤을 때 유연하게 대처할 수 있는 아버지의 넉넉함, 아들의 받아들임, 그리고 아들이 아버지를 생각하는 배려 등이 있기 때문에 고부 갈등이라는 위기에서 가족의 체계가 흔들리지 않고 긍정적인 해결 방법과 적절한 거리를 유지할 수 있는 것입니다.

가족이 위기에 봉착하게 되면 놀이공원의 놀이기구 청룡열차처럼 밑으로 떨어지게 되는데 각도를 그립니다. 어떤 가족은 평안하게 지내던 정상 수준을 회복하는 데 오랜 시간이 걸리기도 하지만, 어떤 가족은 회복까지 걸리는 시간이 짧은 것은 물론 가족의 순기능적인 면을 보강해서 위기 이전보다 더 긍정적인 역동을 주고받는 가족체계를 만들어내기도 합니다. 즉, 스트레스원을 극복하는 가족자원 B와 스트레스원에 대한 가족의 인지 C가 스트레스 요인이 되는 사건 A가 미치는 영향을 최소화하여 위기 X를 미풍에 그치게 한다는 것입니다.

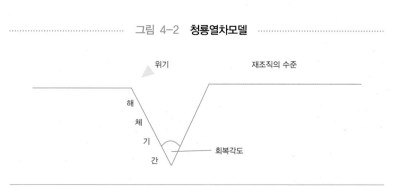

그림 4-2 **청룡열차모델**

출처: 김유숙(2006) 가족상담에서 재인용.

가족의 자원은 가족의 평균 학력, 갈등 당사자의 학력, 직업, 부의 정도, 사회적 지위, 가치관 등입니다. 가족인지 및 평가는 가족 체계를 어떻게 바라보느냐 하는 개념인데 가족은 반드시 모여 살아야 한다든가, 각자 따로 살다가 큰 행사가 있을 때만 모인다든가, 시부모님과 멀리 떨어져 살고 있기 때문에 생신 때 찾아뵙는 대신 축하금을 보내는 것이 받아들여지는 것 등이 포함될 수 있습니다.

　　드라마 '넝쿨째 굴러온 당신'에는 시누이, 친정동생, 임신, 입양 등의 사건으로 인해 비롯되는 많은 위기에서 힘들어하고 갈등하지만 가족들이 가지고 있는 개인의 자원을 유연하게 결합하면서 위기를 극복하는 모습을 보여줍니다. 이 드라마는 우리에게 어떤 가족이든 가족이 갈등을 겪고 위기에 처할 수 있음을 알려주는 것 같습니다. 어떤 위기가 닥쳤을 때, 가족에게 상처를 덜 주면서 효과적으로 재조직할 수 있는 가족이 많아지기를 기원합니다.

 영화 〈가족 시네마〉 중 '순환선'을 활용한 가족상담 레시피

 레시피 1: 실직　　　　　　　　　　　　　　　　　　　연상적 접근

 치유적 장면: 영화 감상

영화 〈가족시네마〉 중 '순환선'

① 영화 속 상우처럼 갑자기 실직을 당한다면 가족에게 솔직하게 이야기 할 수 있을까요? 아니면 숨기며 출근하는 척을 할까요?

② 주인공은 실직과, 둘째 아이 출산이라는 어려운 사건이 한꺼번에 겹쳐 일어났습니다. 당신의 삶 속에 머피의 법칙이 있었나요?

③ 갈 곳도, 오라는 곳도 없어 하루 종일 시간을 때워 본 적이 있나요?

그때 당신은 어디에서, 무엇을 하며, 어떻게 시간을 보냈었나요?

 TV드라마 〈넝쿨째 굴러온 당신〉을 활용한 가족상담 레시피

 레시피 1: 관계개선 협정서   지시적 접근

준비물: A4용지, 필기도구

 치유적 장면: 영화 감상

며느리 차윤희와 시어머니 엄청해 여사가 고부 간의 관계개선을 위하여 고부협정서를 만들어 교환하면서 서로 노력하기로 새끼손가락 걸며 약속하는 장면

 마음타래 풀기

현재 가족 중 가장 갈등이 심해 관계개선이 필요한 가족구성원을 선택하여 관계개선을 위한 협정서를 만들어보세요.

① 관계개선협정서에 만족하시나요? 만족도를 몇 점을 주시겠습니까?
② 아직 협정이 체결 되지 않았기 때문에 협정서에 추가할 내용이 있거나 빼고 싶은 내용이 있다면 지금 수정할 수 있습니다. 어떤 것을 수정하시겠습니까?
③ 관계개선협정서가 얼마나 효과가 있을까요?
④ 관계개선협정을 맺은 가족의 행동 중 어떤 것이 변하면 효과를 발휘했다고 할 수 있을까요?

제5장
새로운 동향의 가족

1 이혼 및 재혼 가정

영화 기본 정보

제목: 스텝맘(Stepmom, 1998)

제작국: 미국

감독: 크리스 콜럼버스

출연: 줄리아 로버츠, 수잔 서랜든

장르: 드라마

러닝타임: 124분

관람기준: 12세 관람가

힐링시네마를 위한 이 영화의 키워드

이혼/재혼/부모역할/새엄마/이별/사춘기/
의사소통/모성애

첫 번째 부인 재키와 이혼하고 광고회사 사진작가 이사벨과 동거 중인 변호사 루크에게는 두 아이(애나와 벤)가 있습니다. 루크를 사랑하는 이사벨은 각별한 애정으로 아이들을 돌보지만 아이들은 새엄마가 될 이사벨을 인정하지 않으려하고 친엄마 재키는 아이들 양육 문제를 빌미로 사사건건 참견을 합니다. 그러던 어느 날, 재키가 암에 걸렸다는 사실을 알게 되면서 가족들과 이별을 준비하는 과정을 잔잔하게 그려내는 영화 <스텝맘>은 불치병에 걸린 친엄마와의 이별과 좋은 엄마가 되기 위해 노력하는 새엄마와의 관계정립에 대한 이야기를 담아낸 작품입니다. 영화 <스텝맘>은 부부의 이혼과 재혼으로 인해 새로운 동향의 가족이 형성되는 과정에서 마주해야 하는 문제, 스트레스와 갈등, 부모의 역할과 부양책임, 모성애에 대해 생각해볼 수 있기 때문에 많은 점을 시사하고 있습니다.

새엄마 이사벨은 실력 있는 사진작가로 바깥일은 잘 해내지만 살림에는 소질이 없고 더욱이 자녀양육과 돌봄에 미숙하여 아이들에게 배척을 당합니다. 아이들은 친엄마와 계모 사이에 벌어지는 신경전에 휘말려 갈팡질팡하며 심리적 혼란을 겪게 되고 삼각관계의 희생양이 되기도 합니다. 그럼에도 불구하고 이 영화는 계모 이사벨이 자녀들과 마음을 열기 위한 노력 끝에 소통이 이루어지고, 부모가 아이들의 심리·정서적 충격 최소화와 교육적 성장에 우선 가치를 두고, 새로운 동향의 가족이 이해와 배려로 아픔을 극복하는 성숙한 위기해결 방법을 보여주고 있습니다. 의사소통이 가족의 느낌을 싹트게 하고, 가족 정체성을 확립하는 데 결정적인 역할을 하는 것입니다.

한국의 '콩쥐팥쥐전', 서양의 '신데렐라 이야기'는 계모와 관련되어 있는 대표적인 전래동화입니다. 어머니의 죽음, 계모를 맞이함, 아버지의 무관심 속에 구박하는 계모, 두꺼비 등의 도움으로 어려움을 극복하는 것, 권선징악으로 마무리되는 결말 등에서 닮은 면이 많습니다. 새엄마라는 이미지는 동서고금을 막론하고 모두 집단

원형 그림자인 것 같습니다.

영화 <스텝맘>에 등장하는 가족의 특징과 가족관계를 살펴보도록 하겠습니다. 아버지 루크의 직업은 변호사, 배려가 깊은 것 같으면서도 무뚝뚝한 성격을 가지고 있지만, 새로 맞이하는 아내 이사벨에게 만큼은 다정다감한 모습을 보입니다. 루크에게는 이혼한 전처 재키와 결혼할 여자 이사벨 두 명의 부인이 있고, 루크와 전처 재키 사이에는 청소년기에 접어든 딸 애나와 학동기에 들어갈 아들 벤이 있습니다. 애나는 부모가 이혼한 원인이 아빠와 새엄마에게 있다고 생각하며 이사벨에게 차갑고 거칠게 반응합니다. 벤은 상황을 잘 이해하지 못하기 때문에 이사벨에게 친근감을 느끼고 좋은 관계를 표현하면서도 엄마 재키의 눈치를 봅니다. 사랑은 이사벨과 나누고 아이들 양육은 전처 재키에게 의지하는 이중적인 태도를 보이는 루크의 행동은 가족들에게 혼란을 주고 있습니다. 양 손에 떡을 쥐고 아무것도 놓지 못하고 있는 형상이라고 할 수 있습니다. 아이들과 지내는 시간이 별로 없을 만큼 바쁘지만, 함께 있을 때에는 최선을 다하는 자상한 아빠의 모습을 보여주기도 합니다.

아이들의 엄마인 전처 재키는 남편과 사랑이 식어 이혼했지만,

그림 5-1 **영화 스텝맘 가계도**

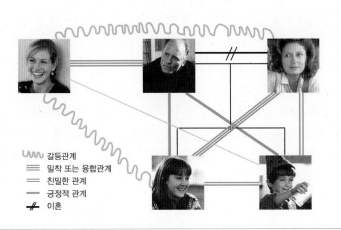

〰〰〰 갈등관계
══ 밀착 또는 융합관계
― 친밀한 관계
― 긍정적 관계
╫ 이혼

아이들에 대한 사랑과 부모로서의 책임감이 강하고, 허용적이면서도 지켜야 할 규칙은 반드시 준수할 것을 요구하는 확실한 교육가치관과 양육방식을 보여주고 있으며, 행복한 가정을 꾸리지 못한 것에 대해 아이들에게 미안한 마음을 가지고 있습니다.

루크와 결혼할 이사벨은 광고계에서는 연출력을 인정받는 유능한 사진작가입니다. 하지만 결혼과 출산 경험이 없어 아이들을 어떻게 양육해야 하는지 잘 몰라 교육에는 서툴고 미흡합니다. 하지만 개방적이고, 솔직하며, 상대방을 인정하고, 받아들이며, 존중하는 의사소통 능력을 가지고 있습니다. 굴러간 돌이 박힌 돌을 빼내는 격인 자신의 처지를 꾸미지 않고 있는 그대로 아이들에게 이해시키려는 노력을 보입니다.

애나는 어떨까요? 애나는 사춘기 소녀입니다. 사춘기 소녀들은 예민하고 작은 일에도 감정의 기복이 크다는 특징을 가지고 있는데, 애나는 부모의 이혼으로 마음에 큰 상처를 받았습니다. 부모가 이혼한 것에 대한 실망감과 상실감은 무조건적인 반항으로 표출되어 뾰족해진 손톱으로 새엄마가 될 이사벨의 가슴에 생채기를 내고 있습니다. 애나의 이런 행동에는 아빠 루크의 일방적인 통보와 공감 없는 대화 때문이기도 합니다. 부부의 합의이혼 사실을 통보할 때 애나는 "새엄마가 필요한지, 어떻게 생각하는지, 전혀 신경도 쓰지 않는데 제가 상심할 필요가 없잖아요."라고 눈물을 흘리자 아빠는 "가족의 새구성원이 되는 것뿐이야. 아줌마를 그냥 받아들이면 돼."라며 애나의 속상한 마음을 헤아리지 못합니다. 그러니까 애나는 아빠와 대화를 통한 의사소통을 할 엄두를 내지 못하고 까칠하게 대하면서, 상대적인 약자라고 판단되는 엄마 재키의 응원군이 되어 감정적으로 융합하는 구조를 보입니다. 즉, 애나는 엄마와 아빠 사이에 낀 삼각관계의 희생양이라고 할 수 있습니다.

루크의 가족이 갈등하는 사건의 중심에는 애나가 있습니다. 친구관계, 이성관계, 신체적인 콤플렉스, 그리고 부모의 이혼과 새엄마의 등장... 어느 것 하나 만만한 것이 없습니다. 새엄마 이사벨에게는 강아지와 똑같이 생겼다고 이야기할 만큼 싫어하는 마음을 직설적이고 무례하게 표현합니다. 새엄마 이사벨과 애나는 갈등상황을 어떻게 해결할 수 있을까요? 학교에 제출할 풍경화 그리기 과제에서 은행나무의 가을단풍을 표현해내지 못해 끙끙대던 애나는 이사벨의 도움으로 과제를 수월하게 해결하고, 예쁘게 보이고 싶은 애나의 사춘기 특징을 알아챈 이사벨이 자신의 립스틱을 애나가 바를 수 있도록 허락하고, 남학생의 놀림 때문에 생긴 수치스러움을 통쾌한 방법으로 해결할 수 있도록 도와주는 사건을 통하여 이사벨과 애나 사이에도 친밀감이 형성되고, 감정을 나누며, 서서히 화해 분위기가 조성되어 갑니다.

자신이 마법사라는 믿음을 가지고 있고, 숨기를 좋아하는 천진난만한 벤은 아빠에게 약간 우호적이고, 엄마의 눈치를 살피며, 다리를 다쳐 병원에서 치료를 받았을 때 새엄마가 될 이사벨에게 노래를 불러달라고 부탁하는 친근감을 보이고 있습니다. 엄마를 사랑하지만 이사벨도 마음에 들어 하는 이중구속의 심리상태를 나타내고 있는 것으로 보입니다. 새침하고 까칠한 애나와 다르게 다정다감하고 붙임성이 좋은 성격을 지닌 벤은 엄마 재키와 새엄마 이사벨 사이에서 혼란스러워합니다. 이사벨의 작업 현장에서 미아가 되어 한바탕 소동이 있고 난 후에 이사벨의 잘못이 아니라고 두둔해주고, 예쁘다고 했다가 재키가 "입 큰 여자가 좋으면 그렇게 하라."고 하자 "엄마가 아줌마를 싫어하라고 하면 그렇게 할게요."라고 얼른 꼬리를 내립니다. 낳아준 엄마와 멀어질 수도, 새엄마와 무작정 가까워질 수도 없는 혼란스러운 벤의 마음이 잘 나타나 있습니다. 이러지도 저러지도 못하는 벤은 어른들이 만들어놓은 감정의 골에 함께 휘말려 들어가는 것입니다. 벤 역시 자신도 모르게 삼각관계의 희생양이 되는 것입니다. 부모의 이혼이나 재혼과정에서 일어나는 스트레스와 갈등은 자녀에게 고스란히 전해지고 심리적 성장과 발달에 직접적으로 영향을 미칩니다.

불치병 진단을 받고 수술을 했지만 치료가 불가능하다는 것을 알고 있는 재키는 아이들과 영원한 이별을 준비하며 이사벨이 자신을 대신해서 엄마 역할을 수행해주길 바라는 마음으로 아이들과의 추억을 함께 나누게 됩니다. 그리고 가족과의 마지막 크리스마스 파티에서 가족사진을 촬영하면서 "이제 가족 모두 같이 찍기로 해요. 이사벨..." 하고 같이 가족사진에 들어올 것을 제안함으로써 이사벨을 정식가족으로 받아들이고 엄마의 자리에 안정적으로 들어설 수 있도록 인정해줍니다.

새로 시작하는 가족, 혼합하는 가족에게 필연적으로 찾아오고 겪을 수밖에 없는 스트레스와 갈등상황을 영화 <스텝맘>처럼 슬기롭게 극복하고 새로운 가족을 받아들이는 것은 쉬운 일이 아닙니다. 영화 <스텝맘>은 재키의 불치병이 가족을 다시 바라보게 하고 관계를 정립하는 데 긍정적인 위기로 작용하지만 다른 가족에게는 그렇지 않을 수 있습니다. 가족마다 고유하고 독특한 가족역동을 가지고 있기 때문입니다. 아마도 어떤 가족에서는 불치병의 원인을 새엄마에게 돌려세움으로써 상황을 더 복잡하고 어렵게 만들고 가족의 와해와 해체로 이어질 수도 있을 것입니다.

가족생활주기를 분류하는 단계와 연령이 학자에 따라 차이가 있지만 새로운 동향의 가족이 포함되기 시작한 것은 1980년대 들어 증가한 미국의 이혼율과 관계가 깊습니다. 부부의 별거, 이혼, 한부모 가족, 재혼가족, 다문화 가족의 증가는 가족생활주기의 새로운 과제로 떠오르게 되었습니다. 가족체계의 분열과 재구성에 동반해 나타나는 필연적인 정서과정을 파악하고 발달과업을 정리하고 제시할 필요성이 대두된 것입니다. 이혼과 재혼율이 높아짐으로써 새엄마, 새아빠를 맞이하는 아이들이 많아졌고, 가족 구성원들의 갈등이나 스트레스 증가는 가정과 사회에서 다양한 역기능을 발생시키는 것이 사실입니다. 가족체계의 분열과 재구성은 영화 <스텝맘>처럼 원부모와 아이들의 관계, 새엄마와 아이들과의 관계, 원엄마와 새엄마의 관계, 원부부 사이의 관계, 새부부 사이의 관계 등이 자녀의 양육과 맞물려 복잡하고 어려운 문제를 만들어 내고 있습니다.

　아이들에게 가장 큰 영향을 주는 것이 부모라는 것은 누구나가 인정하는 사실입니다. 그렇기 때문에 부모 사이의 관계는 매우 중요합니다. 영화 <스텝맘>에 등장하는 부모(루크와 재키)는 이미 서로에 대한 신뢰가 깨어진 상태입니다. 신뢰를 회복하기 위해 서로 노력을 했지만 함께 살 수 없다는 것을 아이들에게 설명할 때 벤이 부모에게 이렇게 말합니다. "늘 싸우기만 했잖아! 나쁜 말만 골라서 하고…" 이 장면은 부모의 신뢰가 깨어졌을 때 자녀들이 마음에 얼마나 큰 상처를 입히는가를 단적으로 보여주고 있습니다. 단지 말을 하지 못하고 있을 뿐입니다.

　원부모와 아이들과의 관계는 새로운 동향의 가족역동에서 중요한 열쇠를 쥐고 있습니다. 영화에서 원부모 루크와 재키는 부부로서 더 이상 아이들과 함께 할 수 없을지라도 아이들에 대한 사랑은 변함이 없음을 보여줍니다. 재혼을 생각하는 아빠 루크도 애나와 벤이 없는 삶은 생각도 할 수 없고, 재키 또한 마찬가지입니다. 하지만 아빠와 엄마 모두를 사랑하고 함께 살기를 바라는 아이들의 바람과 현실과의 차이는 청소년기에 접어드는 애나에게 상당한 정신적 혼란을 불러일으키는 것 같습니다.

　아이들은 부모의 이혼을 막을 힘이 없고 방법도 찾기 힘듭니다. 아이들은 원하지 않더라도 아빠가 선택한 새엄마 이사벨과 살아야 합니다. 이사벨은 루크가 애나와 벤이 없는 삶은 생각할 수 없다는 것을 잘 알고 있습니다. 그녀는 그런 루크를 사랑하기에 애나와 벤을 받아들이려고 부단히 노력하는 모습을 보여줍니다. 그러나 청소년기로 접어든 애나는 부모의 재결합을 원하는 자신의 바람에 결정적인 걸림돌인 이사벨에게 "당신이 나의 문제야."라며 노골적으로 거부합니다. 호의적인 관계를 유지하려고 강아지를 선물하자 개 알레르기가 있다며 분위기를 썰렁하게 만들고, 강아지의 이름을 지어 보자는 새엄마 이사벨의 제안에 "이사벨로 짓지요. 냄새도 같고 알레르기가 있는 것도 같으니 적당하네요."하며 감정적인 반항을 합니다. 그럼에도 불구하고 이사벨은 아이들을 이해하고 눈높이에 맞추려는 진솔한 노력을 합니다.

영화 <스텝맘>에서 신세대 감각으로 장착한 사진작가 커리어 우먼 이사벨과 아이들에게 헌신하는 현모양처 재키는 여러 가지 상황에서 의견충돌을 일으키고, 재키는 이사벨의 교육방법에 대해 사사건건 비난과 면박을 줍니다. 패스트푸드를 먹이는 것, 사진 촬영장에 아이들을 데리고 갔다가 벤을 잃어버린 일, 이성 문제로 고민하는 애나에게 현실적인 해결방안을 제시한 것에 대해 격한 언쟁을 하는 사건도 발생합니다. 그런데 재키가 암이라는 진단을 받게 되고 죽음을 준비하는 과정에서 이사벨을 받아들이고 관계가 급속도로 가까워지며 동맹관계로 발전해갑니다. 혼자 엄마 노릇을 하기에는 역부족이고, 애나가 결혼식장에서 친엄마를 찾을까봐 두렵다는 솔직한 이사벨의 고백에 "난 아이들의 과거를 가질 테니, 당신은 아이들의 미래를 가지라."는 재키의 진심어린 눈물 당부는 성숙이라는 단어를 떠올리기에 충분합니다. 극적인 반전을 꾀하는 영화의 작위적인 속성이 엿보이는 전개방식이기는 하지만 이해와 소통, 화해와 용서라는 문제해결 방법을 제시한 것은 긍정적인 장면입니다.

영화 <스텝맘>은 이혼과 재혼에 대한 상황 속에서 어른과 아이들과의 의사소통, 스트레스와 갈등, 관계 회복을 잘 보여주고 있습니다. 가족이란 서로에 대한 신뢰에 바탕을 둔 가장 작은 공동체입니다. 서로 이해하고, 받아들이고, 상대의 눈높이에 맞추는 배려의 마음이 새로운 동향의 가족이 역기능에서 벗어나 기능적인 가족으로 성장하는 열쇠입니다.

영화 〈스텝맘〉을 활용한 가족상담 레시피

레시피 1: 청혼 연상적 접근

치유적 장면: 영화 감상

루크가 이사벨에게 실반지를 이용해서 프로포즈를 하는 장면

① 실반지 청혼을 하는 장면을 본 소감은?
② 누군가에게 청혼을 하거나 받아본 적이 있나요?
③ 청혼을 받았거나 했다면 그 방법은 어떤 것이었나요?
   그때의 장면으로 돌아가서 그 감정에 머무르고 표현해보세요.
④ 만약 다시 청혼할 기회가 주어진다면 어떤 방법으로 하고 싶나요?

레시피 2: 가족회의 연상적 접근

치유적 장면: 영화 감상

루크와 이사벨이 애나와 벤에게 이혼하기로 한 사실을 알리고 이해를 구하는 장면

① 내가 당신이 루크나 이사벨이라면 이혼하기로 한 결정을 아이들에게 어떤 방법으로 알릴 수 있을까요?
② 당신이 만일 벤이나 애나라면 이혼하기로 결정한 부모님의 이야기를 듣고 어떤 반응을 나타낼까요?
③ 영화 속 울고 있는 애나에게 위로의 편지를 써보세요.

레시피 3: You message, I-message

 치유적 장면: 영화 감상

이사벨이 아이들의 관심을 끌기 위해 강아지를 선물하지만 애나가 매몰차고 버릇없게 행동하는 장면

① 당신의 선물을 거절당해본 경험이 있나요?
② 이사벨이 강아지 이름을 지어주자고 제안하자 애나는 "냄새도 같고 알레르기가 있는 것도 같으니까 이사벨이라고 짓자."고 빈정거립니다. 당신이 이사벨이라면 어떻게 행동했을까요?

 마음타래 풀기: You-message, I-message 모델링

애나의 버릇없는 행동에 기분이 상한 이사벨은 애나의 방에 따라들어와 "잘 지냈으면 좋겠다."며 대화를 시도하지만 "듣기 싫어요. 친엄마도 아니잖아요."라는 비수 꽂히는 이야기를 듣고 "정말 고맙구나."라는 말을 건넵니다. 이사벨의 대답에는 비꼬는 정서가 들어 있습니다. 그러니까 두 사람이 잠깐 할 말을 잃고 싸늘한 기운이 감돌게 되는 것입니다. 이것이 바로 You message입니다. 행동을 통제하려는 데 초점을 맞추고, 원하는 방향으로 상대방을 움직이려는 의도에서 상대방의 생각이나 감정을 고려함이 없이 자신의 기대대로 상대방이 행동하기를 요구하는 말입니다. 그러니까 명령, 지시, 금지, 충고, 훈계, 비난, 설득, 제안을 하는 행동으로 비쳐지는 것입니다.

하지만 빨리 평정을 되찾은 이사벨은 "그건 맞아. 너에겐 좋은 엄마가 있으니 내가 필요가 없겠지. 하지만 이 집에 있을 때는 나를 존중해줬으면 좋겠어."라고 찬찬히 말합니다. 이때 이사벨의 대화기법을 I-message라고 할 수 있습니다.

2 다문화 가정

📹◄ **영화 기본 정보**

제목: 완득이(Punch, 2011)

제작국: 한국

감독: 이한

출연: 김윤석, 유아인, 박수영, 이자스민

장르: 드라마

러닝타임: 107분

관람기준: 12세 관람가

📷 **힐링시네마를 위한 이 영화의 키워드**

부자관계/다문화 가정/담임선생님/반항/

킥복싱/이주노동자

　완득이... 학교에서 밥을 줘야 먹고사는 가난한 가정환경에 공부도 못하고 뭐하나 제대로 내세울 것이 없지만 물불 가리지 않고 무조건 주먹질을 해대는 그는 싸움만큼은 누구에게도 지지 않는 열여덟살 소년입니다. 광대놀이를 통해 돈을 버는 곱사등이 아버지와 정신지체 장애를 가지고 있는 피 한 방울 섞이지 않은 삼촌이 가족의 전부인 완득이에게는 출생의 비밀이 있습니다. '코리안 드림'을 안고 결혼 이민자로 한국에 온 필리핀 어머니와 장애인 아버지 사이에서 태어난 다문화 가정 2세라는 사실은 그를 열등감에 묻혀 살아가게 만듭니다.

　우연히 킥복싱을 배우면서 세상에 대한 분노를 표출하는 법을 익히고, 어머니를 만나면서 애정을 표현하는 법을 알게 되는 완득이는 철천지 원수였다가 차츰 사랑스러운 적으로 변하는 선생 '똥주'를 만나면서 인생의 전환점을 돌게 되고, 조금씩 성장해갑니다.

현대사회에서 가장 기본이 되는 가족 형태는 부부와 그들의 미혼 자녀로 구성된 핵가족(nuclear family)입니다. 핵가족은 현대 자본주의 사회의 산업화, 도시화와 밀접하게 관련되어 있으며 최근에는 현대사회의 가족구조 해체 가속화의 결과로서 별거가족, 이혼가족, 재혼가족, 한 부모 가족 등, 새로운 동향의 가족 형태가 속속 출현하고 있습니다. 그런데, 우리가 보고도 못본 척 그냥 지나치는 가족의 형태가 있습니다.

국제결혼 또는 이중문화 가정, 서로 다른 인종의 부부 사이에서 태어난 자녀를 중심으로 하는 혼혈인 가족 등을 다문화 가족이라 부릅니다. 대부분 1990년대 이후 국제결혼이 활발해지면서 주로 아시아 여성들이 한국인 남성과 결혼하여 한국사회에 편입되는 형태로 다문화 가족이 형성되고 있습니다. 통계청이 발표한 2016 청소년통계에 의하면 초·중·고 다문화학생은 8만 3천 명으로 전체 학생 중 1.4%를 차지하고 있습니다. 그런데 말입니다. 다양한 문화적 배경을 지닌 사람들이 급격하게 증가하는 현상을 우리가 편리하게 다문화라는 용어를 사용하여 분류하는 것 자체가 기득권을 가지고 있는 갑이 을에게 하는 또 하나의 차별이고, '갑질'이라는 생각이 듭니다.

현행 역사와 도덕 교과서는 '우리나라는 단일민족 국가이다', '세계에서 보기 드문 단일민족 국가의 전통을 이어가고 있다'라고 '단일민족'의 전통을 강조하면서 어릴 때부터 혼혈에 대한 편견을 주입시키고 있습니다. 우리 민족이 한 핏줄인가에 대한 사실 관계를 떠나 오로지 한 민족의 정체성만 강조하여 학생들이 자연스럽게 혼혈에 대한 배타적인 인식을 갖게 됩니다. "우리 민족이 순혈인가요? 언제 한번이라도 단일민족이었던 적이 있었던가요?" 우리 스스로에게 진솔하게 질문해보고 정직한 답을 구하는 것이 사회적 편견과 멸시를 받는 다문화 가족의 스트레스와 갈등, 상처에 공감하고 치유를 돕는 첫걸음이라고 생각합니다.

카터와 맥골드릭(Carter & McGoldrick)은 생활주기 이론에 현대사회의 새로운 동향을 포함한 현대적 과제를 포함하였습니다(김유숙, 2006). 이혼에 동반된 가족생활주기의 혼란과 그 전후에 일어나는 가족과정, 재혼에 의한 새로운 가족형성 문제를 기본적 가족과정으로 보아야 한다고 주장하였고, 이혼율이 50%가 넘었던 1980년대 미국사회의 현상을 가족생활주기 이론에 반영하였습니다. 이처럼 가족구조의 다양화에 동반된 현상을 가족생활주기 관점에서 접근한다면, 현재 우리사회의 다문화 가족현상은 새로운 동향의 가족형태로 분류하여 우리사회의 일원으로 받아들이는 사회적 관심과 책임 있고 효율적인 대처방안, 그리고 적극적인 상담 개입이 필요합니다.

다양한 언어와 문화가 한 가정에서 공존하는 것은 결코 쉬운 일이 아닙니다. 다문화 가정의 부부 관계, 부모자녀 관계, 자녀의 성장과 교육에 문제가 발생할 가능성이 많이 있습니다. 부부 간 언어소통 문제, 고부 갈등, 일자리 문제, 육아 문제, 결혼이민자를 바라보는 사회의 시선 등 다문화 가족에게는 어느 한 가지도 만만한 것이 없습니다. 특히 '코시안'이라고 불리는 한국인과 아시아인 사이에서 태어난 혼혈 2세들이 외모의 차이로 받게 되는 차별과 어려움은 영화 <완득이>에서 보여주는 것보다 훨씬 심각합니다. 세계사 수업 시간에 선생님의 질문에 대답하는 장면은 편견과 조롱, 멸시를 주는 사회에 대하여 완득이가 어떻게 생각하고 있는지 분명하게 드러내줍니다.

#44. 교실(낮)

세계사 수업. 앞 쪽에 있는 빔프로젝터 스크린에는 프랑스의 유명한 화가 밀레의 '이삭줍기'가 비추어져 있다. 수업시간이지만 아무렇지 않게 책상에 김밥을 올려놓고 먹고 있는 혁주. 완득은 시선이 앞을 향해 있지만 다른 생각에 잠겨있는 듯하다.

세계사 선생님 : 1800년대 프랑스의 사회상을 잘 보여주는 밀레의 '이삭줍기'예요. 잠시 그림을 감상하시죠.

김밥을 먹던 혁주가 윤하를 나지막이 부른다.

혁주   : (입모양) 윤하야! 윤하야! 맛있어. 줄까?
윤하   : (입모양) 죽을래?

세계사 선생님의 시선이 완득에게서 멈춘다.

세계사 선생님 : 거기 맨 뒤에 학생.
완득   : 네?
세계사 선생님 : (그림을 가리키며) 열심히 보고 있는 것 같은데...
           이 그림 보니까 어떤 생각이 들어요?

그림을 쳐다보는 완득.

완득   : 뭘 봐? 하는 것 같은데요.
세계사 선생님 : 뭐?
완득   : 맨 오른쪽 저 아줌마요, 곁눈질로 지금... 뭘 봐? 하는 거 같다고요.

학생들 일제히 웃음을 터트린다.

세계사 선생님 : 당시 농민들은 고된 노동에 시달렸죠. 열심히 일하는 사람 입장에서는 한가하게 그림이나 그리고 있는 밀레를 보면, 뭘 봐? 할 수도 있겠네요.
뭐 또 다른 느낌은 안들어요?

완득 : 일단 저들은 가난한 나라에서 시집온 이방인들로 보입니다. 그러니까 그들은 스스로를 지키기 위해 강해질 필요가 있었어요. 맨 오른쪽 저 아줌마는 농장주인하고 붙으려고 주먹 쥐기 일보직전이구요. 맨 왼쪽 저 아줌마는 지금 일을 하고 있는 척을 하고 있기는 한데, 사실 왼손에 쥔 저 지푸라기를 던져서 상대방의 시야를 가리고 한 방에 치고 들어가려고 준비하고 있습니다. 그리고 가운데 아줌마는 주먹이 보통 아닌 게 안에 돌멩이를 쥐고 있는 게 분명합니다. 치사해도 어쩔 수 없어요. 싸움은 이기고 봐야 되니까. 그리고 저 아줌마들 저희들 나라에서는 다 배울만큼 배운 사람들입니다.

세계사 선생님은 날아온 돌에 맞은 듯 멍한 표정을 짓는다.

다문화 가정에서 가장 문제가 되는 것은 자녀교육입니다. 조금 다른 피부색과 모습 때문에 받는 편견과 놀림, 무시와 소외는 타인에 대한 두려움으로 발전하고, 언어능력이 부족하여 의사소통에 어려움이 오고, 학습능력이 떨어져 학업을 중단하며, 또래관계에서 집단 따돌림을 당하기도 합니다. 다문화에 적합하지 못한 학습 환경, 교사의 이해와 배려부족은 학교생활에 어려움을 더하고 있습니다. 다문화 가정의 아이들은 자신의 정체성을 확립하는 데 많은 어려움을 겪습니다. 자신은 한국에 태어나서 한국인이라고 생각하고 있었

는데 주변에서 따가운 시선을 받고, 인종차별적 모욕을 당하면서 심리적으로 위축이 되어 정체성 혼란이 찾아옵니다.

다문화 가정 아이들이 교육의 사각지대로 몰리는 일은 빈번하게 발생합니다. 아버지는 바쁘고, 어머니는 한국말에 서툰 경우가 많아 한국어실력이 다른 학생들에 비해 많이 뒤처지게 됩니다. 또한 한국인 남편들은 아내가 다문화센터나 지역공동체에서 다른 이주민들과 만나는 걸 달가워하지 않기 때문에 아내들의 한국어 실력이 향상되는 것이 어렵습니다. 이러한 상황에서 아이가 초등학교에 입학할 경우 담임선생님의 특별한 지도가 없으면 당연히 학업성취 수준이 낮아질 수밖에 없습니다. 이런 상태로 상급학교에 진학하게 되면 자연스럽게 완득이와 비슷한 학교생활을 할 가능성이 높습니다. 영화는 후반부에 완득이의 긍정적인 성장곡선을 보여주려 노력하지만 다문화 가정의 아이들이 자신의 꿈을 찾고 진로를 결정하는 것은 쉽지 않습니다.

모든 인종, 모든 아이들은 동등하게 존중받아야 합니다. 다문화 가정 아이들의 교육환경이 조금씩 개선되고 있기는 하지만 아직 갈 길이 멀어 보입니다. 대부분의 교육 프로그램들이 체계화되지 못하고, 편견극복, 차별금지, 타문화 이해교육 정도에 머물러 있어 중장기적 비전과 방향을 갖추지 못하고 있습니다. 따라서 다문화 가정 상담, 가정과 학교 지역사회 연계 프로그램 개발이 필요하며, 다양한 문화적 가치관과 행동을 포용하도록 가르치는 조기교육이 실시되어야 합니다. 이와 함께 그들을 도와주고 지원해 주는 일이나 정책들이 그들에게 또 다른 상처가 되지 않도록 사회적 배려가 절실합니다. 일제강점기에 나라를 잃고 하와이, 연해주, 중국 등지로 떠돌아야 했던 우리 조상들의 아픔을 잊어서는 안 될 일입니다.

영화 〈완득이〉를 활용한 가족상담 레시피

레시피 1: 마음 털어놓기　　〔지시적 접근 + 연상적 접근〕

치유적 장면: 영화 감상

윤하가 완득이를 따라와 교회에서 고민을 털어놓으면서 우는 장면

① 윤하가 완득이가 어떤 말을 해도 쓰윽 잊어줄 것 같아서...라고 합니다.
　창피한 일을 이야기해도 쓰윽 잊어줄 것 같은 편안한 사람이 있나요?
　그 사람은 누구인가요?
② 그 사람에게 털어놓는다면 어떤 사건을 이야기할 것 같은가요?

레시피 2: 따뜻한 신발　　〔연상적 접근〕

치유적 장면: 영화 감상

완득이가 엄마에게 새 구두를 사드리고 버스터미널에서 모자가 부둥켜안고 우는 장면

① 이 장면을 보고 어떤 감정이 올라왔나요?
② 만일 당신이 어머니를 위해 구두를 선물한다면 어떤 구두를 사드리고
　싶은가요?
　어머니에게 신발은 어떤 의미로 다가갈까요?
③ 신발가게 주인이 어떤 관계냐고 묻자 완득이가 어머니라고 두 번 대답을 합니다.
　완득이가 어머니라고 단호하게 대답할 때 어떤 마음이었을까요?

레시피 3: 가족관계 회복

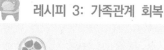 치유적 장면: 영화 감상

완득의 어머니가 집으로 돌아오고, 이웃 사람들을 초대하여 파티를 벌이는 장면

① 영화 속 완득이는 어머니를 인정하고 아버지, 어머니와 관계를 회복합니다.

당신의 가족들 중 당신과 관계를 회복할 필요가 있는 가족은 누구인가요?

어떤 일로 관계가 벌어졌었나요?

 마음타래 풀기

② 가족관계도를 그리고 관계를 숫자로 나타내보세요(척도 활용).

　　1. 매우 친하지 않다.

　　2. 별로 친하지 않다.

　　3. 보통이다.

　　4. 친하다.

　　5. 매우 친하다.

③ 가족관계도의 가족들 이름 옆에 해당 가족과 관계를 향상시키기 위해 당신이 할 수 있는 일은 무엇인지 5가지 적어보세요.

제2부

가족생활주기

제6장

가족생활주기와 발달과업

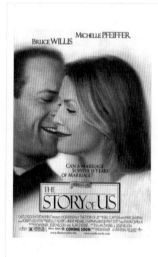

 영화 기본 정보

제목: 스토리 오브 어스(Story of Us, 1999)

제작국: 미국

감독: 롭 라이너

출연: 브루스 윌리스, 미셸 파이퍼

장르: 드라마, 멜로/로맨스

러닝타임: 94분

관람기준: 15세 관람가

📷 힐링시네마를 위한 이 영화의 키워드

사랑/결혼/별거/부모역할/가족생활주기

소설가 벤과 십자낱말퀴즈 문제 출제자 케이티는 같은 사무실에서 마주보고 근무하다가 사랑에 빠져 결혼을 하여 아들과 딸을 낳아 알콩달콩 살아갑니다. 적어도 겉으로 보기에는... 하지만 시간이 지나면서 상대방의 버릇과 단점이 도드라지고, 의사소통이 어려워지고, 갈등이 깊어지게 되면서 서로에 대한 애정이 식어갑니다. 십자낱말퀴즈 문제 출제자인 케이티는 정답이 있고, 가로와 세로가 척척 맞아야 하는 질서 정연한 것을 좋아하는 완벽주의적인 성향이 있는 반면, 소설을 쓰는 벤은 자유분방하며 새로운 것을 시도해보는 낙천주의적인 기질을 가지고 있습니다. 그러므로 벤에게 케이티는 까다롭고 잔소리만 하는 여자로, 케이티에게 벤은 술에 물탄 듯 물에 술탄 듯 물렁물렁하고 결단력 없는 무심한 남자로 보였을 것입니다. 서로에 대한 애정이 식었다고 느낀 벤과 케이티는 아이들이 여름방학캠프에 들어간 사이에 일단 별거를 해보기로 하고 따로 살게 됩니다.

한 사람이 태어나서 죽음에 이르기까지를 인생이라고 합니다. 길든 짧든 우리는 인생의 대부분을 가족이라는 울타리에서 경험하는 결혼, 출산, 육아, 성장, 독립, 노화, 그리고 사망에 이르는 변화의 연속 과정에 놓입니다. 이것을 가족생활주기라고 하는데, 한 남자와 어떤 여자가 만나서 결혼을 하여 세대를 구성하는 것으로 가족생활주기가 시작됩니다. 따라서 가족생활주기의 단계는 가정형성기, 영아기, 유아기, 학동기, 청소년기, 자녀 독립기, 중년기, 노년기로 구분할 수 있습니다.

영화 <Story of us>에는 별거중인 벤과 케이티 부부가 여름방학캠프를 마치고 돌아오는 아이들을 마중하러 가는 차 안에서 아내 케이티가 결혼식 장면부터 현재까지의 삶을 회상하는 장면이 있습니다. 주마등처럼 스쳐지나가는 잠깐의 회상장면이지만 그 속에 가족생활주기가 잘 묘사되어 있습니다. 이 장면을 활용하여 가족생활주기에서 있었던 의미 있는 사건과 앞으로 다가올 가족생활주기 단계에서 원하는 것을 살펴보고 이야기하는 것은 단계별 과업과 연관된 가족이야기에 자연스럽게 접근할 수 있기 때문에 매우 효과적일 수 있습니다.

1 가정형성기

결혼을 해서 첫 자녀를 낳기 전의 신혼기간이 가정형성기에 해당되는데, 이 시기에 부부관계는 대체적으로 가깝고 돈독합니다. 가정을 형성하자마자 파탄에 이르는 경우도 있지만 함께 살고 싶은 남녀가 같은 공간, 같은 시간, 같은 것을 공유하는 기쁨은 새로운 신세계가 펼쳐진 느낌일 것입니다. 결혼초기는 앞으로 가족생활의 바탕이 이루어지는 중요한 시간입니다. 다른 공간에서 배우고 익혀왔던 각자의 생활습관과 성격이 화학적 결합을 이루는 시기이고, 두 사람의 목표, 생활양식을 이해하고 상호작용하는 과정이 수반되기도 하지요. 따라서 가족생활주기에서 다른 시기보다 갈등 잠재력이 높은 시기입니다. 서로 간의 적응에 실패한 부부가 이혼에 이르는 속도가 빠르고 확률이 가장 높은 시기입니다. 우리나라 이혼통계 결과를 보면, 2014년 동거기간별 이혼율에서 결혼기간이 0-5년 미만인 경우가 전체의 26.5%, 5-10년 미만은 22.1%, 10-15년 미만은 19.6%, 15-20년 미만은 15.9% 20년 이상은 18.8%로 결혼초 가족형성기 이혼이 가장 높은 비율을 차지하고 있습니다(통계청, 2014). 결혼에 대한 낭만이 최고조에 이르렀던 예비부부 환상기에 결혼 이후 발생될 어려움에 준비를 하지 않았고, 실제 생활에서 겪는 갈등 상황에 대한 해결방법이 미숙하고, 의사소통을 원활하게 하는 방법을 알지 못하는 것이 원인으로 작용한 결과입니다. 그러므로 예비부부 환상기 또는 가족형성기에 부부 간 예상되는 갈등을 예방할 수 있는 교육 프로그램이 필요합니다. 부부의 상호작용 유형이 결혼초기에 형성된다는 점을 고려할 때 결혼형성기는 부부교육 프로그램을 실시하기에 가장 적절한 시기라고 볼 수 있습니다.

2 영아기

가정형성기에 부부 간 사랑의 열매로 놀라운 생명의 신비가 빚어내는 첫 자녀가 태어납니다. 첫 자녀가 출생하고 30개월, 즉 만 3세가 될 때까지를 자녀출산기 또는 영아기라고 부릅니다. 자녀가 출생하면서 양육이라는 과제가 부여되고 부부만이 주인공이었던 생활에서 자녀가 주인공이 되는 새로운 상황이 펼쳐지게 됩니다. 영아에게는 어머니의 따뜻한 품에서 안정감을 느끼는 것과 부모가 아기의 신체적, 정서적 필요를 시기적절하게 반응하고, 만족시켜주는 것이 필수적입니다. 부모와의 상호작용으로 안정된 애착형성을 이루는 것은 건강한 성격을 형성하는 데 매우 중요하며 이후의 정서적 안정감과 사회성 발달에도 많은 영향을 미치게 됩니다. 영아에게는 부모에게 절대적으로 의존하는 시기이므로 영아기에 애착형성이 잘 이루어질 수 있도록 어머니 또는 주 양육자가 영아와의 상호작용을 잘 이루어야 합니다. 이런 면에서 볼 때, 현대에 들어와서 아버지와 영아와의 유대가 강조되면서 신세대 아빠들의 출산휴가와 육아휴직이 증가하는 추세에 있는 것은 고무적인 현상이 아닐 수 없습니다. 그렇지만 자녀의 출산으로 부부관계가 소원해질 수 있기 때문에 이해와 배려, 대화를 통해 긍정적인 자녀양육에 힘을 기울여야 할 것입니다.

3 유아기

영아가 쑥쑥 자라 유아기를 맞습니다. 생후 30개월에서 만 6세까지를 유아기라고 부르는데 많은 유아들이 어린이집이나 유치원을 다니면서 양육자가 아닌 낯선 세상과 처음 공식적인 접촉을 하는 시기입니다. 이 시기는 어머니가 사회적 활동에 제한을 받는 시기로 우울을 호소하기도 하고 자신의 부모역할에 대해 불안해합니다. 유아는 성인에게 의존하면서 외부세계에 적응해가며 양육자들이 베푸는 사랑을 토대로 물리적, 정서적으로 성장해가기 때문에 성인의 보호가 절대적으로 필요합니다. 양육자와 유아기 자녀의 긍정적인 관계는 유아기 이후에 경험하게 될 다양한 인간관계에 대한 신뢰감을 형성하는 데 중요한 역할을 하므로 양육자가 정서적인 어려움을 겪는다면 유아를 지지할 수 있는 능력을 상실하게 되어 모성적 양육박탈과 유아학대로 이어질 수 있습니다. 자녀양육에 시선을 집중하기 때문에 이 시기에는 자칫 부부관계가 나빠질 수 있으므로 자녀양육에 대한 의견을 충분히 나누면서 부부간 애정을 표현하고 확인하는 것이 중요합니다.

4 학동기

유아기를 소화한 자녀는 이제 스스로 무언가를 배우기 위해 부모의 곁을 조금 더 긴 시간 동안 떠나있는 학동기가 찾아옵니다. 초등학교 입학부터 6학년까지를 학동기라고 볼 수 있는데, 아동은 호기심 충족과 다양한 경험을 원하며 학교생활중심으로 이동합니다. 취학을 하게 되면서 놀이 활동보다 학습능력을 향상시키기 위해 투자하는 시간적, 경제적 비중이 커지게 되므로 학습공간을 마련해주고 부모-자녀 간의 관계가 상황에 걸맞도록 새롭게 정립되어야 합니다. 또한 자녀들이 학교생활과 또래집단과의 상호작용을 통해서 겪게 되는 심리적 변화에 효과적이고 유연한 대응을 해야 하며 필요에 따라서 시기적절한 도움을 주는 부모역할을 감당해야 하는 시기입니다. 하지만 부모로서의 역할이 강조되어 에너지의 방향이 자녀교육에 집중되어 있다는 것은 부부 간의 사랑, 욕구, 감정에 대하여 대화하고, 이해하고, 배려할 수 있는 시간이 부족해진다는 것을 의미합니다.

영화 ＜Story of us＞에서 전개되는 가족생활주기는 바로 학동기에 속하는 자녀를 둔 시기인데, 부부관계가 소원해지고 갈등의 골이 깊어진 부모는 아이들에게 상처를 주지 않으려고 별거를 하고 있다는 사실을 숨깁니다. 하지만 부모 사이에 생긴 이상한 낌새를 눈치 챈 아이들은 부모가 이혼할까봐 염려하게 되고, 여름방학캠프 중 부모참여프로프램에 참여하기 위하여 캠프장을 방문했을 때, 딸 에린이 부모의 침실에 찾아와 부모를 화해시켜보려고 노력하지만 소용이 없습니다. 1년 전에 소원해진 관계를 복원하려는 마음으로 이탈리아 베니스로 여행을 다녀오기까지 한 부부관계가 어떤 이유로 이렇게까지 되었을까요?

학동기 자녀를 둔 가족생활주기 단계에서는 부모를 대상으로 부부관계 개선 프로그램 참여를 유도하여 부부 간 효율적인 의사소통이 이루어지는 가정에서 아이들이 심리 정서적 안정을 느끼고 따뜻하게 성장할 수 있는 환경을 조성하는 데 노력해야 할 것입니다.

5 청소년기

질풍노도의 시기를 겪는 청소년이 있는 가정에서 가족생활 패턴을 이끌고 가족분위기를 좌우하는 주체 세력은 단연 청소년입니다. 이 시기에는 많은 가족들이 사춘기라는 홍역을 치르게 되지요. 발달심리의 측면에서 바라보면 현대사회에서는 발달가속화현상으로 아동기가 짧아지고 부모의 과잉보호, 정서적 경제적 의존으로 인해 청소년기가 늘어나는 현상을 보이고 있습니다. 청소년은 여러 가지 다양한 모습을 보이고, 자기표현과 주장이 강해지기 때문에 기존의 틀을 고수하려는 부모와 마찰을 빚고 가족이 혼란을 겪습니다. 자녀는 부모와 세대차이가 나서 말이 통하지 않는다고 불평하고 부모는 까칠하게 구는 자녀를 타박하고 야단치기 일쑤입니다. 학업성적은 부모의 기대를 빗나가고, 참견받기 싫어하고, 독립적으로 행동하려는 태도는 부모를 불안하게 하는 원인을 제공하기 때문에 자녀와의 갈등을 일으킬 수 있는 지뢰가 가정생활 이곳저곳에 널려있는 시기가 청소년기입니다.

대부분의 청소년 자녀는 부모가 자기를 이해하지 못하고 규제하려 한다고 생각하고 대화하기를 거부하지만, 부모들은 청소년 자녀를 다루기 어렵고, 버릇이 없다며 훈육을 하려 들거나, 자신이 없으면 "시간이 해결해주겠지."하며 피하기 일쑤입니다. "요즘 애들은 버릇이 없어."라고 2,000여 년 전 이집트인들이 남긴 파피루스에 기록되어 있었다니 청소년들은 예나 지금이나, 동양이나 서양이나, 버릇이 없어 마주하기가 껄끄럽기는 마찬가지인가 봅니다. 이런 청소년기 자녀들과 소통하고 대화하고 마음을 알 수 있는 기회를 주는 좋은 도구가 있습니다. 그것이 바로 영화입니다.

우리나라 청소년 중 90% 이상은 스마트폰을 보유하고 있으며 항상 손에 쥐고 다닙니다. 스마트 영상세대라 불릴만하지요. 이런 특성을 활용하여 청소년들에게 시청각 효과와 테크놀로지가 결합된 영화를 매개로 말을 걸어 보는 것은 좋은 방법이 될 것 같습니다. 친근한 영화라는 매체가 청소년기 자녀들과 벌어진 거리에 징검다리를 놓아줄 것입니다. 영화라는 매체는 위협적이지 않고, 비교적 짧은 시간에 시간과 공간의 구애를 받지 않으면서 청소년들이 경험하지 못했던 세상을 간접적으로 경험할 수 있는 기회를 제공해주고, 동시에 흥미를 유발하고 몰입을 이끌어낼 수 있다는 장점을 지니고 있기 때문입니다(조원국, 2016).

6 자녀 독립기

부모가 자신의 부모로부터 독립을 했듯이 자녀도 독립하는 시기가 찾아옵니다. 이 시기에 가족은 취업, 군복무, 결혼생활을 시작하는데 자녀 독립기는 자녀가 여럿일 경우에는 장기간 이어지기 때문에 일정 기간을 말하기는 어렵습니다. 실제로 자녀독립기와 중년기는 많은 기간을 공유하고 있습니다. 그렇지만 막내 자녀가 독립할 때까지를 자녀독립기라고 보면 되겠지요. 독립해야 할 나이가 된 자녀는 새로운 세상에 대한 불안과 두려움을 안고 밖으로 나아갑니다. 진정한 홀로서기가 시작될 때 부모는 따뜻하고 든든한 지원군이 되어주어야 하며 독립이라는 발달과업을 계획하고, 준비하고, 실천할 수 있도록 정서적, 경제적 도움을 주는 것이 이 시기에 부모가 해야 할 과업입니다. 또한 자녀가 결혼을 함으로써 변화하는 가족의 구조와 상황에 부부관계를 재조정하고, 자녀부부와의 역할기대[1] 관계를 합리적으로 조정하는 것이 필요합니다. 관계조정을 미숙하게 하는 경우 새로 맞이한 가족구성원과 마찰이나 갈등이 발생할 수 있습니다.

자녀독립기에 부부는 노후를 위한 가계소득, 지출(저축, 연금, 퇴직금, 재산소득)에 대한 설계를 해야 하고, 유산 분배 계획도 세워야 하며 자녀의 취직과 결혼을 지도하는 일을 감당해야 합니다.

7 중년기

자녀를 독립시키는 때와 거의 동시에 중년의 삶으로 접어듭니다. 자녀독립기와 중년기는 겹쳐질 가능성이 많습니다. 중년기의 생리적, 심리적 변화는 매우 현저하게 나타납니다. 눈·치아·성(性)이 눈에 띌 정도로 노화 현상이 나타나며 흰머리가 나거나 대머리가 되는 중년도 있습니다. 이 시기에 자녀들이 정서적, 경제적으로 독립이 되어 있다면 부부의 중년기가 은혜롭고 축복이 넘칠 수도 있지만, 부모라는 이름으로 의무적인 원조를 계속하고 있다면 삶이 무

---

1 집단이나 조직, 또는 다른 개인이 그에게 어떤 역할을 어떻게 수행해 줄 것을 기대하는 것[교육학용어사전, 1995].

겁고 팍팍해서 만족도가 낮아지게 됩니다. 게다가 직장생활에서 퇴직이라는 은퇴의 위기가 찾아오는 시기이므로 부모 또한 마음의 여유가 풍족한 시기가 아닐 것입니다. 이 시기에 부모는 손자를 돌보는 육아부담을 감당해야 할 경우도 있지만, 빈둥지증후군[2]으로 인한 외로움, 무기력, 우울이라는 심리적인 위기가 찾아올 수 있음을 간과하지 말아야 합니다. 따라서 부부가 함께 즐길 수 있는 취미활동이나 적절한 여가생활을 통하여 심리 정서적 안정을 찾아 스스로 새로운 삶의 에너지를 발견하는 것이 필요합니다.

8 노년기

노인은 은퇴와 더불어 사회적 역할이 축소되고 상실되는 시기입니다. 그러므로 사회생활의 범위가 자연스럽게 배우자와 자녀, 가족 안으로 좁아지는 경우가 많아지게 되므로 노인의 가족관계는 매우 중요한 의미가 있습니다. 특히 '100세 시대'에 자식들을 출가시킨 후 부부만 남아 생활하는 기간이 길어졌기 때문에 부부중심의 가족관계가 더욱 중요하게 되었습니다. 따라서 가족상담의 초점은 '100세 시대' 생애주기를 고려한 노년기에 대한 돌봄 지원으로 맞추어져야 합니다.

노년기에는 경제적인 준비와 은혜롭고 축복된 삶을 살기 위해 은퇴 후 적응을 위한 준비가 필요합니다. 은퇴 후 안정적인 생활을 유지할 수 있는 연금을 받으면 괜찮겠지만, 그렇지 않다면 수입이 감소하는 것을 대비해야 하고, 사회적 지위 상실로 찾아오는 심리적인 위축감을 극복하고 자기 돌봄의 생활역량을 강화해야 합니다.

---

2 자녀가 독립하여 집을 떠난 뒤에 부모나 양육자가 경험하는 슬픔, 외로움과 상실감[심리학용어사전, 2008].

영화 <Story of us>에서 아내 케이티가 여름캠프에서 돌아오는 아이들과 식사를 하러 중국집으로 가자며 남편 벤에게 마치 기관총을 쏘듯 자신의 마음을 토해내는 장면이 있습니다.

"이건 역사예요. 역사는 하루아침에 바뀌지 않아요. 메소포타미아나 고대 트로이에는 도시 위에 다른 도시가 있지만 난 다른 도시를 짓긴 싫어요. 난 이 도시가 좋아요. 중략... 이건 오랜 시간에 걸쳐 이룩된 역사예요. 생각보다 훨씬 어려웠지만 나쁜 것보다는 좋은 게 많아요. 포기하면 안 돼요! 단지 애들을 위해서가 아니라 우리가 애들을 얼마나 잘 키웠나 보세요. 우리가 낳은 애들이 자라서 아무한테나 조쉬가 당신을 닮았다거나, 에린이 링컨 기념관에서 토한 얘기를 할 순 없어요. 저도 노력할게요. 당신 마음에 딱 드는 여자는 없어요. 당신은 뭐 완벽한가요? (중략) 당신은 좋은 친구예요. 친구 찾기가 얼마나 힘든데... 난 당신이 에린에게 동화책을 읽어 주는 모습이 좋았어요. 피곤해 죽겠는데도 재미있게 읽어 줬죠. 당신은 그런 사람이에요. 그게 중요한 거 아닌가요? 장난기 많던 발랄한 소녀는 아직 제 안에 살아 있어요. 당신을 만나기 전엔 내게 그런 면이 있는지도 몰랐어요. 당신이 떠나면 다시는 그 소녀를 못 볼 거예요."

아내 케이티의 말처럼 가족생활주기는 가족의 역사라는 생각이 듭니다. 사랑하고, 결혼하고 자녀를 출산하고 육아로 이어지면서 부부 중심에서 자연스럽게 부모로서의 역할이 강조되는 시기로 옮겨 가고 자녀가 독립을 하는 시기부터 생활의 중심추가 다시 부부관계로 옮겨집니다. 영화 <Story of us>는 부부의 가사역할분담, 자녀 양육, 부부의 애정 등 가족생활주기에서 발생할 수 있는 문제를 돌아볼 수 있도록 해주는 영화로 가족상담 장면에서 활용 가치가 높습니다.

가족생활주기를 시간 순서대로 X축에 놓고, 부부만족도를 Y축에 놓은 함수그래프를 그린다면 다음과 같이 U자의 곡선을 나타냅니다.

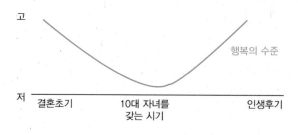

그림 6-1 **가족생활주기와 부부만족과의 관계**

출처: Cole, 1984; 성정현 외, 2004 재인용.

　가정이 형성될 때 가장 최고점에 있던 만족도가 청소년기의 자녀를 둔 시기에 최저점에 이르게 되고 이후 점차 상승하는 추세를 보입니다. 10대 자녀를 갖는 시기가 가장 낮은 시기인데, 10대 청소년 자녀와 의사소통이 점점 어려워지고, 직장과 가정에서 주어진 많은 역할과 책임으로 인한 스트레스로 부부의 신체적, 정서적 친밀감에 틈이 생기면서 갈등이 높아질 위험이 도사리고 있기 때문이지요. 그러나 중년기 중후반부터 부부 간의 만족도는 서서히 증가하고 올라가는 추세를 보이면서 노년기에 가면 부부 간의 만족도, 즉 행복의 수준이 다시 가정형성기와 비슷한 수준으로 회복하는 것이 일반적인 부부 만족도, 행복 수준의 곡선이라 할 수 있습니다. 여러분의 가족생활주기에서는 어떤 일이 있었고 어떤 사건이 일어날까요?(조원국, 2016)

영화 〈Story of us〉를 활용한 가족상담 레시피

 레시피 1: 나의 결혼기념일 　　　　　 　연상적 접근

준비물: 필기도구

 치유적 장면: 영화 감상

가족이 저녁식사하면서 결혼기념일에 대해 이야기를 나누는 장면

① 가장 행복했던 결혼기념일은 언제인가요?
② 그날 어떤 것이 당신에게 행복함을 느끼게 했나요?
③ 기억하고 싶지 않은 결혼기념일이 있나요?
④ 그날 일어났던 일 중에 떠올리고 싶지 않은 일은 무엇인가요?

 레시피 2: 가족생활주기 　　　　　 　연상적 접근

준비물: 가족생활주기 활동지, 필기도구

 치유적 장면: 영화 감상

여름방학캠프를 마치고 돌아오는 아이들을 마중하러 가는 차 안에서 아내 케이티가 지난 날을 회상하는 장면

 마음타래 풀기

다음 가족생활주기표에 해당하는 시기에 우리 가족에게 있었던 대표적인 사건 3가지씩 기록하기

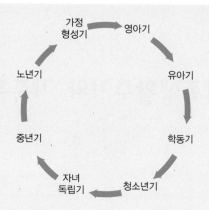

① 기록한 사건들 중 가장 행복했던 일은 무엇인가요?

② 기록한 사건들 중 다시 떠올리고 싶지 않은 일은 무엇인가요?

③ 가족생활주기별로 일어난 사건을 기록하고 이야기를 나누어 본 소감은?

④ 기록한 사건들 중 발생하지 않았으면 좋았을 사건은 무엇인가요?

제7장
가족생활주기와 가족문제

1 모성적 양육박탈

🎥◀ 영화 기본 정보

제목: 마음이(2006)

제작국: 한국

감독: 박은형, 오달균

출연: 유승호, 김향기, 달이

장르: 가족 드라마

러닝타임: 97분

관람기준: 전체 관람가

📷 힐링시네마를 위한 이 영화의 키워드

모성적 양육박탈/가족/부모역할/이별/방임

스마트폰의 진화 덕에 아침에 눈을 뜨면 침대에서 휴대폰으로 인터넷 뉴스를 검색하는 습관이 생겼습니다. 따끈따끈한 조간신문을 마주하는 것 같은 느낌을 즐기고 있었는데 요즈음에는 칠곡 계모 아동학대살인사건, 울산 입양 딸 학대살인사건, 인천 11세 소녀 감금학대사건, 부천 친부 아동학대 및 시신훼손사건, 평택 아동학대 사망사건과 같은 마주하기 불편한 가정 내 아동학대사건 기사들이 끊이질 않고 검색순위 상위에 올라오고 있어 아침부터 기분이 상하는 경우가 많아졌습니다. 기사 검색 즐거움을 그만두어야겠다는 생각이 들면서 부모가 된다는 것은 무엇인가? 어떤 부모가 좋은 부모인가? 하는 의문이 자연스럽게 들었고, 부모의 자격은 도대체 무엇인가? 곰곰 생각해 보게 되었습니다.

결혼을 앞둔 예비부부와 상담을 하면서 "아이를 낳으면 어떤 부모가 되고 싶은가요?"라는 질문을 던지곤 하는데, 대체적으로 '좋은 부모', '사랑을 주는 부모', '친구 같은 부모'가 되고 싶다는 막연한 대답이 돌아오곤 합니다. 하긴 저도 그때 그 시절 그런 질문을 받았더라면 그랬을 것입니다. 구체적이지 않고 명료하지 않은 이런 대답은 아이를 낳으면 누구나 자연스럽게 부모가 된다는 생물학적인 자격을 의미하는 것이겠지요. '콩 심은데 콩 나고 팥 심은데 팥 난다.'는 속담은 부모가 자녀들에게 유전적 요소(혈액형, DNA 등)를 물려주는 생물학적인 특징을 설명하는 것입니다. 생물학적인 자격을 갖추어야 부모가 됩니다. 그러나 생물학적 자격이 있다고 해서 부모의 법률적, 사회적 자격이 자동적으로 갖추어지는 것은 아닙니다. 특히 최근 연속적으로 발생하는 친부모, 계부모에 의한 충격적인 아동학대 사건은 우리에게 부모의 사회적 자격에 대해 질문을 던지는 것 같습니다.

부모의 생물학적, 법률적, 사회적 자격에 대해 생각해보며 나누고 싶은 일본영화가 있습니다. 따뜻하고 섬세한 감동을 주는 가족영화를 자주 제작하는 고레에다 히로카즈 감독이 연출한 영화 〈그렇게

🎥 영화 기본 정보

제목: 그렇게 아버지가 된다(2013)

제작국: 일본

감독: 고레에다 히로카즈

출연: 후쿠야마 마사하루, 릴리 프랭키

장르: 가족 드라마

러닝타임: 121분

관람기준: 전체 관람가

📷 힐링시네마를 위한 이 영화의 키워드

아버지/핏줄/인정욕구

아버지가 된다, 2013＞는 애지중지 키워온 아들이 친자식이 아니라 아이를 출산하던 날 산부인과 병원에서 바뀐 아이라는 사실을 알게 되면서 피를 나눈 아들과 6년이라는 시간을 함께 지낸 아들 사이에서 아이를 바꿀 것인가? 그냥 둘 것인가? 갈등하는 두 가정의 모습을 그린 영화입니다. 개인주의 성향이 강하고 사회적으로 성공한 엘리트 아버지 료타, 아이들과 함께 목욕을 하고, 연날리기를 하고 놀이터에서 놀아주면서 작은 철물점을 운영하며 살아가는 친근한 아버지 유다이. 이 영화는 가정환경과 자녀양육방식에서 차이가 많이 나는 두 아버지의 대비를 통해 우리에게 진정한 아버지의 의미를 깨닫게 해주고, '피는 물보다 진하다.'로 대변되는 생물학적인 부모의 자격이 결코 중요한 것이 아니라는 사실을 보여줍니다.

인간은 태어날 때부터 스스로를 보살필 수 없는 무기력한 존재입니다. 특히, 영유아기에는 누군가에게 의존하지 않고는 생존할 가능성이 많지 않습니다. 그러므로 의식주를 해결해주고 생명을 안전하게 보살펴주며 성장할 수 있는 기회를 제공해주는 양육자가 필요합니다. 영유아가 안전함을 느끼고 상호작용하며 의존할 수 있는 사람, 신체와 정신의 통합을 이끌어주고 세상을 이해하도록 촉진자 역할을 하는 사람을 우리는 모성적 양육자라고 부릅니다. 특별한 일이 없는 한 부모가 그 역할을 감당하며, 자궁에서부터 아이를 키우고 낳은 어머니는 가장 중요한 모성적 양육자 역할을 감당합니다.

　모성적 양육박탈을 주제로 상담을 할 때 활용할 수 있는 영화는 한국영화 <마음이, 2006>와 일본영화 <아무도 모른다, 2004>가 있습니다. 이 영화들은 모성적 양육박탈이 아이들의 삶을 지옥으로 변하게 한다는 사실을 보여주며 우리의 가슴을 얼얼하게 만듭니다. 더욱이 일본영화 <아무도 모른다>는 1988년에 일어난 스가모 아이 방치 사건을 소재로 한 실화라는 사실이 알려지면서 큰 충격을 던져주었습니다.

　영화 <마음이>에는 집을 나간 엄마가 돌아오길 손꼽아 기다리는 오누이, 11살 찬이와 6살 소이가 등장합니다. 집 근처에 살고 있는 고모는 형편이 어려워 조카남매까지 돌보기 어려운 실정이지만 그나마 기댈 수 있는 유일한 혈육이었는데 고모마저도 다른 곳으로 이사를 갑니다. 부모를 대신하여 동생 소이를 돌보는 양육자 역할을 하는 찬이는 강아지를 갖고 싶어 떼를 쓰는 소이를 위해 부잣집 담을 넘어 훔친 갓 태어난 강아지 한 마리를 소이에게 생일선물로 줍니다. 소이는 엄마가 자기 마음을 알고 보내준 것 같다며 강아지 이름을 마음이라 짓는데, 똑똑한 강아지 마음이는 소이의 친구가 되어 주고 오빠처럼 돌볼 줄도 아는 늠름한 개로 성장을 합니다. 그러던 어느날, 꽁꽁 언 저수지에서 썰매를 타던 중 얼음이 깨지면서 소이가 물에 빠져 죽게 되고 소이를 잃은 찬이는 세상에 대한 마음의 문을 굳게 닫아버립니다.

　모성적 양육박탈은 정상적인 가정환경의 경험을 박탈당한 영유아기의 심리적, 신체적 반응과 그것에 근거한 발달장애를 말합니다. 동서양을 막론하여 어머니를 마음의 고향이라고 부르고, 어머니를 소재로 한 시와 소설, 영화가 아버지를 소재로 한 것보다 많이 등장하는 것은 엄마라는 존재가 아이에게는 생명의 원천이기 때문이 아닌가 생각합니다. 엄마라는 말은 왠지 모르게 포근함, 따뜻함, 안정감을 줍니다. 아이의 성장이나 정서적 안정, 성격형성에 가장 큰 영향을 미치는 존재는 어머니임에 틀림이 없어 보입니다.

🎬 영화 기본 정보

제목: 킹스 스피치(The King's Speech, 2010)

제작국: 영국

감독: 톰 후퍼

출연: 콜린 퍼스, 제프리 러쉬

장르: 가족 드라마

러닝타임: 118분

관람기준: 12세 관람가

📷 힐링시네마를 위한 이 영화의 키워드

모성적 양육박탈/유모/말더듬/발표불안/
인지상담

　　가족상담에서는 생물학적인 엄마의 존재만을 모성적 양육자로 지칭하는 것은 아닙니다. 영유아와 친밀한 접촉을 가지면서 안정적인 발육과 성장을 도와줄 수 있는 사람은 모두 모성적 양육자에 포함될 수 있습니다. 영화 <킹스 스피치, 2011>는 현재 영국의 여왕 엘리자베스 2세의 아버지, 조지 6세의 이야기를 영화화한 작품입니다. 버티(조지 6세의 애칭)는 어려서부터 사람들 앞에만 서면 말문이 막히거나 말을 심하게 더듬는 증상이 있었습니다. 형이 왕위를 포기함에 따라 왕의 임무를 수행하기 위해서는 이 문제를 해결해야만 했는데, 언어치료사 라이오넬 로그에게 꾸준한 지도와 훈련을 받은 결과, 말 더듬증을 극복하고 제2차 세계대전의 전범인 독일을 상대로 선전포고를 하는 방송 연설에서 영국 국민들을 감동시켰습니다.

유년시절 버티에게는 말더듬이가 될 수밖에 없는 사건이 세 가지 있었는데, 하나는 왼손잡이로 태어난 그가 왕인 아버지(조지 5세)의 권위에 눌려 야단을 맞으면서 오른손 사용법을 노력했다는 것, 두 번째는 자신을 존중해주고 마음이 통했던 남동생 동생 조니의 죽음, 그리고 세 번째는 유모의 모성적 양육박탈이었습니다.

언어치료사 로그와의 상담 중에 "가족 중에 제일 친한 사람이 누구였나요?"라는 질문에 "유모... 첫 번째 유모 그 사람은 형을 좋아하고 날 싫어했소. 부모님께 매일 아기를 보여드리는데 그때마다 날 몰래 꼬... 꼬집었소. 내가 우니까... 금방 그 여자가 날 다시 안고 가는 거지. 그리고나면... 그...그여...여자... 그리고나서 젖도 안 주고 멀리멀리 내팽개쳐졌다네. 3년이나 흘러서 부모님은 그 사실을 눈치 채긴 했지만 그 때문에 위염이 생겼소. 지금도 위가 좋지 않지." 라고 대답합니다.

그러니까 첫 번째 모성적 양육자였던 유모는 버티를 잘 돌봐야하는 책임과 의무를 다하지 않고 어린 버티의 마음에 아픈 상처를 남겨주었던 것입니다. 인간적인 믿음이 생긴 로그와 상담을 하면서도 심하게 말을 더듬는 버티의 증상은 유모의 모성적 양육박탈에서부터 시작되었을 가능성을 배제할 수 없을 것 같습니다.

아동의 신체적, 지적, 정서적 발달에 모성적 양육이 중요한 이유는 모성적 인간과의 친밀한 애정교환은 아동의 성격발달에 필수요건이기 때문입니다. 배변 기능을 포함한 생리적 발달 기능성은 외부로부터 적절하고 충분한 자극이 주어져야 하는데, 모성이 박탈되면 이런 자극이 원활하게 주어지지 않는 경우가 많이 있습니다. 그러므로 모성은 아동의 성격발달에 필수요건이라 할 수 있습니다.

모성적 양육박탈은 어머니 자신이 미혼모나 모성적 보살핌의 장애를 가진 어머니인 경우, 이혼이나 별거, 이혼 후 다른 가족과 새로운 가족을 꾸리는 재혼 가족, 영화 <마음이>처럼 아버지가 돌아가신 사별 부부에서 양육에 대한 책임을 회피하는 가정이 원인이 되는 경우에 많이 발생합니다. 양육이 박탈된 가정은 내적 붕괴를 일으키고, 아이들 양육에 변형을 일으키게 됩니다. 영유아기의 모성적 양육박탈이 아동의 발달에 미치는 영향은 다음과 같습니다.

첫 번째, 모성적 양육박탈을 당한 아동은 자기의 경험을 통합하는 능력에 장애가 발생합니다. 영화 <마음이>에서 볼 수 있듯 어머니가 주어야 할 사랑과 보살핌이 결핍되어 있기 때문에 소이나 찬이는 경험을 통합시키지 못하는 문제를 겪습니다. 실제로 찬이는 학교의 미술수업시간에 가장 보고 싶은 사람으로 어머니를 찰흙으로 만들다가 선생님이 "찬이는 누구를 왜 만나고 싶은지 한번 얘기를 해볼까?"라고 질문을 하자 뭉개버리면서 만나고 싶은 사람이 없다고 대답을 합니다. 이런 행동은 찬이가 자기의 경험을 통합하는 과정에 장애가 발생했음을 보여주고 있습니다.

두 번째, 모성적 양육박탈을 당한 아동은 언어발달에 지체나 퇴행을 겪게 됩니다. 영아가 엄마라는 단어를 인지하고 학습을 통해 언어로 표현하려면 아이가 '엄마'라는 단어를 삼천 번 이상 들어야 엄마라는 대상을 인지하고 '엄마'라는 언어를 터득하게 된다고 합니다. 대개 사람들은 놀라거나 무서운 일을 당했을 때 '엄마야' 하고 외칩니다. 왜 그러는 걸까요? 엄마는 우리가 뱃속에 들어있을 때부터 항상 곁에 있기에 지켜줄 것이라는 생각이 들고, 무슨 일이 일어나면 제일 먼저 찾는 존재이기 때문이라고 생각합니다. 아이들 중에 아빠라는 말을 먼저 하는 아이는 아마도 거의 없을 것입니다. 왜냐하면 아빠는 엄마보다 밖에서 생활하는 시간이 상대적으로 많기 때문에, 아이와 친밀한 접촉을 통하여 여러 가지 경험을 공유하는 사람은 대체적으로 엄마이기 때문입니다. 만약 엄마가 하는 것처럼 아빠에 의해 양육된 영아라면 놀라면서 '아빠야' 하고 외칠도 모르는 일입니다.

세 번째, 모성적 양육박탈을 당한 아동은 수동적인 사회적 접촉을 하게 될 가능성이 상대적으로 높습니다. 모성적 양육자가 옆에서 다른 대상과 접촉하는 것에 대한 안녕감과 의미를 양육하면서 자연스럽게 보여주고 발달시켜줘야 하는데, 이런 모델링이 되지 않기 때문에 다른 사람을 만나고, 다른 사람과 이야기하는 것을 꺼려하여 심한 경우에 대인관계 형성과 유지에 장애가 발생하기 때문에 대인기피증으로 발전할 수도 있습니다. 사람들과의 접촉을 스스로 차단하게 되는 어려움을 겪게 됩니다. 영화 <마음이>에서 소이는 오빠 찬이와 떨어져있는 것을 매우 두려워하고 불안해합니다. 오죽하면 오빠와 떨어지고 싶지 않아 그렇게 싫어하는 머리감기를 하겠습니까? 이런 아이들은 타인과의 접촉을 기피하고, 다른 사람들의 접근에 매우 민감하고, 경계심이 많으며, 엄마 옆에 껌처럼 붙어 떨어지지 않는 행동을 보입니다.

네 번째, 모성적 양육박탈을 당한 아동은 성장하면서 학교와 사회에서 부적응적인 행동을 하고 반사회적인 경향을 나타낼 가능성이 상대적으로 높습니다. 영화 <마음이>의 찬이는 소이를 잃은 슬픔을 달랠 겨를도 없이 심리·정서적, 경제적으로 살길이 막막한 현실에서 모성에 기대는 마음으로 엄마를 찾아 갑니다. 하지만 소이의 어처구니없는 죽음을 모르고 있는 엄마는 충격과 슬픔에 젖어 고통스러워하는 찬이를 따뜻하게 안아주기는커녕 귀찮은 듯 외면합니다. 엄마의 차가운 태도에 더욱 마음이 얼어붙은 찬이는 소이가 무척이나 소중하게 여기던 가방을 안고 엄마와 말없는 이별을 합니다.

모성적 양육박탈을 당한 아동은 정서적 결핍에 대해서 체질적으로 매우 민감하게 반응하고 욕구를 만족시키지 못하고 좌절을 견뎌내는 힘이 약합니다. 모성적 양육박탈을 당하면서 성장한 성인은 모성적 양육박탈을 당한 대리경험으로 여자 친구나 자신의 아내에게 많은 기대와 속박을 하게 될 가능성이 높습니다.

한편, 모성적 양육박탈 기간이 길면 길수록 아이들에게 미치는 부정적인 영향은 더 심각해집니다. 영화 <마음이>에서 엄마를 너무나 그리워하는 소이가 안쓰러워 견딜 수 없었던 찬이는 택배종이에 적힌 주소를 물어물어 엄마를 만나러 갑니다. 만약 엄마가 그때 돌아와서 아이들의 양육을 책임질 수 있었다면 소이가 저수지에 빠져서 먼저 세상을 등지는 일은 일어나지 않았을 것입니다. 적절한 모성적 양육이 다시 제공되면 결핍되었던 것들은 회복될 가능성이 있습니다. 그러나 일정기간 이상의 격리가 계속된 경우에는 영구적인 발달장애를 초래할 위험을 분명히 가지고 있습니다. 영화를 보는 관객들은 소이 엄마가 빨리 돌아와서 찬이와 소이를 돌봄으로써 모성적 양육박탈 기간이 짧았으면 좋겠다고 바라겠지만, 많은 시간이 흘러 소이가 하늘로 떠나버리고 없는 집에 돌아와 빨래를 널고 있는 엄마의 모습은 보는 이의 마음을 안타깝게 합니다.

가족의 붕괴로 인한 모성적 양육박탈은 예전처럼 가족으로부터의 단순한 분리가 아닙니다. 핵가족화 되는 현대사회의 구조적인 변화로 인해 가족의 붕괴는 가족이 없는 영유아의 문제로 변형되었습니다. 모성적 양육박탈 상태에 처해있는 어머니는 대체적으로 엄마 자신이 영유아기에 충분한 모성적 보살핌을 받지 못한 경우가 많습니다. 따라서 모성적 양육박탈 문제에 대한 상담의 중심을 모성적 양육자를 정서적으로 지지하고 성장할 수 있도록 원조해주는 것에 두어야 합니다. 모성적 양육자로서의 위치를 확고히 다질 수 있는 계기를 마련하고 안정적인 모성적 양육을 감당할 수 있는 심리·정서적 지원, 경제적인 지원이 이루어져야 합니다.

영화 〈마음이〉를 활용한 가족상담 레시피

레시피 1: 엄마가 필요해

준비물: 그림도구

치유적 장면

혼자 남은 집에서 마음이와 엄마놀이를 하는 중 소이가 엄마와 공원에서 즐겁게 노는 상상을 하면서 그림을 그리는 장면

① 어릴 적 많이 하던 놀이는 무엇인가요?
② 엄마와 함께 놀던 장면을 떠올리며 그림을 그려보세요.
③ 잠깐 동안이라도 집을 비운 엄마가 돌아오지 않을까봐 걱정한 적이 있나요?

레시피 2: 만나고 싶은 사람 만들기

연상적 접근 + 지시적 접근

준비물: 찰흙

치유적 장면

만나고 싶은 사람을 찰흙으로 만드는 미술시간에 찬이가 엄마를 만들어 놓았다가 순식간에 뭉개버리며 "누구를 왜 만나고 싶냐?"는 선생님의 질문에 만나고 싶은 사람이 없다고 대답하는 장면

① 영화 속 찬이처럼 지금 가장 만나고 싶은 사람을 찰흙으로 만들어보세요.
② 어떤 이유로 그 사람을 만나고 싶은가요? 만나면 무슨 말을 하고 싶은가요?
③ 만약 그 사람을 만나고 싶지 않다면 그 이유는 무엇인가요?

2 아동학대

🎥 **영화 기본 정보**

제목: 너는 착한 아이(2015)

제작국: 일본

감독: 오미보

출연: 오노마치코, 코라 켄고

장르: 가족 드라마

러닝타임: 121분

관람기준: 전체 관람가

📷 **힐링시네마를 위한 이 영화의 키워드**

아동학대/가족생활주기/부모역할/가정폭력

　　모성적 양육박탈은 단순하게 끝나지 않고 유아기의 학대와 관련된 문제로 흐름이 이어집니다. 영화 <마음이>를 유아기 학대의 관점에서 보면 찬이 엄마는 방임에 해당되겠지요. 아이러니하게도 유아의 학대는 모성적 양육을 제공해야하는 부모에 의해 빈번하게 발생되고 있습니다. 학대하는 부모들은 대부분 육아능력이 부족하거나, 부모 자체가 스트레스 상황에 놓여있는 경우가 대부분입니다. 또한 자신이 영유아기에 학대받은 생육사를 가지고 있었던 경우도 상당수 있고, 부부갈등이나 사회적으로 고립된 상태에서 유아를 학대하는 경우도 있습니다. 부모 중에 알코올이나 약물 중독인 경우도 있고, 경제적으로 빈곤한 가정도 많은 비율을 차지하고 있습니다. 그리고 질병이나 갑작스런 사고로 신체적, 심리적으로 의존적인 부모, 자신이 자녀를 소유하고 통제할 수 있다고 생각하는 부모들이 아동을 학대하고 있습니다. 다시 말해 아동을 당연히 존중받아야 하는 하나의 존엄한 인격체로 바라보지 않고, 자신이 소유하고 통제할 수 있는 소유물의 개념으로 보는 부모들이 아동학대를 하고 있습니다. 물론 아동학대를 하는 부모에는 자신의 자아기능이 발달하지 못한 부모, 부모역할을 인지하고 이해하는 능력에 문제가 있어 역할훈련이 어려운 부모도 포함되어 있습니다.

아동학대는 최근에만 일어나는 문제가 아니며 학대 유형에는 신체적인 학대, 정서적인 학대, 성적인 학대, 방임이 있습니다. 아이들이 즐겨 읽고 보는 백설공주, 신데렐라, 피노키오, 콩쥐와 팥쥐, 라푼젤 같은 고전동화는 하나같이 어른들에게 학대를 받다가 우연히 영웅을 만나 도움을 받아 어려움을 이겨내고 행복하게 살게 된다는 내용이 주를 이룹니다. 해피엔딩에 집중하느라 아동학대의 심각성에 주목하지 못하는 사이에 동화는 어른들에게 암묵적인 아동학대 방치와 아이들에게 착한 아이가 되라고 가르치고 있는지도 모릅니다. 그러고 보면 아동학대는 동서양을 막론하고 호랑이가 담배를 피우던 시절부터 존재해 왔었던 것인가 봅니다.

일본에서 화제가 된 나카와키 하쓰에의 소설 <너는 착한 아이야>를 영화로 만들어 깊이 있는 울림으로 관객들 가슴을 적신 일본의 옴니버스 영화[3] <너는 착한 아이>는 아동학대를 소재로 하고 있습니다. 2015년 제20회 부산국제영화제 '아시아 영화의 창' 부문 공식 초청작인 이 영화는 소설을 구성하고 있는 5편의 단편 중에서 [산타가 오지 않는 집], [웃음 가면, 좋은 엄마 가면], [안녕하세요, 안녕히 가세요] 3편을 엮어 스크린에 담아냈습니다. 이 영화는 국내에 소개되었을 때 초록우산 어린이재단, 부산지방경찰청을 비롯한 국내 정부기관들의 추천 세례를 받으며 2016년 3월 개봉했

---

3 옴니버스 형식으로 만든 영화를 말한다. 각각의 에피소드를 하나의 줄거리로 묶어 만든 영화를 뜻한다. 문학의 옴니버스 형식처럼 다양한 이야기들을 하나의 주제로 엮어 만들기 때문에 일반 관객들에게 다양한 경험을 전달할 수 있다. 관객이 작품을 지루해하지 않고 흥미롭게 감상할 수 있고, 천편일률적인 내용을 탈피할 수도 있다[네이버 지식백과].

지만 정말 착한 관객 4,772명만 관람을 하는 안타까움을 남기며 쓸쓸하게 막을 내렸습니다.

영화 <너는 착한 아이>에서 다루어진 소재 [웃음 가면, 좋은 엄마 가면]은 외면하고 싶은 장면이 많습니다. 특히 학대하는 어른의 심리를 섬세하게 묘사하고 있는 장면을 보는 것은 불편했습니다. 아마도 '아야네'가 엄마에게 맞는 장면, 멍이 들어 시퍼렇게 변한 어깨와 목, 허벅지가 클로즈업되는 순간 아버지에게 회초리로 맞는 것을 두려워하고 불안해하던 나의 어린 시절 상처받은 기억이 점철되었나 봅니다. [웃음 가면, 좋은 엄마 가면]에서 엄마 '미즈키'는 어렸을 때 받은 내면의 상처로 인해 자신의 딸 '아야네'가 시키는 대로 말을 듣지 않고 사고를 치면(아이들이 흔히 저지르는 물컵 넘어뜨려 쏟기 같은 단순한 실수) 화를 참지 못하고 때리거나, 물건을 집어던지고, 신체적인 학대를 하면서 '아야네'에게 화를 풀어냅니다. 때리고 나서는 죄책감과 미안함으로 인해 혼자 울고, 심리적인 갈등을 느끼며, 혼란스러워합니다.

아동을 대상으로 하는 신체적인 학대는 신체적 손상을 입힌 경우와 신체적 손상을 입도록 허용한 경우로 나누어 접근할 수 있는데, 신체적 손상을 입힌 경우 뿐만 아니라 학대받는 상황 옆에 있으면서도 신체적 손상을 입히는 사람을 말리지 않고 방관한 경우도 신체적 학대에 포함됩니다. 양육자에게서 신체적 손상을 입은 아이들은 구타나 폭력에 의해 타박상, 화상, 피부 찢김, 골절, 장기 파열, 기능이 손상되는 등의 씻을 수 없는 상처를 입게 됩니다.

영화 <웃음 가면, 좋은 엄마 가면>에서 같은 아파트에 살고 있는 아이 엄마들은 도시락을 싸들고 야외에서 함께 식사를 하며 아이를 양육하는 노하우를 공유하는 모임을 자주합니다. 유치원에 가야할 나이가 된 '아야네'의 엄마 미즈키는 계산된 얼굴표정과 웃음으로 좋은 엄마라는 평가를 받기 위해 많은 애를 쓰는 덕분에 딸을 학대하는 자신을 잘 감추고 살아갑니다. 그러다가 같은 아파트에 살고 있는 아이 둘을 둔 '히카루' 엄마 '오오미야'의 집에 놀러갔다 가 야야네의 돌출행동을 제지하는 과정에서 자신의 강압적이고 폭력적인 양육자의 모습을 드러내게 되고 '오오미야'는 '미즈키'를 안으며 "부모한테 학대당했지? 알아. 나도 그랬으니까."라고 말하며 자신도 아버지의 폭력 때문에 힘든 유년시절을 보냈으며 견디기 힘들었다고 고백을 합니다. 그리고 '미즈키'에게 말해줍니다. "미즈키 너는 참 소중한 사람이야."라고. 이 말을 들은 미즈키는 응어리져 있던 아픔을 토해내는 눈물을 흘리며 스스로를 치유하게 됩니다. '오오미야'가 미즈키에게 해 준 이 말은 아버지의 폭력으로 견딜 수 없었던 어린 시절 자신에게 유일한 편이 되어주고 온몸으로 폭력을 막아주던 이웃집 할머니께서 해주었던 말이었습니다. '넌 소중한 아이다.'라는 한마디 말이 '오오미야'가 가정폭력을 견뎌낼 수 있는 힘이 되었던 것입니다. '오오미야'가 암담하고 두려운 현실에서 살아갈 희망 한 자락을 보았던 옆집 할머니의 말 '너는 소중한 사람이야.'의 따뜻한 온기가 전해지는 듯합니다.

대체로 많은 부모들은 자신들의 생육사를 자녀들에게 투사하고 어린 시절 부모에게서 받은 양육방법과 태도를 그대로 전수하게 됩니다. 이런 측면에서 가족상담은 세대 간 전수되는 가정폭력의 역기능적인 연결고리를 끊을 수 있도록 도와주는 역할을 감당해야 한다고 생각합니다. 연결고리를 끊지 못하면 모성적 양육자에 의해 은밀한 상태에서 벌어지고 있는 가정 내에서의 폭력은 멈추지 않을 것이며 상처 또한 아물지 않은 채로 세월의 강을 타고 계속 흘러 다음 세대까지 이어질 것입니다. 이러한 연결고리는 사회적인 폭력에서도 같은 맥락을 보이는데, "잘못했으면 맞아야 한다.", "맞아야 정신을 차린다.", "적당한 매는 필요하다.", "삼청교육대에 가서 죽도록 맞아봐야 정신을 차린다."와 같이 갑의 입장에서 을에 대한 폭력을 정당화하고 당연시 여기는 생각과 행동들이 아직도 사회 전반에 흐르고 있습니다. 잘못한 행동에 대한 벌은 받아야 하지만 맞아야 되는 사람, 맞아야 정신을 차리는 사람은 이 세상에 한 사람도 없습니다. 적어도 무분별한 폭력으로부터 인간의 존엄과 존중은 지켜져야 합니다. 이 변화는 모성적 양육자에 의한 폭력이 사라지는 순간 가정에서부터 시작될 것입니다.

🎥 영화 기본 정보

제목: 도가니(2011)

제작국: 한국

감독: 황동혁

출연: 공유, 정유미

장르: 드라마

러닝타임: 125분

관람기준: 청소년 관람불가

📷 힐링시네마를 위한 이 영화의 키워드

아동학대/청각장애/학교폭력/성폭력/용기

2000년부터 5년 동안, 광주인화학교에서 청각장애 아동을 대상으로 교장을 비롯한 교직원들이 저지른 아동학대 사건을 바탕으로 하여 쓴 공지영의 소설 도가니를 원작으로 제작된 영화 <도가니>로 인해 2006년 이후 잊혀져가던 사건에 많은 국민들이 다시 관심을 갖기 시작했습니다. 마침내 정부는 관계부처 합동으로 장애인 성폭력 방지 및 피해자 보호대책을 내놓았고, 인화학교를 폐교하고, 해당 법인의 설립 허가를 취소했으며, 재학생 22명은 인근 학교로 전학보내는 등의 보호 조치를 받았습니다.

영화 <도가니>에서 성적인 학대를 자행하고 있는 사람은 다름 아닌 인화학교의 교장입니다. 아이를 교장실에 유인해서 야한 동영상을 보여주고, 놀라서 달아나 화장실에 숨어 두려움에 질려있는 아이를 대상으로 자신의 성적인 욕구를 충족시키는 행동을 하는 교장의 모습은 영화 속 허구(fiction)가 아니라 일어난 사실(fact)입니다. 어리고 힘이 없는 여자아이, 잘 듣지 못하는 청각장애아, 말로 표현하지 못하는 언어장애를 가졌다는 것만으로 성적인 학대와 폭력의 대상으로 삼은 것입니다. 아이들을 보호해야 할 막중한 책임을 가진 교장이 자신의 성적 만족을 위해 약하고 지식이 부족한 어린아이를 이용한 것입니다.

유아는 사람을 잘 믿고 따르며 성적인 지식이 부족하기 때문에 성폭력 피해율이 높습니다. 특히 기성세대로부터 어른의 말에 순종해야 착한 아이가 된다고 배우기 때문에 성인의 요구가 잘못된 것이라도 따라야 한다고 생각합니다. 유아를 대상으로 한 성폭력은 아는 사람에 의해 아파트, 학원, 동네 놀이터 등 익숙한 공간에서 많이 발생합니다. 이렇게 발생되는 성폭력은 두려움과 공포, 억울함과 분노, 수치심과 죄책감, 적개심, 불안, 무력감 등 정신적인 상처를 깊게 남기기 때문에 사람에 대한 신뢰가 깨지고 마음에 문을 걸어 잠글 수 있습니다. 또한 성에 대한 부정적인 생각을 갖게 되고 성관계를 더럽다고 인식하게 되며 자아존중감이 저하되어 자신을 비난하게 될 가능성이 높습니다.

가족 중 누군가가 성폭력 피해를 당했다는 사실은 가족에게는 견디기 어려운 아픔이기 때문에 트라우마에서 회복되는 것이 쉽지 않습니다. 가족들 간에 서로 책임을 전가하는 가족들을 종종 볼 수 있는데 책임 소재를 따지는 것은 상처를 더욱 크게 만들 뿐이므로 가족의 따뜻한 위로와 치유적 사랑만이 어려움을 극복할 수 있는 묘약입니다. 그러므로 전문적인 심리상담, 부모역할 훈련 프로그램 참가, 같은 입장에 있는 부모들과 함께 정서적으로 지지받고 지원 활동을 하는 것이 도움이 될 것입니다.

신체적, 정신적, 성적인 폭력이나 방임과 같은 경험으로 인해 심리적인 상처를 받은 경우를 트라우마라고 부릅니다. 트라우마는 의학적으로는 외상을 뜻하지만, 심리학에서는 정신적인 외상, 충격적으로 남는 마음의 외상을 의미합니다. 트라우마는 누구나 다 가질 수 있는 것이고, 크든 작든 우리의 영혼은 모두 마음의 상처를 갖고 있습니다. 저도 어렸을 적에 아버지에게 신체적 학대를 당했던 트라우마를 가지고 있습니다. 그때는 트라우마라고 생각하지 않았는데 성인이 된 후에 아프게 느껴지는 순간들이 찾아왔습니다. 운이 좋게도 심리상담을 공부하면서 치유할 수 있는 기회를 얻었고, 트라우마에서 벗어날 수 있었지만 아직도 아픈 곳은 아픕니다. 그럼에도 불구하고 스스로 상처받은 자신의 마음을 알아주고, 위로해주고, 보듬어줄 수 있는 에너지가 있어 다행이라고 생각합니다. 트라우마는 큰 상처보다 겹쳐진 작은 상처들이 더 깊고 오래 남을 수 있습니다. 상처 치유에 가장 큰 힘을 주는 것은 사랑입니다. 우리의 진솔한 마음이 담긴 사랑만이 아이들의 상처 입은 마음을 어루만질 수 있습니다.

아이들이 세상에 태어나면서 가장 먼저 마주하는 사람은 부모입니다. 부모와의 눈 맞춤, 따뜻함과 안정감을 느낄 수 있는 스킨십을 통해 세상을 바라보는 눈의 넓이와 마음의 깊이가 달라집니다. 아이들은 부모와의 대화, 함께하는 경험(놀이, 여행, 운동, 꽃밭 가꾸기)을 통해 세상과 교류하는 방법을 터득하고 인격을 형성합니다. 아이들은 자라면서 부모에게서 받은 아름다운 손길을 가슴 한 가운데 기억하고, 아픔의 손길은 마음 한 구석에 새겨둡니다. 아름다운 손길은 상처와 아픔을 감싸는 반창고로 사용하고 아픔의 손길은 한 순간에 자신을 파괴시키고 포기하는 화약으로 사용되기도 합니다. 험한 세상에 위로가 되는 최고의 힘이 되는 단어 '엄마', '아빠'의 의미를 되새겨봅니다.

영화 〈너는 착한 아이: 웃음 가면, 좋은 엄마 가면〉를
활용한 가족상담 레시피

 레시피 1: 나의 '화'난 감정의 뿌리 찾기   연상적 접근

준비물: 필기도구

 치유적 장면
아야네의 돌출행동을 제지하는 과정에서 강압적이고 폭력적인 미즈키의
모습이 담긴 장면

① 아이를 강압적으로 제지하고 크게 혼내거나 때린 적이 있나요?
② 그런 적이 있다면, 혼내거나 때린 후 나의 감정은 어땠나요?
③ 아이를 혼내거나 때린 '화'는 언제 어디에서부터 시작이 되었을까요?

 레시피 2: 마음 속 독한 기운 풀어내기   연상적 접근

 치유적 장면: 영화 감상
'히카루' 엄마 '오오미야'가 아야네에게 강압적인 행동을 하는 '미즈키'
를 안으며 "부모한테 학대당했지? 알아 나도 그랬으니까."라고 말하며
"미즈키 너는 참 소중한 사람이야."라고 말해주는 장면

① 어렸을 적 부모님께 야단을 맞았던 적이 있나요?
② 무슨 일로, 어떻게 야단을 맞았나요?
③ 야단을 맞고 난 후의 자신의 마음은 어땠나요?
④ 야단을 치시던 부모님은 어떤 마음이었을까요?
⑤ 지금 부모님이 앞에 계시다면 어떤 말을 하고 싶은가요?

🎬 **영화 기본 정보**

제목: 말아톤(Malaton, 2005)

제작국: 한국

감독: 정윤철

출연: 조승우, 김미숙

장르: 드라마

러닝타임: 115분

관람기준: 전체 관람가

📷 **힐링시네마를 위한 이 영화의 키워드**

자폐증/마라톤/장애/모성애

　아이들을 가르치고 담임을 하면서 장애를 가진 학생이 속해있는 통합학급담임을 맡은 경험이 여러 번 있습니다. 대부분 교실에서 생활하는 데에 신체적인 어려움이 별로 없는 지적장애 학생들과 만났었는데, 장애에 대한 전문적인 교육을 받은 적이 없었던 제가 '장애는 단지 불편한 것'이라고 이해하는 얄팍한 수준에서 장애학생들의 학교생활과 가정생활에 도움이 되는 역할을 할 수 있는 것은 많지 않았습니다. 무엇인가를 하고 싶은 마음은 굴뚝같았지만 무엇을 어떻게 해야 할지 몰랐었습니다. 특히 뇌병변장애를 가진 학생이 힘들어할 때 담임으로서 나름 최선을 다했음에도 적절한 지원을 하지 못했습니다. 알아야 면장을 한다는 말이 딱 어울렸던 것 같습니다. 지금 생각해보니 제가 담임했던 장애학생들은 장애인이라는 사회적 약자의 위치에 있는 동시에 아동이라는 발달적 약자라는 이중 약자의 위치에 놓여있었던 것입니다. 장애를 가지고 있지 않은 다수의 학생들과 어울리고, 생활하는 것이 얼마나 힘들었을까요? 결국 저는 자존감에 상처를 입고 등교하기를 거부하는 뇌병변장애를 가진 남학생의 중퇴를 그저 바라보아야만 했고, 지금도 그 학생 얼굴을 떠올리면 안타깝고 미안한 마음이 들고 가슴이 아려옵니다.

장애자녀를 둔 가족은 새로운 문제를 경험하게 되고 부모와 가족 구성원은 심리·사회적 압박과 스트레스를 경험하게 됩니다. 우리에게 친숙한 소설 『대지』로 1932년 퓰리처상과 1938년 노벨문학상을 수상한 대문호 펄 벅[4] 여사가 정신지체와 자폐를 가진 아이의 어머니였다는 사실을 알고 있는 사람은 그리 많지 않습니다. 1950년 펄 벅은 장애 자녀를 낳아 양육해본 고통과 아픔을 진솔하게 담은 양육수기 『자라지 않는 아이』를 세상에 선보입니다. 장애를 가진 딸을 시설에 보내고 이웃이나 친지들에게는 죽었다고 숨겼던 유명인 펄 벅이 자신의 딸이 정신지체를 가지고 태어났다는 것을 공개적으로 밝힌 것입니다. 쉽지 않은 결정이었을 것입니다. 실제로 펄 벅은 책을 시작하면서 이렇게 고백합니다.

"내가 이 이야기를 쓰기로 결심하기까지는 매우 긴 시간이 걸렸습니다. 내가 몸소 겪은 나의 이야기이기 때문에 사실대로 쓴다는 것에 용기가 나지 않았던 것입니다. (중략) 세월이 흐름에 따라 내 딸 아이를 위해 그녀에 대한 이야기를 기록해 두어야겠다는 생각에 잠길 때가 종종 있었습니다. 나는 그것을 두려워했고 사실은 아직도 두려워하고 있습니다. 그러나 드디어 때가 온 것입니다."

펄 벅의 예쁜 딸아이 이름은 캐롤입니다. 멀쩡해 보이던 아이가 정서적인 반응도 보이지 못하고 바보처럼 느껴져 의사의 진찰을 받은 결과 정신지체를 수반한 자폐아, 다운증후군을 가진 아이였던 것입니다. 펄 벅은 자신의 예쁜 딸아이가 정신지체라는 것을 알게

---

4 펄 벅(Pearl Sydenstricker Buck, 1892~1973): 미국의 여류 소설가로, 사회 인권운동가이자 아시아 지역 전문학자로도 활동했다. 아시아 각국을 방문하여 여성과 아이의 인권보호를 위한 자선 사업을 펼쳤고, 한국의 소외된 아동을 위해 1967년 소사희망원을 개원하였다.

되던 순간을 "어떤 방법으로도 고칠 수 없다는 것을 처음 알았을 때의 절망감으로 나는 나 자신마저 폐인이 되는 것만 같았습니다. 절망은 너무나도 커서 나의 정신과 육체를 못 쓰게 하고 사상과 정력까지도 파괴했습니다."라며 엄마로서 가질 수밖에 없었던 충격, 암담함과 분노, 절망을 표현하고 있습니다. 이것이 아이의 장애를 확인하는 부모들에게 찾아오는 1단계인 충격(shock)단계입니다.

펄 벅은 딸아이 캐롤을 고쳐줄 사람이 어딘가에 있을 것이라는 기대를 가지고 딸아이를 데리고 온 세계를 여행하면서 닥터 쇼핑(doctor shopping)을 합니다. 당시 상황에 대해 펄 벅은 이렇게 고백합니다. "가진 돈은 다 써버리고 더 이상 빌릴 수 없을 만큼 빚도 졌습니다. 의사라는 의사는 모두 찾아다니며 희망을 걸어 보았습니다. 희망은 차츰 사라져갔지만 딸아이가 정상이 될 수 없다고 단언해주는 의사가 없었기 때문에 희망을 포기할 수 없었습니다."

장애아동을 둔 부모들은 모두 펄 벅이 했던 것처럼 아이를 치료하기 위해 백방으로 수소문하고, 아주 적은 가능성이라도 있다면 그 가능성을 붙잡기 위해 경제적인 어려움을 감수하더라도 훌륭하다는 의사를 찾고, 심지어 무속인의 힘을 빌리기까지 합니다. 특히 펄 벅처럼 꿈에도 자신의 아이가 정신지체아가 될 수도 있다는 두려움을 느껴본 적이 없었던 부모들일수록 충격이 크고 여파도 강하고 장시간 지속될 가능성이 있습니다. 그러므로 충격을 벗어나기 위하여 강하게 부인(denial)을 하게 됩니다. 장애아동을 둔 부모들이 종교, 의술, 민간요법, 심지어 주술에까지 무조건적으로 매달리는 2단계에서 가정의 경제적인 부담은 늘어가고 가족이 떠안아야 하는 심리·정서적 아픔과 고통은 헤아릴 수도 없을 것입니다.

시간이 흐르고 희망이 없다는 것을 알게 되면 슬픔과 분노(sadness and anger)를 느끼는 단계에 접어듭니다. 펄 벅이 딸아이와 함께 한 슬픈 여행(의사 순례)은 미네소타주의 어느 병원에서 독일인으로부터 "아주머니에게는 고통스럽겠지만 따님은 결코 정상이 될 수 없습니다. 자신을 기만하지 마십시오, 당신이 희망을 포기하고 사실대로 받아들이지 않으면 당신 자신의 건강을 해치게 될 것이고 가족은 경제적으로 많은 어려움을 겪게 될 것입니다. 그래도 따님은 결코 좋아지지 않을 것입니다."라는 잔인한 말을 듣고 난 후 끝이 납니다. 펄 벅은 이때의 심정을 "나는 그때의 나의 심정을 어떤 말로도 표현할 수 없었습니다. 같은 경험을 한 사람들이 아니면 짐작조차 할 수 없을 것입니다. 내 몸에서는 광적인 피가 거꾸로 흐르기 시작하여 미칠 것만 같았습니다." 그러면서 자신의 슬픔을 생활까지 마구 삼켜 슬픔 자체가 생활이 되어 버린 기막힌 슬픔이라고 표현합니다.

그렇지만 이런 슬픔과 분노는 적응을 하고 재조직을 하는 에너지와도 분명히 연결되어 있습니다. 이름도 모르는 독일 사람에게서 절망적인 이야기를 듣고 난 후 펄 벅은 중국에 있는 집으로 돌아가 딸아이의 장래문제와 자신의 비참한 생활문제를 현실적으로 생각하게 됩니다. 비참한 생활을 참고, 현실을 받아들이기 시작하고 어떻게 하는 것이 가장 좋은 것인가 생각하게 된 것입니다. 자전적 이야기를 쓰면서 펄 벅은 이렇게 회상합니다. "피할 길 없는 괴로움, 이 괴로움을 이겨낸다는 것은 결코 쉬운 일이 아닙니다. 나도 이제 겨우 내가 겪은 쓰라린 경험을 하나하나 되돌아보게 되었지만, 과거 나도 그 괴로움을 극복하기 위해 몸부림치던 한때를 생각하면 지금도 가슴이 미어지는 것 같습니다. 한걸음 한걸음이 참으로 극복하기 어려운 난관이었습니다."

상처가 난 곳에 새살이 돋아나듯 충격, 부인, 슬픔과 분노, 적응(adaptation)의 단계를 거친 펄 벅은 딸아이를 새로운 눈으로 바라보고 그 아이의 눈으로 행복한 세상을 찾아주기 시작합니다. 그리고 딸아이에게 행복이란 자기의 능력에 맞는 생활을 하는 것임을 깨닫습니다. 그래서 딸아이를 위한 안식처를 찾아 육신이 갈갈이 찢기는 듯한 아픔을 참고 아이를 기관에 맡겨놓고 집으로 혼자 돌아옵니다. 현실을 수용하고 아이의 삶이 자신의 삶과 다르고, 아이를 위해서 자신이 양보해야 한다는 것을 알게 되면서 욕심과 집착을 내려놓고 캐롤을 안식처로 보내면서 삶을 재조망하고 부모로서의 책임을 성실히 수행하는 재조직(reorganization)을 하는 것입니다.

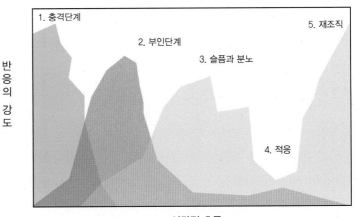

················· 그림 7-1 **장애아동에 대한 부모의 반응 과정** ·················

출처: 김유숙(2006) 가족상담에서 재인용.

이 이야기는 우리가 소설 '대지'의 작가로만 알고 있었던 펄 벅이라는 세계 최고 작가가 겪은 실제 이야기입니다. 펄 벅의 사례에서 볼 수 있듯 장애를 가진 가족을 둔다는 것은 그것이 선천적인 장애이든, 후천적인 장애이든 어느 누구에게나 일어날 수 있는 일입니다. 만약에 눈에 넣어도 아프지 않을 것 같은 여러분들의 자녀가 세상을 보지도, 어떤 소리도 듣지 못하는 블랙 상태라면 어떻게 하시겠습니까? 저는 상상이 가지도 않지만 솔직히 상상하기도 싫습니다. 가정하는 것만으로도 가슴이 아프고 마음이 무거워집니다. 단지 생각만으로도 이렇게 괴롭고, 슬프고, 아픈 일인데 눈앞에서 나의 자녀에게 일어나는 일이라면 감당하기 쉽지 않을 것입니다. 그러므로 장애아동을 둔 가족을 상담하는 것은 결코 쉬운 일이 아닙니다. 많은 아픔이 그렇듯 경험해보지 못한 사람은 가늠할 수도 없기 때문입니다.

인도영화 <블랙, 2005>은 장애아동을 둔 가족이 당면한 고통과 어려움을 잘 그려내고 있는 영화입니다.

🎥 영화 기본 정보

제목: 블랙(Black, 2005)

제작국: 인도

감독: 산제이 릴라 반살리

출연: 라니 무케르지, 아미타브 밧찬

장르: 드라마

러닝타임: 124분

관람기준: 전체 관람가

📷 힐링시네마를 위한 이 영화의 키워드

장애극복/진정한 스승/시각장애/언어장애

펄 벅의 양육수기 『자라지 않는 아이』가 활자를 통해 차분한 감정과 언어로 장애 자녀를 둔 부모와 가정의 모습을 진솔하게 풀어낸 작품이라면 영화 <블랙>은 영상을 통한 강렬한 이미지로 주인공 미셸의 가족이 받은 충격과 좌절, 사건, 어둠 속에서 피어나는 희망을 추체험[5] 할 수 있는 작품입니다. 마치 헬렌켈러를 연상하게 하는 이 영화는 장애아동을 둔 가족에게 닥친 문제를 거침없이 보

---

5 다른 사람의 체험을 마치 자기가 체험한 것처럼 느끼는 것.

여주고 있습니다. 2살 때 농아가 된 미셀은 시력과 청력을 모두 상실했기 때문에 오직 손으로 만지는 촉각으로만 세상과 소통을 합니다. 보고 들을 수 없으니 교육을 받는 것은 불가능하고 생활양식조차 익히지 못해 음식을 손으로 먹고, 여기저기 돌아다니면서 집안을 엉망으로 만들고, 화재를 일으키고, 동생을 다치게도 하는 등 사고를 치기 일쑤입니다. 참다못한 아버지가 장애시설에 보내자고 하자 부부는 격한 논쟁을 벌이고, 관계가 소원해지고, 가족의 믿음과 사랑에 적신호가 켜집니다. 관심이 온통 미셀을 향해 있는 엄마는 자연스럽게 미셀의 여동생 폭의 양육을 소홀히 할 수밖에 없고, 가족의 모든 에너지가 장애를 가진 미셀에게 집중이 되기 때문에 다른 가족들의 입장이 고려되기 힘든 상황이 되어버립니다.

장애아동을 둔 부모의 마음은 겪어보지 못한 사람은 감히 짐작하기조차 어렵습니다. 이해를 한다고 하지만 아픔과 어려움을 상상이나 할 수 있겠습니까? 사회적인 이해와 지지를 받기도 힘들고, 장애를 가진 것이 부끄러워 드러내는 것을 꺼려하기 때문에 같은 처지의 부모들과 심리적 공감대를 형성하고 지식과 정보를 공유한다는 것은 쉽지 않은 일입니다. 그러다보니 자연스럽게 나 홀로 양육하는 방법을 고집하게 되고, 자녀의 일거수일투족에 적정한 선을 넘은 관여로 인해 오히려 자립할 수 있는 시기를 늦추는 결과를 가져오게 됩니다.

장애아동을 둔 부모를 대상으로 상담한 경험에 비추어보면 만족도가 높은 부부관계는 찾아보기 어렵습니다. 부부 중 한 사람(대부분 아내의 몫)이 장애아동의 양육을 전담하게 되면서 몸과 마음이 지치고 대화는 줄어들게 됩니다. 부부 간에 마음을 터놓고 이야기하거나 서로 위로하고 보듬어줄 수 있는 여유를 잃어버리게 되기 때문에 일반적인 보통의 가정보다 소원한 관계가 되는 확률이 높고 빠르게 진행됩니다.

자폐성 발달장애를 갖고 있지만 마라톤 쓰리서브[6] 기록을 달성하고, 철인3종경기[7] 최연소 완주라는 기록을 가진 청년 배형진을 소재로 한 영화 <말아톤>은 2005년 500만 명 이상의 관객을 불러모았고, 영화를 통해 인간승리의 감동을 안겨주었으며, 장애에 대한 보편적 이해를 높이는 계기가 되기도 한 영화입니다. 초코파이와 얼룩말을 좋아하는 초원이 역할을 실감나게 연기했던 배우 조승우의 "초원이 다리는 백만불짜리 다리, 몸매는 끝내줘요."라는 목소리가 아직도 귀에 생생한 것을 보면 무척이나 인상이 깊었던 영화임에 틀림이 없습니다.

　　그렇지만 초원이 엄마가 수영장에서 기자와 인터뷰하는 장면을 보면 초원이의 성취와 환희 뒤에는 장애아동을 돌봐야 하는 엄마의 끝이 보이지 않는 암울함과 고된 흔적이 있음을 영화는 소홀하게 지나치지 않고 있습니다. 수영장에서 기자와 인터뷰 중인 초원이 엄마 경숙 앞에 수영복을 입지 않은 알몸상태로 초원이 탈의실에서 걸어 나오고 수영장에 있는 사람들의 시선이 초원에게 집중됩니다. 자신에게 다가온 초원을 바라보는 경숙은 바로 당황함을 감추며 수건을 들고 초원에게 다가가 억지로 입가에 미소를 지어보이며 "얘가 몸매 자랑하네 또? 가방 속에 없니? 엄마가 분명 넣었는데 이상하다..?"라며 초원의 벌거벗은 아랫도리를 수건으로 가려주는 경숙은 수치심을 애써 감추려고 미간에 힘이 들어갑니다. 그리고 수영하는 초원을 함께 바라보던 기자에게 담담하게 말을 건넵니다. "소원이 뭐냐고 물으셨죠? 초원이가 저보다 하루 먼저 죽는 거예요. 나 없인 하루도 살 수 없을테니까요." 엄마의 마음 깊숙한 곳에 표현하지 못하고 누르고 눌러 참아내던 무언가 걷잡을 수 없는 것들이 일렁이는 순간이었을 것입니다.

　　영화 <말아톤>은 초원이가 장애를 극복하는 것에만 카메라 앵

---

6 마라톤 풀코스 42.195km를 3시간 내에 완주하는 것.
7 한 선수가 수영, 사이클, 마라톤의 세 종목을 휴식 없이 연이어 실시하는 경기.

글을 맞추고 있지 않습니다. 하루 늦은 둘째 아들의 생일 미역국을 차려주는 아침식탁의 모습, 아빠가 야구장에서 둘째 아들에게 이혼 이야기를 꺼내는 시간에 엄마는 혼자 컵라면을 먹는 식탁, 지나는 사람을 이유 없이 때려 파출소에 잡혀있던 중원을 데리고 나와 나누는 모자지간의 대화 장면을 통해 부부 간 갈등하는 모습, 편애로 인한 둘째아들 중원의 소외와 불만족, 반항과 일탈행동을 보여줌으로써 장애아동을 둔 가족들의 현실적인 고민과 어려움을 이해하고 공감할 수 있는 기회를 제공합니다.

영화 '말아톤' 중

S# 49. 초원의 집 /아침

미역국을 떠서 중원 앞에 놓는 경숙.

경숙 : (미안한) 올해는 꼭 챙겨줄려고 했는데... 엄마가 정신이 없어서...
중원 : 아빠가 피자 사줬어.
경숙 : (조금 놀라, 그러나 태연을 가장해서) 그래...? 잘 지내신대?
중원 : 엉.
경숙 : 근데 왜 집엔 안 들리고 가셨지?
중원 : (그런 경숙을 빤히 보다가) 차라리 이혼하는 게 어때?
경숙 : 뭐?
중원 : 나도 다 컸어. 숨길 필요 없다구.
경숙 : 그게 아냐... 아빠 일 때문에 할 수 없이 떨어져 사는 거지. 알잖아?
중원 : (피식 웃고) 좀 정직해지지 그래? 아빤 그래도 거짓말은 안 해.
경숙 : 중원아!
중원 : 이혼하면 난 아빠랑 살 거야.

가방을 챙기며 일어서는 중원... 그런 중원의 등에 대고

경숙   :   너 왜 그러니? 사춘기야?

S# 75. 집 / 저녁
불도 켜지 않은 어둑한 집안.
식탁에서 홀로 사발면을 먹고 있는 경숙... 속이 쓰린 듯 배를 만진다.

S# 76. 야구장 / 저녁
환호를 지르며 야구를 관람하는 희근과 초원 중원 삼부자.
상대팀의 안타에 혼자 벌떡 일어나 박수치는 초원.
험악해지는 주변 사람들 표정... 중원, 당황하며 초원을 잡아 앉힌다.
치어리더들 밑에서 함께 춤추는 초원
이를 바라보는 희근, 팩소주를 한 모금 마신다.

희근   :   아빠... 엄마랑 헤어질까?

중원, 희근을 뚫어져라 바라본다.
말없이 스탠드에 놓인 희근의 팩소주를 마시는 중원.
안타가 나왔는지 함성을 지르는 사람들...
하지만 가만히 앞만 바라보고 있는 중원과 희근...

S# 85. 주택가 거리 / 밤
가끔 차가 한 대씩 지나가는 주택가 거리.
경숙이 힘없이 걸어온다.   경숙과 거리를 두고 뒤따라오는 중원.

경숙   :   니가 깡패야? 기분 나쁘다고 애를 때려? 도대체, 어디서 그런 걸
            배웠어?
중원   :   ...
경숙   :   (감정을 삭이며) 입장을 바꿔서 생각해봐.. 니 눈빛이 기분 나쁘다

면서 다짜고짜 누가 너 때리면... 넌 기분 좋겠어?

중원 : ...

경숙 : (애원조로) 엄마 힘들어... 너까지 안 이래도 힘들다고...

중원 : 엄마는 나하고 입장 바꿔서 생각해 본 적 있어?

경숙 : 뭐?

중원 : 한번이라도 내 입장에서 생각해 봤냐구?

경숙 : (어이없는) 뭐야? ... 이 녀석이 뭘 잘했다고...

중원 : 아빠도 엄마가 내쫓았잖아?... 엄마한텐 초원이 밖에 없어. 엄만 걔 눈만 쳐다봐도 뭘 원하는지 알지? ... 그치만 난!

경숙 : 니가 형이랑 같애? 말하면 되잖아? 이런 식으로 유치하게 반항하지 말고?

중원 : 말했어... 수십 번, 수백 번, 수천 번!

경숙 : ...

중원 : (자조적인 웃음) 엄마는 한번도 안 들었어...

경숙을 남겨둔 채, 아파트 입구로 향하던 중원, 쓰레기를 버리러 나온 초원과 마주친다.
꾸벅 고개를 숙이며 '중원이 안녕하세요~' 인사를 하는 초원.
중원, 대꾸도 없이 지나치다가 초원을 가리키며 경숙에게 다시 외친다.

중원 : 얘하고도 입장을 바꿔놓고 한번 생각해 봐! 나야 반항이라도 하지! 엄마가 진저리난다고...!

할 말을 잃은 채 서 있는 경숙.

　　장애아동을 둔 가정에서 주의를 기울이지 않고 경계하지 않으면 가족체계를 흔들 수 있는 부분은 가족의 에너지가 장애자녀에게 쏠리는 현상입니다. 영화 <말아톤>에서 장애자녀를 둔 부모는 장애

를 가진 형제자매를 배려해야 하고, 때로는 돌보아야 할 책임을 지고 있는 초원의 동생 중원이와 같은 비장애자녀의 양육과 성장에도 애정 어린 관심을 보내는 것을 의식적으로 자각하고 행동해야 합니다. 그렇지 못하면 중원이처럼 초원이의 그늘에 가려 존재감에 상처를 입고 자신이 가족의 중심에서 벗어나 있다고 생각해서 소외감을 느끼고, 성적이 떨어지고, 무단결석을 하는 등 학교부적응 행동으로 발전할 수 있는 가능성이 있습니다.

장애아동을 둔 가정은 그렇지 않은 가정보다 가족 간의 역기능적인 요소를 많이 내포하고 있기 때문에 여러 가지 곤란에 빠질 가능성이 높습니다. 장애아동을 둔 가족이 직면하게 되는 곤란성의 첫 번째는 심리적인 충격이고, 두 번째는 의사소통이 원활하게 되지 않기 때문에 장애아동이 무엇을 원하는지를 알 수가 없다는 것, 세 번째는 장애아동을 성장시키기 위해 많은 시간과 노력, 정신적 소모가 필요하다는 것입니다. 장애아동을 둔 가족이 직면하는 곤란함은 일과가 적힌 수첩을 손에서 놓지 않는 영화 <말아톤>의 초원이 엄마처럼 쉬지 않고 돌봐야하는 피곤으로 인해 노출되는 신체적인 질병, 정신적 스트레스, 사회적 대인관계의 제약과 같은 어려움도 있습니다. 또한 장애를 바라보는 사회적 편견과도 맞서야 하기 때문에 사회에서 오는 오해에 민감해집니다. 그래서 장애아동을 둔 가족들은 다른 사람과의 접촉을 회피합니다. 집에 다른 사람을 초대하지도 않고, 다른 사람의 집에 가지도 않습니다. 네 번째는 가족생활주기가 정체되면서 장애아동 돌봄에 대한 가족의 역할에 갈등이 발생한다는 것입니다. 장애아동을 둔 가족은 가족구성원 모두 육체적 고통과 더불어 심리·정서적 갈등을 경험할 수 있습니다. 장애아동의 돌봄으로 인해 가족들이 감당해야 하는 고통과 역할갈등은 가족응집력을 약화시키고, 갈등을 원만하게 해결하지 못할 경우 가정이 해체되는 수준까지 이를 수 있는 역기능적인 가족 문제를 발생시킬 수 있습니다. 장애를 수용하고 돌봄을 수행하는 과정에서 양육부담의 갈등, 가족구성원 내 갈등, 장애수용에 대한 갈등, 사회적 편견 등은 장애아동으로 인해 현실적으로 겪고 있는 가족들의 고통과 갈등입니다. 그러므로 가족의 역할이 무엇인지, 장애아동은 나에게 어떤 의미인지, 다른 가족구성원들은 어떻게 대처해야 하는지 등에 대해 고민하고 갈등하는 시간을 갖게 되면서 가족의 기능이 제대로 작동하기도 하고 가정이 해체되기도 합니다. 따라서 장애아동에 대한 양육부담과 갈등을 줄여나갈 수 있는 전문적이고 체계적인 지원과 적극적인 개입으로 가족의 해체와 위기를 예방하는 방안들이 마련되어야 합니다.

우리는 일본영화 <입술에 노래를, 2015>에서 장애를 가진 형을 책임져야 하는 역할을 감당해야 하는 중학생 사토루를 통해 장애아동 돌봄에 대한 가족의 역할갈등을 엿볼 수 있습니다.

🎥 영화 기본 정보

제목: 입술에 노래를(Have a Song on Your Lips, 2015)

제작국: 일본

감독: 미키 타카히로

출연: 아라가키 유이, 키무라 후미노, 시모다 쇼타

장르: 드라마

러닝타임: 132분

관람기준: 전체 관람가

📷 힐링시네마를 위한 이 영화의 키워드

장애/자폐증/편지/노래/음악

일본영화 <입술에 노래를>에는 대체교사로 온 가시와기 음악 선생님이 15년 후의 자신에게 보내는 편지를 쓰라고 내준 과제에 자폐를 가진 형을 돌봐야 하는 15살의 사토루가 쓴 편지가 독백처럼 낭독되는 장면이 있습니다. 자폐를 가진 형을 돌봐야하는 책임 때문에 자신이 하고 싶은 일을 마음껏 하지 못하는 사춘기 소년의 진솔한 마음이 담겨 있는 편지는 우리의 마음을 잡아당깁니다.

'삼가드립니다. 15년 후의 나에게'

15년 후의 난 아직도 형 곁에 있을까요? 아니 분명 있을 거예요. 전 누구보다 형에게 감사하고 있어요. 그건 형이 자폐증이 아니었다면 전 태어나지도 못했을 테니까요. 전 잘 알고 있어요. 장래 형이 홀로 남겨졌을 때 혼자선 살아갈 수 없기 때문에 부모님들이 내린 결정이란 걸. 자신들이 죽은 후 형을 돌봐줄 동생이나 여동생이 있어야 한다고 생각하신 거겠죠.

그렇게 제가 이 세상에 태어난 거예요. 만약 형이 정상적인 아이였다면 전 이 세상에 존재하지 않았겠죠. 전 장래에 대해 전혀 불안하지 않아요. 자신이 존재하는 이유가 너무 확실하니까요. 하지만 가끔... 정말 가끔은... 형이 없었으면 하는 생각을 한 적도 있어요. 형을 싫어한 적도 있어요.

하지만 분명 전, 이제부터라도 항상 형 곁에 있어 줄 거예요. 그것이 제가 태어난 의미니까요.

다섯 번째는 경제적인 영향을 들 수 있습니다. 가족 중에 누군가는 장애아동을 돌봐야하기 때문에 수입이 감소할 수밖에 없습니다. 장애아동을 위한 사회복지시스템이 마련이 되어 운영되고 있지만 각각의 가정이 가지고 있는 어려운 사정을 모두 만족시키기에는 충분하지 못합니다. 그리고 장애아동에 맞게 주택을 개보수해야 할 필요가 생기는데, 예를 들면 휠체어를 타고 다니는 아동을 위해서는 집의 턱을 없애야 하고, 이층집이라면 이층으로 통하는 통로를 휠체어 이동이 가능한 구조로 개보수해야 합니다. 그리고 장애아동을 위한 특수 기구를 구입해야 하는데, 특수 기구의 가격이 만만치 않습니다. 또 하나는 치료비가 계속 들어가는 것입니다. 영화 <블랙>에서 미셸의 아버지는 성공한 사업가이기 때문에 경제적인 어려움이 없이 장애아동을 가르칠 수 있는 능력과 열정이 있는 전문가 사하이선생님을 가정교사로 채용할 수 있었습니다. 그러나 이렇게 여유로운 경우는 흔하지 않기 때문에 장애를 가진 자녀를 둔 가정의 경제적인 압박과 스트레스는 상상하기조차 어렵습니다.

여섯 번째는 일상생활에서 자녀와의 접촉방법이 다르다는 것입니다. 수화도 익혀야 하고, 신체적 접촉으로 의사소통을 해야 하는 경우도 있습니다. 말을 못하는 장애아동을 둔 가정에서는 스케치북을 이용해 글을 써서 의사소통을 할 수도 있습니다. 그리고 자녀가 가끔 발작을 한다든가, 수면장애가 올 수도 있고, 음식을 가려먹는다던가, 몸의 움직임이 지나쳐서 주의력결핍장애를 수반하기도 합니다. 이런 경우 자녀가 원하는 것을 알맞은 시간에 적합한 방법으로 맞추어주고, 욕구를 충족시켜 주어야 하는데 의사소통이 원활하지 않을 수 있기 때문에 쉬운 일이 아닙니다.

그런데, 장애아동을 둔 가정은 평범한 가정이 겪지 못하는 힘들고 고통스러운 과정을 거치면서 장애아동으로부터 가족이 배우는 것이 있습니다. 장애아동을 통해 부모와 자녀가 함께 성숙해지면서 가족연대감이 상승하고, 타인을 이해하고 배려하는 원숙한 공감능력을 갖게 되며 장애라는 어려운 난제를 극복하면서 긍정적인 의미를 찾아내는 가치의 전환을 이루어내기도 합니다. 장애 자녀와 살아가는 것에도 적응하고, 사회적으로 장애아동을 둔 부모의 역할에도 적응하면서 정체되어 있던 가족생활주기를 다시 재조직하는 수순을 밟게 됩니다.

희귀 유전질환인 해표지증으로 팔과 다리가 없이 중증장애를 가지고 태어난 닉 부이치치. 유년시절 자신의 모습에서 희망 대신 절망을 먼저 배운 그가 장애를 극복하고 세상에 희망을 주는 희망의 전도사로 살게 되기까지의 과정을 담은 동영상은 장애아동과 그의 가정에 힘을 주는 긍정적인 모델의 역할을 할 수 있습니다. 장애는 장애를 겪고 있는 당사자뿐만 아니라 아동을 돌봐야하는 가족에게도 넘어야 할 높은 산으로 다가올 수 있습니다. 장애를 가지지 않은 사람들은 넘어야할 산의 높이를 감히 가늠할 수조차 없을 것입니다. 닉 부이치치도 10살 때 삶을 포기하려고 시도한 적이 있었다고 고백합니다. 그런 생각까지 했던 그가 어떻게 큰 산을 넘을 수 있었을까요? 바로 스스로 이겨내도록 힘이 되어준 가족의 사랑이었습니다. 세상에 홀로 설 수 있도록 자신감과 용기를 준 아버지와 어머니는 그가 할 수 있다는 신념을 가질 수 있도록 용기를 주었고 홀로 설 수 있도록 정신적인 멘토가 되어주었습니다. 그는 포기하지 않고 도전을 두려워하지 않았습니다. 낚시, 골프, 수영, 스케이트 보드, 윈드서핑 같은 스포츠를 즐기게 되었고, 왼쪽 발의 작은 두 발가락으로 글씨를 쓰고 타자까지 섭렵했습니다. 닉 부이치치는 자기의 삶을 많은 사람들에게 전파하면서 세상에 희망의 메시지를 던집니다. 그의 메시지가 장애를 가진 아동들에게 큰 힘이 될 것이라 믿습니다.

"아직도 팔과 다리를 갖기를 기도하느냐?"는 질문에 "사실 그렇다. 그러나 주시지 않는다고 해도 지금은 괜찮다."라고 이야기하는 두 아이의 아빠 닉 부이치치는 지금도 비장애인 위주의 세상에서 사지 없이도 자유롭게 살기 위한 도전을 매일 하고 있습니다.

영화 〈말아톤〉을 활용한 가족상담 레시피

레시피 1: 장애

치유적 장면: 영화 감상

초원이 엄마가 기자와 인터뷰를 하는데 수영복을 입지 않은 초원이가 나타나 급하게 상황을 수습하고 다시 시작된 인터뷰에서 "제 소원이 뭔지 아세요? 초원이보다 하루 먼저 죽는 거예요."라고 말하는 장면

마음타래 풀기

① 당신이 만약 초원이 엄마라면 그 상황에서 어떻게 대처할까요?
② 영화에서 초원이 엄마는 "엄마는 알아요... 아이가 좋아하는 게 뭔지..."라고 이야기 합니다. 당신은 아시나요? 당신의 아이가 좋아하는 것이 무엇인지? 아이가 좋아하는 것을 목록으로 작성해보세요.
③ 초원이보다 하루 먼저 죽는 것이 소원이라고 이야기하는 초원이 엄마의 마음은 어땠을까요? 이렇게 이야기하는 초원이 엄마에게 선물을 준다면 무엇을 선물하시겠습니까? 그 선물의 의미는 무엇인가요?

레시피 2: 극한의 고통과 인내

치유적 장면: 영화 감상

초원이가 춘천 마라톤 대회에 참가해서 달리는 장면

① 초원이는 자신의 다리는 백만불짜리 다리라고 이야기합니다. 당신의 다리는 얼마짜리인가요?
② 쓰러질 것 같은 고통을 참으며 결국 초원이는 마라톤 풀코스를 완주합

니다. 당신의 삶에서 초원이처럼 고통스러움을 이겨낸 경험이 있나요?

③ 지금 현재 당신이 끝까지 해보고 싶은 일은 무엇인가요?

 영화 〈블랙〉을 활용한 가족상담 레시피

 레시피 1: 장애 이해　　　　　　　　　 연상적 접근

 치유적 장면: 영화 감상

① 미셸이 듣지도, 보지도 못하는 상태가 되었다는 것을 알고 엄마가 절
망하는 장면, ② 8살이 된 미셸이 동생을 위험에 빠지게 하고, 집에 불
을 내는 사고를 치자 아버지가 미셸을 시설에 보내자고 이야기하며 엄마
와 다투는 장면 ③ 글을 깨닫게 된 미셸이 처음으로 엄마, 아빠라고 부
르는 장면

 마음타래 풀기 : 장애 체험
　　　　　　　　 (안대로 눈을 가린 상태에서 목표지점까지 가기)

① 세상이 'black'이 되었을 때 기분은 어땠나요?

② 만약 미셸이 당신의 자녀라면 두 의견(시설에 보내자는 미셸의 아버
지 VS 보내지 않겠다는 어머니의 의견) 중 어떤 쪽으로 결론을 내리
시겠습니까?

③ 당신의 자녀가 당신에게 엄마, 아빠라고 처음 불렀던 때를 기억하시
나요? 그때의 감정과 느낌을 말씀해보시겠습니까?

레시피 2: 내 인생의 사하이　　　　　　

 치유적 장면: 영화 감상

미셸이 졸업연설을 하는 장면

① 미셸에게 사하이 선생님은 어떤 존재였을까요?

② 미셸에게 빛을 안내한 사하이 같은 인생의 스승이 당신에게도 있나
요? 있다면 그분은 당신에게 어떤 영향을 주었나요?

③ 만약 당신이 졸업식에서 연설을 할 기회가 주어진다면 어떤 말을 하
고 싶습니까? 졸업식 연설문을 작성해보세요.

 영화 〈입술에 노래를〉을 활용한 가족상담 레시피

 레시피 1: 삼가드립니다. 15년 후의 나에게

 치유적 장면: 영화 감상

사토루가 15년 후의 나에게 쓴 편지가 낭독되는 장면

 마음타래 풀기

사토루는 15년 후의 자신의 인생은 형을 보살피고 있을 것이라고 합니
다. 여러분도 영화 속 사토루처럼 15년 후의 자신에게 편지를 써보지
않으시렵니까?

① 편지를 쓰고 난 후 느낌은 어땠나요?

② 15년 후의 자신이 이 편지를 읽는다고 상상해보세요. 어떤 기분이 들까요?

③ 편지 내용 중 삭제하고 싶은 것이 있나요?

④ 편지에 한줄 더 추가할 수 있다면 어떤 내용을 넣고 싶은가요?

4 섭식장애

🎥 영화 기본 정보

제목: 빈센트(Shine, 2010)

제작국: 독일

감독: 랄프 후에트너

출연: 플로리안 데이비드 핏츠, 카롤리네 헤어퍼스

장르: 드라마

러닝타임: 96분

관람기준: 15세 관람가

📷 힐링시네마를 위한 이 영화의 키워드

부자관계/거식증/강박장애/투렛증후군/상담자의 자세

사춘기 청소년들은 급격한 신체적, 성적 성숙으로 인해 찾아오는 자신의 신체적, 심리적 특성을 수용하는 데 여러 가지 어려움을 겪습니다. 자신의 외모나 신체적 특성에 대한 불만과 열등감을 경험하면서 때때로 이것은 정서적인 문제로 연결되기도 합니다. 영화 <빈센트>는 마음의 상처와 신경증적인 불안이 음식을 먹는 것과 관련되는 거식증 섭식장애, 사소한 자극에도 증세를 일으키는 투렛증후군 틱장애, 깔끔하게 정리되어 완벽해 보이는 환경을 유지해야 직성이 풀리는 결벽증 강박장애로 일반적인 사람들과 잘 어울리지 못해 정신요양원을 들어와 있는 세 명의 젊은이가 이탈리아 바다를 향하여 무작정 여행을 떠나 세상과 소통을 하게 되는 과정을 그리고 있습니다. 영화 <빈센트>에 나오는 주인공들이 겪는 아픔과 고통은 어쩌면 우리도 그들과 같은 아픈 구석을 안고 살아가고 있을지도 모르기 때문에 간접적인 치유를 경험할 수 있을 것입니다.

섭식장애(eating disorder)는 식이 행동상 현저한 장애로서, 불규칙적인 식사 습관, 폭식, 음식에 대한 조절감 상실, 음식에 대한 과도한 집착, 영양결핍 상태인데도 음식 섭취를 거부하는 행동 등을 말합니다. 대표적으로 신경성 식욕부진증(거식증, Anorexia Nervosa)과 신경성 폭식증(Bulimia nervosa), 그리고 폭식장애(Binge-eating disorder)가 있습니다.

영화 속 마리처럼 거식증은 건강유지에 필요한 최소한의 음식마저 섭취하기를 거부하여 급격하게 체중이 감소되는 상태가 되고, 영양실조상태에 놓여 심각한 경우에는 사망에 이르기도 합니다. 연예인들의 마른 몸매는 당연하고 이상화된 몸매로 여겨지는데, 우리가 잘 알고 있는 미국의 할리우드 유명 여배우 안젤리나 졸리는 "체중이 느는 것에 극도의 공포를 느낀다."고 고백할 정도로 먹는 것에 대한 자기 통제와 두려움은 일반인뿐 아니라 연예인에게도 낯설지 않은 질병이 되었습니다.

폭식증은 거식증과 마찬가지로 체중조절을 위해 절식함과 동시에 충동적으로 많은 양의 음식을 한꺼번에 섭취하고, 폭식 뒤에 따르는 신체적 불쾌감, 죄책감, 수치심 때문에 속을 비우기 위해 의도적으로 토하거나 장(腸)의 내용물을 배설시킬 목적으로 하제 등을 복용하여 체중을 감소시키려는 노력을 반복하는 정신과적 질병입니다.

청소년기는 뇌 발달이 이뤄지는 결정적인 시기이기 때문에 섭식장애를 겪으면 성인이 되어서도 감정조절에 문제가 생길 수 있으므로 성인의 섭식장애보다 훨씬 위험합니다. 흔히 섭식장애는 지나친 다이어트 욕망 때문이라고 생각하는 경향이 있는데, 심한 불안감을 느꼈거나 스트레스를 받았거나, 완벽주의 성향인 사람들은 자기 스스로를 컨트롤하는 수단으로 체중조절을 선택하기도 합니다.

우리나라 청소년 섭식장애에 대한 정확한 국내 통계는 아직 없지만 3.2%가 섭식장애를 가지고 있고, 치료를 받지 않는 청소년까지 합치면 10%에 가까운 청소년들이 섭식장애를 가지고 있다고 회자되고 있습니다. 대체적으로 극단적인 자기도취, 제2차 성징 출현 기피, 여성다운 성숙을 혐오하고 부정하려는 극단의 양축에서 흔들리는 경우가 많이 있습니다. 외모, 가정 내의 갈등, 학업과 성적으로 인한 스트레스를 거식과 폭식이라는 음식과 관련된 체중조절을 통해 극복하려는 것입니다. 극단적인 자기도취를 가지고 있는 내담자들은 "나는 몸무게가 45kg 이상이면 안 된다, 나는 이 이상의 몸무게를 절대 용납할 수 없다. 나는 항상 사람들에게 예쁘게 보여야 한다." 등의 자기도취성향을 띄고 있습니다. 그래서 제2차 성징의 출현을 기피하게 되고, 스스로 여성다운 성숙을 거부하는 것입니다. 섭식장애는 사춘기 여성에게서 많이 나타나는데 가족들은 다음과 같은 행동을 나타내고 있지 않은지 관심을 기울여야 합니다.

① 몸무게가 심하게 줄었다.
② 가족과 함께 식사하는 것을 싫어하고 모임에 가지 않는다.
③ 채소만 먹으려 하고 무지방, 제로 칼로리 등에 집착한다.
④ 무리해서 걸어 다닌다.
⑤ 쉽게 울적해지거나 참을성이 없어지고 화를 잘 낸다.
⑥ 몰래 폭식을 하는 것 같다(냉장고 속 음식이 갑자기 사라지거나, 자녀 방에서 과자나 음식 봉지 등이 발견된다)
⑦ 몰래 토하는 것 같다(화장실에 토한 냄새나 흔적이 있거나, 밤에 화장실을 들락날락 거리고 머무는 시간이 길다)

⑧ 변비약 봉지가 발견된다.

-KISTI의 과학향기- 2013-01-13

　저의 딸아이도 고등학교에 다닐 때 잠깐 거식증상을 보여 가족들을 당혹케 하고 걱정스럽게 했었습니다. 잠깐 동안 보였던 일회성 행동이라 별 탈 없이 지나가서 다행스러웠지만 염려를 많이 했었습니다.

　신경성 식욕부진증의 중요한 특징은 첫째, 자기 신체 이미지 및 신체 개념에 장애가 온다는 것입니다. 청소년기에는 자신의 신체 이미지에 대해서 관심이 높아지고, 자기를 남에게 보이는 최고의 수단이 신체이므로 자아개념의 발달로 인해 타인의 평가에 민감한 사춘기 청소년들이 신경성 식욕부진증을 보일 가능성이 높습니다. 둘째, 자신의 신체 내면 또는 외면으로부터의 자극을 정확하게 지각하거나 해석할 수 없기 때문에 스스로를 올바르게 지각하거나 해석하지 못하고 인지적인 왜곡을 하는 것입니다. 객관적인 시각과 기준에 비추어보면 충분히 날씬하고 건강한데, 심하게 살이 쪘다고 생각하는 왜곡된 자신의 모습을 그대로 받아들이고 기정사실화합니다. 셋째, 심리적인 무력감을 자기 신체를 조절하려는 왜곡된 형태로 극복하려 한다는 것입니다. 넷째, 신경성 식욕부진증은 대체적으로 사회적, 경제적 지위를 가진 상류층이나 중산층 이상의 사람들에게서 많이 나타나는 특징이 있습니다. 세상에 보여줄 것이 많을수록 지켜야할 체면이 늘어나고, 타인의 평가를 두려워하는 만큼 눈치 볼 것이 많아지는 것이겠지요. 다섯째, 음식을 섭취하거나 섭취하지 않는 행동은 상황에 따라 적당한 핑계를 대고 얼버무리기 쉽습니다. 사람들이 이렇게 섭식장애를 은폐된 형태로 가지고 있기 때문에 타인에게 잘 드러나지 않습니다. 하지만 섭식장애가 사춘기나 청소년기에만 나타나는 질병이라고 볼 수는 없습니다.

영화 <301 302>에서 302호에 사는 은둔형 외톨이, 윤희는 다른 사람들과 어울리지 않고 은둔생활을 하기 때문에 잘 드러나지 않다가 301호에 이사온 송희가 음식을 나누어 먹는 과정에서 신경성 식욕부진증이 밝혀집니다. 302호에 사는 윤희는 신경성 식욕부진증 환자이고, 301호에 새로 이사온 송희는 폭식증세를 가지고 있는 여인입니다. 두 여인에게 도대체 무슨 일이 있었던 것일까요?

301호에 사는 여자, 송희. 그녀는 요리사입니다. 아침마다 그녀의 주방은 신선한 과일과 채소 또는 육류와 생선으로 가득 차고, 그녀는 그것들을 굽거나 삶아 요리를 만듭니다. 포만한 위장만이 그녀의 외로움을 잠시 잊게 해주기 때문에 그녀는 쉬지 않고 요리를 하거나 쉴 새 없이 먹어댑니다. 오늘은 무슨 요리를 해먹을까? 그녀의 책장은 각종 요리사전으로 가득하고, 외로움은 늘 새로운 요리를 탐닉하게 합니다. 그녀의 주방은 언제나 뭉실뭉실 연기를 내뿜고, 그녀는 방금 자신이 실험한 요리에다 멋진 이름을 지어 붙입니다. 그리고 그것을 쟁반에 덜어 302호의 여자에게 끊임없이 가져다줍니다.

302호에 사는 여자, 윤희. 그녀는 301호가 건네준 음식을 비닐봉지에 싸서 버리거나 냉장고 속에서 딱딱하게 굳도록 방치해둡니다. 그녀는 조금이라도 먹지 않기 위해 노력합니다. 어떡하면 한 모금의 물마저 단식할 수 있을까? 하는 생각만이 그녀를 지배합니다. 숨이 끊어질 듯한 허기만이 그녀의 외로움을 약간 상쇄시켜주는 것 같습니다. 그녀의 서가에는 단식에 대한 연구서와 체험기로 가득하고, 그녀는 방바닥에 탈진한 채 드러누워 자신의 외로움에 대하여 쓰기를 즐깁니다. 채택되지 않을 원고들을 끊임없이 문예지와 신문에 투고합니다.

301호에 사는 송희와 302호에 사는 윤희의 이야기는 이렇게 음식을 매개로 하여 만나고 이어집니다. 이 두 여인에게 음식은 무엇이었을까요? 같은 음식이 두 여인에게는 다른 의미로 다가갑니다.

301호에 이사 온 송희는 요리하기를 즐기는 평범한 가정 주부였습니다. 그녀의 유일한 행복은 남편을 위해 정성을 다해 요리를 하고, 그 요리를 남편이 맛있게 먹는 것을 보며 "어때? 맛있어?"라며 인정받는 것입니다. 그런데 남편은 음식과 요리에 집착하는 송희에게 싫증을 느끼고, 다른 여자에게 눈을 돌리고, 아내 송희를 점점 멀리하게 됩니다. 그러자 송희는 자신의 정신적 스트레스를 음식을 요리해서 폭식하는 것으로 해소합니다. 결국 집에서 기르는 애완견만도 못하게 대하는 남편의 태도에 모멸감을 견디지 못한 송희는 애완견을 요리해서 남편에게 먹이기까지 이릅니다. 이로 인해 이혼을 하게 되어 윤희가 사는 새희망아파트에 이사를 오게 된 것입니다.

한편, 302호의 윤희엄마는 남편을 여의고 혼자 살다가 식육점을 하는 남자와 재혼을 합니다. 의붓아버지는 엄마가 외출나간 틈을 노려 여고생 윤희를 성폭행합니다. 이후 또 한 차례 성폭행 당할 위기에 처해있던 윤희는 의붓아버지의 손을 피하기 위해 식육점 냉동고로 숨어들어 가까스로 위기를 모면합니다. 하지만 이 광경을 지켜본 옆집에 사는 어린 여자아이는 윤희가 숨바꼭질 놀이를 하는 것으로 착각하게 되어 냉동고에 들어갔다가 얼어 죽는 사건이 발생합니다. 이 사건 이후로 윤희는 음식을 거부하는 신경성 식욕부진증에 걸리게 됩니다.

아이러니하게도 두 사람은 마주보고 살면서 서로 반대되는 증상을 나타냅니다. 301호의 송희에게 음식은 남편에 대한 사랑이었습니다. 퇴근하는 남편을 위해 한 상 가득 음식을 마련해놓고 그 상에서 밥을 먹던 남편과 성관계를 갖습니다. 뜬금없어 보일 수도 있지만 그녀에게 음식을 만드는 행위는 사랑하는 사람을 기다리는 설렘이었습니다. 301호 송희는 타인에 대한 관심과 사랑에 대한 집착을 요리로 표현합니다. 그러므로 남편이 바람을 피우고, 자신이 만든 음식을 거부하는 것은 자신의 사랑이 차단당하는 의미로 다가왔을 것입니다. 결혼생활이 파국으로 치달을 때에 그녀가 요리를 하는 엽기적인 광경을 보면 그 의미는 더욱 분명해집니다.

거식증에 시달리는 302호의 윤희에게 음식은 과거의 상처입니다. 정육점에서 늘 고기를 만지고, 자신에게 반찬을 챙겨주며 자상하게 대해주었던 의붓아버지에게 성추행을 당한 사건은 그녀에게 씻을 수 없는 트라우마입니다. 그리고 성추행을 피하기 위해 숨어 있던 냉동고 안에서 자기를 잘 따르던 옆집 여자아이가 얼어 죽은 사건으로 인해 음식은 그녀에게 피하고 싶은 것이 됩니다.

식사는 사회적 행동입니다. 우리는 처음 만나는 사람과 친해지는 방법으로 식사를 같이 하자고 제안하고 그렇게 친밀감이 형성됩니다. 선남선녀들이 처음 만나는 맞선 자리가 음식을 먹거나 마시는 음식점이라는 것은 함께 먹는 행위를 통해서 정서적 교감을 나누게 됨을 의미합니다. 식사를 가장 맛있게 하는 방법은 좋아하는 사람과 먹는 것이라는 이야기도 있듯 친한 사람과 함께 하는 식사는 몸의 양식일 뿐만 아니라 마음의 양식을 채우는 것입니다. 그러므로 음식에는 사람과의 관계가 있습니다. 그러나 때로 음식은 마음의 불편함을 표현하는 방법으로 이용되기도 합니다. 장난감을 사달라고 조르는 어린아이가 사주지 않는 부모를 상대로 밥을 먹지 않겠다고 떼를 쓰기도 하고, 실연을 당한 여자가 양푼에 밥을 가득 비벼 게걸스럽게 먹는 것처럼 인간은 관계에서 오는 상처, 아픔, 스트레스를 음식을 통해 표출하기도 합니다.

섭식장애인 폭식증과 거식증은 한끝 차이라고 합니다. 체중감량 때문에 음식을 지나치게 피하다가 결국 참지 못하고 한 순간에 많은 양을 먹은 후, 죄책감이나 비만에 대한 두려움으로 먹은 음식물을 토하거나 다시 굶는 행동을 반복하면서 거식증과 폭식증이 동시다발적으로 나타나는 경우가 흔하기 때문입니다. 폭식은 일정한 시간 내에 다른 사람들이 먹는 것에 비해 확연하게 많이 먹으면서 음식조절이 안 되는 것으로 정의하는데, 원인은 우울, 불안, 분노 등 부정적 감정으로 인한 경우, 너무 적게 먹거나 먹지 않아 유발되는 경우, 식사제한 규칙을 지키려는 지나친 강박관념 등이 대표적인 원인으로 알려져 있습니다.

영화 <301 302>의 송희와 윤희의 공통점은 외로움이었습니다. 영화 마지막 화면에 '…… 그래서 두 사람의 외로움이 모두 끝난 것일까?'라는 문장이 의미 있게 다가옵니다. 그녀들은 서로의 아픔을 나누며 이해하고 위안이 되어주었지만 같이 식사를 하지는 못했습니다. 두 여자의 외로움은 아직도 현재진행형이 아닐까요?

섭식장애는 영화에서처럼 가정 내의 신체적 폭력, 성폭행, 사랑, 섹스 등 가족생활주기 안에서 발생할 수 있는 문제가 복합적으로 얽혀 있습니다. 따라서 섭식장애를 가지고 있는 내담자의 경우 가족 간의 관계에서 오는 상처나 트라우마로 자리 잡은 사건과 경험에 대하여 가족역동에 대한 탐색, 진단, 평가를 통해 적절한 상담개입으로 치유하는 과정이 필요합니다.

영화 〈빈센트〉를 활용한 가족상담 레시피

레시피 1: 세상 속으로!!!

치유적 장면: 영화 감상

빈센트, 마리, 알렉산더가 요양원을 탈출해 자동차를 이용하여 이탈리아 바다로 향하면서 일어나는 사건을 해결하면서 자신의 상처를 치유하는 장면

① 영화 속에 등장하는 장소 중 가장 가보고 싶은 곳은?
② 빈센트는 투렛증후군, 마리는 거식증, 알렉산더는 강박장애를 가지고 있습니다. 당신도 다른 사람들에게 말하지 못하거나 드러내지 못하는 마음의 상처나 질병이 있나요? 혹시 있다면 그 질병이나 상처를 치유할 수 있는 장소는 어디인가요?
③ 영화 마지막 장면에서 빈센트가 알렉산더에게 "가자, 세상 속으로~~~!"라고 외치는 장면은 당신에게 어떤 느낌으로 다가가나요?
④ 빈센트와 알렉산더처럼 세상 속으로 용기 있게 걸어간 적이 있나요?

영화 〈301 302〉를 활용한 가족상담 레시피

레시피 1: 거식과 폭식

치유적 장면: 영화 감상

302호 여자가 음식을 마주하거나 먹으면 토하는 장면 & 301호 여자가

맛깔스럽게 요리를 해서 풍성하게 먹는 장면

① 당신은 음식섭취를 일부러 거부해본 적이 있나요?
② 당신이 의도적으로 먹지 않으려고 하는 특별한 음식은 무엇인가요?
③ 앞뒤 가리지 않고 음식을 폭식했던 경험이 있나요? 어떤 음식이었나요? 그때 당신에게는 어떤 일이 있었나요?

5 가정폭력 · 알코올 중독

🎥◀ **영화 기본 정보**

제목: 빈집(3-Iron, 2004)

제작국: 한국

감독: 김기덕

출연: 이승연, 재희, 권혁호

장르: 드라마

러닝타임: 88분

관람기준: 15세 관람가

📷 **힐링시네마를 위한 이 영화의 키워드**

부부관계/가정폭력/편집증/집착/소유욕

제61회 베니스영화제에서 감독상을 받은 빈집은 남편의 집착과 폭력으로 감금되어 살아가는 여자를 통해 가정폭력을 당하는 여성의 삶을 그린 영화입니다. 오랫동안 전단지가 떨어져 나가지 않은 집은 오토바이를 타고 전단지를 붙이는 태석에게는 임시 거처가 됩니다. 주인이 장기간 집을 비우는 것이 확인되면 문을 열고 들어가 며칠 동안 살고 나오는 것입니다. 그렇게 살아가던 태석은 어느 빈

집에서 남편의 집착과 소유욕에 피폐해져 유령처럼 살아가는 여자, 선화를 만납니다. 폭력으로 온몸에 멍이 들어 두려움에 떨고 있고, 무기력해져서 아무것도 하지 못하는 여인 선화를 남겨둔 채 서둘러 집을 빠져 나오지만 자신을 데려가 주길 바라는 것 같던 슬프고 공허한 눈빛을 외면할 수 없었던 태석은 다시 빈 집으로 되돌아가서 남편의 강제적인 성적 학대에 몸부림치며 괴로워하는 선화를 데리고 함께 도망을 칩니다.

타인을 통제, 조정하기 위한 목적을 지니고 그 목적을 달성하기 위해 힘이 있는 자가 힘이 없는 자에게 여러 가지 유형으로 일방적인 힘을 사용하는 것을 폭력이라고 합니다. 요즈음에 사회적으로 이슈가 되고 있는 학교 폭력도 마찬가지입니다. 힘이 있는 아이가 힘이 없는 아이에게 여러 가지 유형으로 일방적으로 힘을 사용하기 때문에 폭력이 될 수밖에 없습니다. 이러한 폭력은 학교나 사회뿐만 아니라 가정에서 일어나는 경우도 많습니다. 가정폭력은 남성이든 여성이든 어떤 하나의 성이 다른 하나의 성에게 지속적, 반복적, 의도적으로 힘과 폭력을 행사하고 피해자에게 신체적, 정신적, 성적, 경제적으로 고통을 안겨주는 행위를 말합니다. 가정 폭력에서 가장 많이 나타나는 것이 때리는 신체적인 폭력이지만 정신적, 성적, 경제적으로 고통을 안겨주는 것 모두 가정폭력에 포함이 됩니다.

가정폭력은 대체적으로 신체적 폭력, 성적 폭력, 정서적 폭력, 경제적 폭력 등 네 가지 유형이 있습니다.

신체적 폭력은 피해자를 방이나 집에 가두는 것, 물건을 던지고, 건물이나 살림살이를 부수고, 고의적으로 벽을 치는 행동들이 포함됩니다. 피해자에게 직접 해를 가하지 않더라도 위협적인 행동을 하는 것도 신체적인 폭력이 될 수 있습니다. 가장 많이 보고되는 신체적인 폭력 행동은 뺨을 때리거나 물고, 밀고, 치고, 주먹으로 때리는 것, 발로 차고 목을 조르고, 꼬집고, 머리카락을 잡아당기는 것이 있습니다.

성적인 폭력은 싫어하는 성적인 행위를 강요함으로써 모멸감을 주거나 상처를 입히는 것을 말합니다. 최근 성폭력에 대한 사회적인 관심이 높아져 예방대책이 마련되어 시행하고 있지만 성폭력 피해 신고는 갈수록 늘어나고 있는 것이 현실입니다. 가정에서부터 올바른 성에 대한 문화가 자리 잡히고 성폭력이 근절될 수 있다면 사회적인 성폭력 문제도 점차적으로 해결될 수 있을 것이라고 생각합니다. 가정에서 자주 일어나는 성폭력은 싫어하는 성적행위 강요, 아프거나 피로할 때 성관계 강요, 피임하지 말 것을 요구하는 행동 등이 있습니다.

가족은 부부관계를 기초로 해서 정(情)으로 시작된 집단입니다. 그러므로 가족이라는 이름으로 알게 모르게 정서적인 폭력을 행사하는 경우가 다반사입니다. 집에 들어와서 집안 살림을 잘 하지 못한다고 생트집 잡아 비난을 하고, 아내의 휴대폰을 추적하고, 위치추적을 하고 미행까지 하는 경우도 볼 수 있습니다. 위치추적, 미행 등을 통해서 있는 곳을 끊임없이 확인하고 행방을 꼭 알려달라고 말합니다. 또 친구나 가족을 못 만나게 하는 것도 정서적 폭력에 해당합니다. 가족들을 만났을 때 가족들 앞에서 모욕을 준다든가, 멸시하고, 가족을 불친절하게 대하는 것 등을 모두 정서적 폭력이라고 볼 수 있습니다. 그래서 아내가 "나 살기 힘들어. 당신과 못 살겠어"라고 말하는데 남편은 "당신이 집을 나가면 나는 자살하거나, 당신 친정집을 폭파해버릴 거야."라고 겁박하는 위협적인 경우도 있습니다. 이것들이 가정 내에서 일어날 수 있는 가정 폭력 중에 정서적인 폭력에 해당됩니다.

우리 사회는 아직 남자들의 경제적인 생산활동 비율이 높습니다. 상대적으로 일자리가 적어 경제활동을 할 기회가 많지 않은 여성들(전업주부)은 집에서 가사를 돌보거나 자녀를 양육하는 책임을 지는 것이 우리 사회의 보편적인 가족 생태입니다. 그런데 남편이 생활비를 포함한 경제를 통제하고 필요한 돈을 주지 않아 살림을 맡은 아내가 경제적으로 스트레스를 받게 만드는 가정이 있습니다. 심지어는 자녀양육과 교육의 책임을 전가하며 아내가 다니는 직장을 사직하도록 강요한다거나, 아내가 직업 갖는 것을 반대하고, 구직 활동 자체를 방해하고 금지시키는 경우도 있습니다. 이런 것들은 모두 경제적 폭력에 해당이 됩니다.

가정폭력을 휘두르는 남편들은 다음과 같은 특징을 가지고 있습니다.

1. 폭력남편은 여자가 남자보다 열등하다고 생각하며, 그것을 공공연하게 자주 언급한다. 그래서 여자는 남자에게 반드시 "복종해야 하고, 입을 열면 안 되며, 남편을 존경하고 남편을 의지해 살아야 하고, 항상 여자의 위치와 분수를 알아야 한다."고 믿는다.

2. 폭력남편은 흔히 술이나 약물을 좋아한다.

3. 아내에 대하여 늘 비판적이며, 아내가 가진 의견이나 말, 행동, 아내의 꿈이나 소망에 대해 무시하고 깎아내려 말하고 늘 창피를 준다. 뿐만 아니라 처갓집 식구들에 대해서도 부정적인 말을 한다.

4. "아내를 너무나 사랑하기 때문에" 아내가 누구와도 어울리는 것을 참을 수 없고, 나아가서는 질투심이 강하여 아내의 모든 행동에 대하여 의심하고, 심지어 아내를 지나치게 통제하여 손아귀에 넣으려 하는 나머지 아내의 일거수일투족을 감시 조사한다.

5. 폭력남편은 뚜렷한 이유도 없이 트집을 잡고, 느닷없이 화를 벌컥벌컥 내며, 죽이거나 때리겠다고 말로나 흉기를 가지고 위협하고, 무서운 인상을 쓰면서 욕지거리를 하기 때문에 아내와 아이들은 언제나 마음이 조마조마하고, 늘 하던 일인데도 일일이 남편의 허락을 맡고 하게 된다.

6. 폭력남편은 자신의 스트레스를 다룰 때, 맹세하기, 물건 내던지기, 유리창 깨기, 문 걷어차기 등 난폭한 행동을 취함으로써 해결하려 한다. 그래서 가재도구를 부순다든지 아니면 애완동물을

때려서 상처를 내든가 아니면 죽이기까지 한다.
7. 가정관리에 지나치게 까다롭고, 때로 아내에게 살림살이, 용돈 주는 것마저도 지극히 제한된 범위 내에서만 주며, 금전관리에 지나칠 정도로 인색하게 통제한다.
8. 폭력남편의 공통된 특징은 자기가 폭력사용자라고 하는 것을 부인하고("절대로 그런 일 없습니다"), 폭력사실을 축소하며("한 번 때렸다고 죽나요?"), 폭력 사용의 책임을 전가한다("저 마누라가 화를 돋구었기 때문이죠").

출처: 데이비드 리빙스톤(2002), 최종수 역, 가정폭력 남성 치유 모델.

🎥 **영화 기본 정보**

제목: 똥파리(Breathless, 2008)

제작국: 한국

감독: 양익준

출연: 양익준, 김꽃비, 이환

장르: 드라마

러닝타임: 130분

관람기준: 청소년 관람 불가

📷 **힐링시네마를 위한 이 영화의 키워드**

부자관계/가정폭력/알코올 중독/상실/가족붕괴

양익준 감독이 만든 영화 <똥파리>를 보면 빈곤, 아내에 대한 구타, 가정 폭력이 서슴없이 이루어지는 것을 볼 수 있습니다. 영화 <똥파리>에 나오는 상훈이네는 가정폭력을 행사하는 알코올 중독자 아버지, 가정폭력에 속수무책으로 당하는 어머니, 매일 불안과 두려움에 질려 있는 상훈이와 상훈의 여동생이 있습니다. 단칸 셋방에서 여유롭지 못한 생활을 하며 가정 폭력에 항상 노출되어 있습니다. 가정폭력을 행사하던 아버지는 급기야 맞던 엄마를 감싸주려던 딸을 칼로 찔러 죽음에 이르게 하고, 피를 흘리는 동생을 업고 병원으로 뛰어가는 상훈을 따르던 엄마는 그만 교통사고를 당해 사망하기에 이릅니다. 우발적인 상황이었지만, 이 가정폭력 사건으로 상훈이네 가족은 완전히 해체되는 위기를 맞이합니다. 아버지는 죄를 지어 교도소에 들어갔고, 돌봐줄 사람이 아무도 없는 어린 상훈은 용역깡패로 성장하게 되어 주먹을 휘두르며 막장인생을 살아가게 됩니다.

가족이라는 친밀함은 가정 내에서 발생하는 폭력을 은폐하는 동기가 됩니다. 그리고 가장에게 의존해야 하는 여성, 아동, 노인 등 상대적으로 약한 피해자들은 가정폭력의 굴레에서 헤어 나오기가 쉽지 않습니다. 가정폭력은 가족의 삶의 질을 저하시키고 우울, 자살충동과 같은 다양한 정신건강 관련 문제를 유발시킵니다. 아버지의 가정폭력이 모든 가족을 불행에 빠뜨리고, 치유하기 힘든 상처를 입히며, 폭력은 또 다른 폭력을 낳는다는 교훈을 영화 <똥파리>는 분명하게 보여주고 있습니다.

가정폭력은 대부분 가해자의 알코올 중독을 동반하는 경우가 많습니다. 우리 사회는 술에 관해서 관대한 문화적 관행이 있어 술을 마신 후 과격한 행동이나 폭력을 사용하고도 '술 때문에 그런 것 같다', '너무 취해 기억이 나지 않는다.'며 자신의 잘못을 술로 핑계 삼는 경우가 많습니다. 이런 음주 문화의 특성으로 인해 술로 인해 발생한 실수나 가정폭력 행위에 대해서는 어느 정도 관대한 입장을 보이기도 합니다. 하지만 가정폭력과 음주문제의 동시발생은 음주 상태에서 가정폭력을 행사하는 횟수가 빈번하고, 영화 <똥파리>에서 보여지는 것처럼 폭력의 결과가 상해와 사망에 이르게 하는 등 폭력 행동만 발생할 경우보다 훨씬 치명적이며, 폭력이 만성화

되는 경향이 있고, 가족들의 신체적, 심리적, 행동적 측면에 심각한 부정적인 영향을 미칩니다. 그런데, 이런 가족의 문제에 적극적으로 개입하지 못하는 이유는 가정에서 일어나는 일은 극히 개인적인 일이므로 가족 내에서 해결해야 한다는 안이한 인식과, 음주를 동반한 가정폭력행위자들은 자신의 폭력행동을 술을 마신 탓으로 돌리고, 음주문제는 심각한 것이 아니라고 부정하기 때문입니다.

가정폭력과 알코올 중독 문제는 가족 모두에게 불안한 환경을 조성하기 때문에 자녀 양육에도 어려움을 가져오고, 잦은 음주는 가족의 경제력 약화를 초래하여 빈곤함에 시달리게 합니다. 또한 가족 내 의사소통에 장애가 발생하고, 부부갈등, 부모-자녀관계 문제가 불거져 가족 간의 갈등이 증폭되고, 부부 간의 불화, 별거, 이혼, 직업상실, 가정파탄으로 이어질 가능성이 높습니다. 더욱 심각한 것은 이러한 환경은 자녀들의 정서적 혼란, 주의력 결핍 및 과다행동 장애, 자존감 저하, 학습부진, 학교부적응, 비행행동 등 다양한 행동적 문제를 발생시킨다는 것입니다. 부모의 알코올 중독과 가정폭력은 자녀들의 발달에 큰 영향을 미칩니다. 자녀들이 성장하여 알코올 중독자가 되거나, 알코올 중독자의 배우자가 될 수 있으며, 가정폭력의 가해자 혹은 피해자가 될 가능성이 높습니다. 가정폭력과 알코올 중독 문제가 가정에서 관찰과 학습과정을 거치고, 가정의 개인적, 가족적인 문제로 간주되어 외부로 드러나지 않고 만성화되어 가족들도 인식하지 못하는 사이에 알코올 중독과 가정폭력이 세대를 이어 전수되는 것입니다. 그러므로 가정폭력과 알코올 중독 문제는 한 가정의 문제라고 도외시할 것이 아니라 우리 사회가 함께 고민하고 해결해야 할 문제이며 예방, 치료, 재활 대책을 강구하여 정부차원의 지원 및 전문적 개입 노력을 기울여야 할 것입니다.

가정폭력의 가장 큰 피해자는 아동과 청소년입니다. 어른들은 자기의지를 가지고 문제를 조금이라도 해결할 수 있는 능력이 있지만 아동이나 청소년들은 그런 능력을 가지고 있지 못합니다. 어른들이 훈육과 양육이라는 명목으로 행해지는 가정폭력에 익숙하여 아동과 청소년들에게 심각한 상처를 주고 있다는 사실을 간과하고 있는 것은 아닌지 되돌아봐야 하지 않을까요?

 영화 〈똥파리〉를 활용한 가족상담 레시피

 레시피 1: 가정폭력의 굴레　　　　　연상적 접근

 치유적 장면: 영화 감상

상훈의 아버지가 가정폭력을 행사하는 장면 & 상훈이 용역깡패가 되어 폭력을 행사하는 장면

① 이 장면에서 어떤 감정과 느낌을 받으셨나요?
② 이 영화에는 폭력적인 장면이 많이 등장합니다. 폭력적인 장면을 보았을 때 당신의 몸에서는 어떤 반응과 변화가 일어났나요?
③ 영화 속으로 들어가서 대책 없이 막장 인생을 사는 상훈에게 말을 걸 수 있다면 어떤 말을 하고 싶습니까?
④ 당신이 영화감독이 되어 영화를 다시 편집할 수 있다면 삭제하고 싶은 장면이 있나요?

 레시피 2: 너는 혼자가 아니야!　　　　　연상적 접근

 치유적 장면: 영화 감상

상훈이 손목을 그어 피를 흘리는 아버지를 업고 병원으로 달려가 자신의 피를 수혈해가며 아버지를 살려낸 후, 한강에서 연희의 무릎을 베고 누워 울음을 터트리는 장면

① 상훈의 울음에는 어떤 감정이 담겨있을까요?
② 상훈은 울적한 마음을 달래려고 연희를 불러내 위로를 받습니다. 당신이 울고 싶을 때 옆에 있어주면 좋을 사람은 누구인가요?

 마음에 북주기

울고 있는 상훈과 연희에게 캘리그라피를 활용해서 그림엽서 선물하기

6 상실(喪失)

1) 건강한 비애반응

🎬 영화 기본 정보

제목: 애자(Goodbye mom, 2009)

제작국: 한국

감독: 정기훈

출연: 최강희, 김영애

장르: 드라마

러닝타임: 110분

관람기준: 15세 관람가

📷 힐링시네마를 위한 이 영화의 키워드

모녀 간의 갈등/이별/애도

가족생활주기의 성인기에서 발생할 수 있는 가족문제 중 가장 무거운 주제는 가족 구성원과 관계가 끊어지거나 헤어짐을 겪는 상실에 대한 것입니다. 가족과의 이별을 준비하는 엄마, 영희와 예견된 이별을 맞이하는 딸, 애자의 이야기를 그린 영화 <애자>는 주인

공을 맡은 최강희(애자)와 김영애(엄마)의 코믹한 찰떡 호흡으로 엔딩 크레딧이 올라갈 때까지 웃음을 주지만 상실을 간직하고 있는 영화입니다. 엄마와 딸의 관계는 하루에도 몇 번씩 티격태격하고, 토라지기도 하지만 언제 그랬냐는 듯 금방 친해지는 것이 모녀간이 아닐까 싶습니다. 엄마라는 이름으로 모든 것을 이해하고, 딸이라는 이름으로 응석과 투정을 부리는 그녀들의 이야기, 영화<애자>를 세상의 모든 엄마와 딸들에게 권하고 싶습니다.

29살의 남성스럽고 씩씩한 애자. 고등학생 시절에 담배를 피우고, 불량끼가 있었기는 하지만 성적은 좋은 사고뭉치. 선생님들에게 대들기도 하고, 애들과 싸움질도 하는 왈가닥이지만 비오는 날에는 감성에 젖어 시를 쓰기 위해 학교에 무단결석을 하고 바닷가를 헤매는 애자. 하지만 그런 애자를 단숨에 잡아버리는 사람이 있었으니 바로 엄마 영희입니다. 자신의 운전실수로 교통사고가 나서 남편을 잃고, 아들에게 씻을 수 없는 장애를 안겨준 엄마, 영희는 항상 애자보다 아들을 먼저 챙기고 더 신경을 쓰게 됩니다. 그런 엄마의 마음을 알 리 없는 천방지축 딸, 애자는 그런 엄마가 마냥 야속하고, 서운하고, 답답하기만 합니다.

'부산의 톨스토이'라고 불릴 정도로 글발 하나는 날렸던 애자. 소설가의 꿈을 안고 서울로 상경하여 자존심과 드센 성격 하나로 살아가는 그녀지만, 마주한 현실은 팍팍한 주머니와 바람둥이 남자친구 뿐입니다. 오빠의 결혼식을 위해 몇 년 만에 부산으로 내려 온 애자는 결혼식을 난장판으로 만들어 버리지만 완치된 줄 알았던 엄마의 병이 재발했다는 소식을 듣게 됩니다.

가족 중 누군가를 상실하는 상황을 맞이하는 경우 건강한 비애반응을 나타내는 가족들의 경우 일반적으로 ① 신체적인 고통반응의 단계(20분~1시간, 목이 타는 것 같은 고통과 한숨, 허탈감) ⇒ ② 죽은 사람의 기억과 이미지에 휩싸이게 되는 단계(실감할 수 없고, 다시 돌아올 것 같아 부인하는 단계) ⇒ ③ 죄책감의 단계(죽음을 자신의 책임이나 과실로 여기는 것) ⇒

④ 적의 반응의 단계(분노가 올라오는 단계로 분명한 대상이 없음) ⇒ ⑤ 일상적인 행동이 어려운 단계(음식을 섭취하지 못하고 안정이 되지 않아 안절부절못함)를 거칩니다.

영화 <애자>는 투병 중인 엄마와 그런 엄마를 애처롭게 바라보는 딸의 신파적인 이야기에만 초점을 맞추지 않습니다. 오히려 일찌감치 두 모녀에게 이별 통보를 알려주고 그것을 준비해가는 두 모녀의 모습, 엄마의 선택과 그 선택을 받아들이는 딸 애자의 모습을 담담하게 풀어갑니다.

영화 '애자' 중

#장례식장 ·

장례식 손님들이 모두 빠져나간 새벽
빈소에 홀로 앉아 있는 애자. 어느새 애자 옆에 와서 다소 곳이 앉는 영희.

영희 : 에고 다리야~~ 피곤하제. 밥은 묵었나?
애자 : 아니.
영희 : 밥은 무야지. 묵는 대로 힘쓴다.
애자 : 응.
영희 : 서운하제?
애자 : 뭐가?...
영희 : 에미 없으니까...
애자 : 밸로...
영희 : 한동안은 많이 허할끼다. 그래도 살다보면 좋은 사내도 나타나고, 또 아도 낳고, 그래다보면은 차차 잊혀질끼다.
애자 : 내 그걸지 아닐지 엄마가 우예 아노?
영희 : 에미가 모르는기 어딨노.. 차라리 귀신을 속이라.
애자 : 귀신 아이가?

영희	:	에라이... 싱거운 년.

〈중략〉

영희	:	마 내는 이제 갈란다. 에미한테 뭐 할 말 읎나?
애자	:	.....
영희	:	(일어서며) 할 말 없으믄 엄마 간다이.
애자	:	(다리를 붙잡으며) 잠깐마안...
영희	:	(다시 앉으며) 와?
애자	:	이제 가면 아주 안 오나?
영희	:	응..
애자	:	(울먹거리며) 안 가면 안 되나?

애자의 볼을 타고 눈물이 흐르고 영희는 눈물을 흘리는 애자의 흐트러진 머리칼을 곱게 쓸어 넘겨주곤 눈물을 훔쳐 준다.

영희	:	딱 오늘까지만 울어야 한다. 알았재?

고개를 끄덕이며 엄마를 끌어안는 애자

애자	:	엄마~
엄마	:	와?

왼손으로 가리면서 엄마 귀에 입을 대고 무어라 소곤거린다. 그리곤 헤헷 거리며 웃는다.
그리고는 다시 엄마를 꼭 끌어안는다.

엄마라는 소중한 존재, 그런 존재가 사라질까봐 겁이 납니다. 하지만 우리는 압니다. 영화 <애자>에서처럼 언젠가는 일어날 일이고, 받아들여야 한다는 것을...

영화 <애자>를 활용한 가족상담 레시피

레시피 1: 내면아이 만나기　　　　　　　　　연상적 접근

치유적 장면: 영화 감상

오빠가 유학을 가기 위하여 떠나는 공항으로 달려간 애자가 엄마에게 이끌려 나오는 장면 & 방에서 장롱에 기대 모녀가 이야기하는 장면

마음타래 풀기

① 영화를 보고 난 후 어떤 감정이 올라오나요?
② 엄마는 오빠와 애자를 차별합니다. 영화 속 애자처럼 차별받는 형제자매가 있나요? 있다면 차별의 원인은 무엇이라고 생각하시나요?
③ 애자와 엄마는 어쩌다 이런 관계가 되었을까요?

마음에 북주기: 인형치료

가족 구성원들을 한 사람씩 떠올려 보시고 그들의 특징을 적어봅니다. 그리고 앞에 있는 인형 중 당신이 생각한 이미지에 맞는 동물을 선택하고 동물들끼리 이야기를 나누어보세요.

레시피 2: 애도작업　　　　　　　　　정화적 접근 + 연상적 접근

치유적 장면: 영화 감상

장례식장에서 홀로 빈소를 지키다 엄마를 만나는 장면

마음타래 풀기

눈을 감고 돌아가신 가족 중 나의 삶에 가장 영향을 많이 주었던 가족을 떠올려봅니다.

① 그분은 어떤 분이셨나요?
② 그분이 나에게 영향을 준 것은 무엇이었나요? 대표적인 것 3가지를 말씀해보세요.
③ 영화 〈애자〉처럼 그분이 잠깐 내게로 오셔서 이야기를 나눈다면 어떤 이야기를 나눌 수 있을까요?
④ 영화에서 보면 애자는 떠나려는 엄마의 귀에 대고 무어라 속삭입니다. 만약 당신이 만난 가족에게 귓속말을 할 수 있다면 어떤 말을 해주고 싶은가요?
⑤ 영화감독이 되어 영화의 결말이나 인물을 수정할 수 있다면, 어떻게 변화시키고 싶은가요?

2) 병적인 비애반응

🎥◀ 영화 기본 정보

제목: 레인 오버 미(Reign over me, 2007)

제작국: 미국

감독: 마이크 바인더

출연: 아담 샌들러, 돈 치들

장르: 드라마

러닝타임: 124분

관람기준: 15세 관람가

📷 힐링시네마를 위한 이 영화의 키워드

외상후 스트레스 장애/우정/애도

가족의 상실을 경험하는 사람들이 건강한 비애반응을 나타낼 수 있다면 얼마나 좋겠습니까? 그러나 그렇지 못하는 가족들도 많이 있습니다. 영화 <레인 오버 미>는 2001년 9월 11일 미국의 중심도시 뉴욕의 세계무역센터 쌍둥이 빌딩에서 발생한 항공기 자살 테러사건으로 인해 사랑하는 아내와 딸들을 한순간에 잃게 되어 외상 후 스트레스 장애로 고통 받는 찰리 파인먼의 이야기를 그려내고 있습니다. 외상 후 스트레스 장애 증세는 강간이나 학대, 폭력 같은 범죄에 시달린 피해자들은 물론, 천재지변이나 교통사고 피해자들, 심적으로 크게 고통 받았던 사람들에게 생기는 정신과적 질병입니다.

찰리는 9.11테러 당시 세계무역센터 빌딩과 충돌한 비행기의 승객이었던 아내와 세 딸의 죽음 이후 살아남았다는 죄책감과 외상 후 스트레스 장애 증상 때문에 평범한 일상생활로 돌아가지 못합니다. 자신의 고통을 숨기고, 사람들을 피하고, 방안에 틀어박혀 게임만 하고 지내던 중 대학교 친구 앨런을 만납니다. 앨런은 게임과 음악에 빠져 반쯤 넋이 나간 상태로 세상과 등진 채 살아가는 찰리를 지지하고 공감해주며 고통을 덜어주려고 애를 쓰지만 찰리는 쉽게 마음의 문을 열지 못합니다. 실력 있는 정신과 의사를 소개하여 정신과적 치료를 통해 도움을 주려고 노력하지만, 상처를 받아들일 자신이 없는 찰리는 그 기억을 떠올리는 것조차 너무나 큰 고통이었기 때문에 치료는 실패로 돌아갑니다. 그런 그에게 앨런이 해줄 수 있는 것은 같이 게임을 즐기고, 좋아하는 음반을 구하러 다니고, 함께 영화를 보면서 웃고, 그냥 옆에 있어주는 것뿐이었습니다. 오히려 앨런이 보인 친구로써의 단순하고 진정성 있는 동행은 찰리의 마음을 서서히 움직이게 하고 찰리는 걸어 잠근 빗장을 풀고 조금씩 변화하기 시작합니다.

영화 <레인 오버 미>에서 찰리는 헤드셋을 깊숙하게 눌러쓰고 음악을 크게 들으며 다닙니다. 이런 행동에는 세상에 대하여 귀를 막고, 누구의 얘기도 듣지 않으며, 모든 것과 단절하겠다는 의미가 담겨있다고 할 수 있습니다. 찰리는 자신이 직접 조종하는 스쿠터만 타고 다닐 뿐 자동차나 다른 대중교통을 이용하지 않습니다. 세상을 믿지 못하기 때문에 완전히 은둔형 외톨이[8]로 살아갑니다.

가족을 상실하는 사건을 마주할 때 찰리와 같이 반응하는 경우를 병적인 비애반응이라고 합니다. 병적인 비애반응은 슬픔에 대한 애도과정을 차단하고 비애반응을 지체하거나 연기하는 특징을 나타냅니다. 충격이 너무 커서 현실로 받아들이지 못하고, 강한 허탈감에 사로잡히고, 절규하고, 가족의 추억(찰리는 딸들이 달려들어 입을 맞추고 아내는 환한 미소로 반기는 환상에 사로잡힌다)에 사로잡힙니다.

무의식중 비애작업의 거부는 비애반응의 왜곡으로 나타납니다. 찰리가 앨런을 만났을 때 일부러 앨런을 모른 척한 것처럼 인간관계를 회피하고, 찰리가 횡단보도를 건너려고 할 때 자신을 칠 뻔한 택시 기사와 싸우다가 분노가 치밀어 택시기사에게 총을 겨누었던 것처럼 망상적 적개심을 드러내는 경우도 있습니다. 심한 경우 찰리가 권총을 찾아내서 자살을 하려고 한 것처럼 우울증이 심해져서 자살을 기도하는 경우도 있습니다.

찰리는 앨런이 소개한 정신과 의사 안젤라와 상담을 하는데, 찰리가 거부를 하고 방어를 보이자 "내가 아니더라도 누군가에게 당신의 그 얘기를 해야 한다."고 조언을 합니다. 상담실에서 나오던 찰리는 밖에서 기다리고 있던 친구 앨런에게 느닷없이 가족이야기를 시작합니다. 눈물과 콧물이 범벅이 된 채로 긴 이야기를...

> "딸만 셋이었어. 지나는 다섯 살이었지. 제니는 일곱 살이었고, 그 애는 벌써부터 남자애들을 좋아했어. 줄리는 아홉 살이었어. 그 애가 맏딸이었지. 셋이 정말 비슷했어, 존슨 도린을 닮았지. 아내 이름

---

8 은둔형 외톨이는 일본어로 '히키코모리'라고 하는데, 히키코모리는 '틀어박히다'라는 뜻의 일본어 '히키코모루'의 명사형. 사회에 적응하지 못하고 어려운 상황을 회피하기 위하여 산이나 시골에서 숨어사는 것을 지칭한다.

이 도린이었어. D.T.라고 불렀지. 도린 팀플먼이라는 이름의 약자야. 개도 있었어, 이름이 스파이더였는데 푸들이었지. 모두가 와서 날 깨우곤 했어. 토요일 아침마다... 함께 비틀즈의 노래를 부르면서 말이야. 네 사람 모두 정말 귀여웠어. 정말로 귀여웠지.

도린은 멋대로 날 비판하는 일이 없었어. 그러니까 다른 여자들처럼 바가지를 긁지 않았지. 신발을 벗으라고 잔소리를 하는 정도였거든 카펫이 더러워진다면서 신발을 벗으랬어.

아내와 딸애들 모두 아주 여성적이었지. 그 가운데 난 정말 튀는 사람이었어. 청일점이었으니까. 모두들 날 아껴줬어. 모두 긴 갈색 머리였어. 막내딸 지나만 빼고 말이야. 그 애는 늘 머리를 짧게 잘랐지. 똑같아 보이는 게 싫댔어. 지나는... 날 때부터 몸에 점이 있었어. 화상 자국 같았지만 화상이 아니었어. 좀 크면 저절로 사라질 거랬는데 안 없어지더군. 제니는 체조 선수가 되고 싶어 했어. 하지만 영 재주가 없었지. 그렇다고 애한테 그렇게 말할 순 없잖아. 애들은 엄마와 함께 보스턴에 사는 엘렌 이모와 사촌들을 보러 갔지. 스파이더도 데리고 갔어. 내가 직장에 나가느라 밥을 제대로 안 줄까 싶어서 말이야. 하지만 다 웃자고 한 말이었지. 그리고 나서 아내 사촌 동생의 결혼식에 다 가기로 했었어. LA에서 만나기로 했지. 애들은 디즈니랜드에 가고 싶어 했지만 그때쯤이면 학교를 벌써 이틀 정도 빠지게 되니까. 안 된다고 했지. 그렇잖아...

그래서 난 LA로 가려고 집을 나섰어. JFK 공항으로 가는 택시 안에서 라디오 뉴스를 들었어. 공항에 도착했더니 보스턴발 비행기라고 하더군. 또 다른 사람은 비행기가 두 대라고 하고... 공항으로 들어가서 그걸 봤지. TV로 그걸 보고 있는데 그걸... 그 장면을 봤어. 보는 순간 모든 게 느껴졌어. 지나의 몸에 있는 점이 문득 떠올랐고, 그리고... 불속에서 타는 게 느껴졌어.

갈까? 집에 갈래. 이건 싫어. 이런 건 정말 싫다고. 기억하는 거. 기억하는 건 싫어."

영화 <레인 오버 미>에는 억지스런 트라우마를 극복하는 스토리나 극적인 해피엔딩은 없습니다. 그저 옆에 있어주는 것만으로 상처를 어루만져주고 느리지만 조금씩 스스로 치유되어가는 따뜻한 공감의 힘이 있을 뿐입니다.

 영화 〈레인 오버 미〉를 활용한 가족상담 레시피

 레시피 1: 내 이야기를 들어줘　　　　연상적 접근

 치유적 장면: 영화 감상

정신과 의사 안젤라가 "내가 아니더라도 누군가에게 당신의 그 얘기를 해야 한다."고 조언하자 찰리가 친구 앨런에게 느닷없이 가족이야기를 시작하는 장면

① 당신은 찰리처럼 어떤 누구와도 만나고 싶지 않았던 적이 있나요?
② 지금 당신 앞에 가장 친하고 믿음직한 친구가 앉아 있습니다. 그에게 현재 당신이 고민하고 있는 이야기를 해보세요.
　- 그 친구는 누구이며 당신에게 어떤 의미가 있는 친구입니까?
　- 그에게 털어놓고 싶은 이야기는 무엇인가요?
　- 이야기를 하고 난 후 어떤 느낌이 올라오나요?

1) 뇌혈관성 치매

🎥 영화 기본 정보

제목: 봄날은 간다(One Fine Spring Day, 2001)

제작국: 한국

감독: 허진호

출연: 이영애, 유지태, 박인환, 신신애

장르: 드라마

러닝타임: 106분

관람기준: 15세 관람가

📷 힐링시네마를 위한 이 영화의 키워드

사랑/이별/치매/할머니/봄날

생명을 가지고 세상에 태어나는 모든 것은 시간의 길고 짧음만 있을 뿐 반드시 봄, 여름, 가을, 겨울의 과정을 거칩니다. 봄은 탄생, 여름은 성장, 가을은 성숙, 그리고 겨울은 소멸입니다. 영화 <봄날은 간다>는 눈이 내린 길을 어디론가 뛰다시피 바쁘게 걸어가는 할머니 뒤를 "할머니, 어디 가요? … 할머니, 같이 가, 같이 가자니까…"라며 자전거를 끌고 상우가 따라가면서 영화가 시작합니다. 할머니가 부랴부랴 걸어서 도착한 곳은 기관사였던 남편이 몰던 기차 앞에서 나란히 사진을 찍었던 곳, 수색역. 수색역 나무의자에 앉아 개찰구를 바라보며 누군가를 하염없이 기다리는 할머니. 그런 할머니가 애처로운 상우는 한참을 옆에서 지켜보다가 "할머니 이제 가요."하며 손을 잡아 일으키지만 할머니는 쉽게 자리에서 일어서지 못하고, 상우 손에 이끌려 나가면서도 눈은 계속 개찰구를 향하여 있습니다.

영화 <봄날은 간다>에서 상우의 할머니는 기억이 이어졌다 끊어졌다 하는 치매 환자인데 남편이 다른 여자에게 마음을 주기 전에 온전히 사랑받던 그 시간의 아름다운 기억에 매여 있습니다. 자신의 기억이 이어지지 않는다는 사실을 모른 채 기억하고 싶은 시간에 마음이 붙들려 있다가도 때로는 아무런 이상이 없는 듯 정상적인 모습으로 돌아옵니다. 잠을 자고 있는 상우 머리맡에 사탕 하나와 100원짜리 동전을 두며 상우 얼굴을 들여다보고는 이마를 쓰다듬어 주기도 하고, 이별의 아픔으로 마루 끝에 걸터앉아 울음을 터뜨리는 상우를 향해 "떠난 버스랑 여자는 잡는 게 아니야. 상우야!" 하고 등을 토닥거려 위로해주기도 합니다. 기억이 이어졌다 끊어졌다를 반복하지만 사랑을 잃어버린 손자의 아픔만큼은 할머니의 가슴에도 고스란히 전해지는 모양입니다.

영화 <봄날은 간다>의 주인공 상우 할머니의 행동은 뇌혈관성 치매를 앓고 계시는 분들에게 나타나는 증상의 대표적인 경우에 해당됩니다. 뇌혈관성 치매는 기억 장애가 심하지만 이해력, 판단력은 남아있는 상태입니다. 기억은 많이 없어졌지만, 상황을 이해하거나 이것이 옳은가? 그른가? 자신이 해야 되나? 말아야 되나? 등의 판단력은 남아 있습니다. 뇌혈관성 치매의 경우 원래의 인격적 특성이 말기까지 유지됩니다. 그리고 뇌혈관성 치매환자는 스스로 자신이 치매를 앓고 있다는 사실을 인식하고 있습니다. 그래서 다른 사람에게 피해를 주는 것에 대하여 신경을 쓰고, 되도록 피해를 주지 않으려고 노력합니다. 또한 싫고, 좋고, 기쁘고, 나쁜 것에 대하여 충분히 자기 스스로 감정을 표현합니다. 물론 원래 가지고 있던 자신의 인격적 특성은 그대로 유지한 채 감정을 드러냅니다. 시간에 따라 치매가 천천히 진행되어 가면, 후에는 부분적으로 신체를 움직이지 못하게 되는 상황을 맞이하게 되는 경우가 대부분입니다.

영화 <봄날은 간다>에서 상우의 할머니가 등장하는 장면은 많지 않습니다. 그렇지만 치매로 인해 '지금 여기'를 기억하지 못하고 살아가시는 상우 할머니에게나, 젊은 상우에게나 봄날은 간다는 것이 너무도 분명하게 다가옵니다. 우리에게 있는 봄날도 갑니다. 그런데 말입니다. 치매를 앓고 계시는 분들은 기억하고 싶은 시간에 머물러 있기 때문에 행복하실까요? 아니면, 자신 안에서 무엇인가 이어지지 않고 끊어지고 있다는 것을 본인이 아시기에 불행하실까요?

영화 <봄날은 간다>의 상우 할머니에게도 봄날은 라면과 같은 것일까요? 상우 할머니에게서도 봄날은 떠났습니다. 사랑했던 남편은 자신을 두고 먼저 저 세상으로 떠났는데, 젊은 시절 자신만을 그렇게 아껴주던 남편이 인생말년에 바람을 피웠습니다. 그런 남편을 할머니는 수색역 대합실에 가서 매일 기다립니다. 젊은 시절의 남편, 자신만을 아끼고 사랑해주었던 남편을 기다리는 것입니다. 외도를 했던 늙은 남편을 거부하고 자신만을 사랑해주고, 아름다웠던 추억을 남겨준 젊은 시절의 남편사진만 애지중지하고, 매일 기차역으로 나가서 젊은 시절의 남편이 오기를 오늘도 기다리는 것입니다. 그러던 어느날 할머니는 어느 화창한 봄날 장롱 속에 고이 간직했던 분홍치마를 입고, 양산을 쓰고 마지막 외출을 나섭니다. 사진 찍는 것을 좋아했던 남편이 찍어주었던 사진 속의 모습으로...

 영화 <봄날은 간다>를 활용한 가족상담 레시피

 레시피 1: 기다림 　　　　　　　연상적 접근

 치유적 장면: 영화 감상
수색역 나무의자에 앉아 개찰구를 바라보며 할머니가 누군가를 하염없이

기다리는 장면

① 상우의 할머니가 수색역에 가서 할아버지를 기다리듯 당신이 누군가를 기다린다면 그 사람은 누구인가요?
② 그 사람은 누구인가요?
③ 그 사람과 나는 어떤 관계였나요?
④ 그 사람은 나에게 어떤 의미였을까요?

 레시피 2: 나의 가족 사진첩　　　연상적 접근

 치유적 장면: 영화 감상

상우와 고모가 할머니의 방에서 사진첩을 들추면서 할머니에게 누구냐고 물으며 할아버지 이야기를 하는 장면

① 당신의 오래된 가족사진첩을 꺼내 놓고 한 장 한 장 넘겨보세요. 사진첩에서 가장 그리운 사람의 사진을 한 장 고른다면 그 사람은 누구인가요?
② 할머니는 젊었을 때의 사진만을 남편으로 인정합니다. 당신에게 현재 인정하고 싶지 않은 가족이 있나요?
③ 사진첩에서 당신이 행복해하는 사진 3장을 선택하세요. 그 사진을 찍을 때 어떤 일이 있었나요?
④ 사진에서 당신을 가장 따뜻하게 안아주는 사람은 누구입니까?
⑤ 그 사진을 찍어준 사람은 누구인가요?

 레시피 3: 요양원에 보내고...　　　연상적 접근

 치유적 장면: 영화 감상

상우 아버지와 고모가 할머니 돌보는 문제를 의논하여, 요양원에 모시고

돌아오는 장면

① 만약 당신의 부모님이 상우할머니처럼 연로하시고 치매를 앓으셔서 집에서 돌보는 것이 어려울 때 당신이 가족회의를 한다면 참석자는 누구일까요?

② 누가 어떤 의견을 내고 어떻게 결론이 내려지겠습니까?

2) 노인성 치매

🎥 영화 기본 정보

제목: 그대를 사랑합니다(I Love You, 2010)

제작국: 한국

감독: 추창민

출연: 이순재, 윤소정, 송재호, 김수미

장르: 드라마

러닝타임: 1118분

관람기준: 15세 관람가

📷 힐링시네마를 위한 이 영화의 키워드

노년의 사랑/이별/치매/부모부양

강풀 작가의 만화 히트작이 원작으로 제작된 영화 <그대를 사랑합니다>는 입만 열면 까칠, 눈만 마주치면 버럭 대는 까도남 만석할아버지가 따뜻한 미소가 어여쁜 송씨할머니를 만나면서 생각만해도 설레는 사랑을 시작하게 되는 이야기가 하나, 그리고 아이다운 순진함과 사랑스러움으로 무장한 노인성 치매 환자 아내 순이할머니와 그런 그녀 곁에서 평생을 함께해온 군봉할아버지의 소소한 부부이야기가 둘, 이렇게 노인들의 삶을 소재로 한 영화입니다. 이 영화는 상업영화에서 잘 다루지 않은 노년의 사랑을 재조명하며 관객들에게 사랑의 의미를 재조명시켰고, 소외된 노인들의 삶을 뭉클하게 그려냈습니다.

주차장관리원 일을 하는 군봉할아버지는 항상 밖에서 자물쇠로 대문을 잠그고 출근을 합니다. 치매에 걸린 아내 순이할머니가 혹시나 집밖으로 나왔다가 길을 잃어버리지는 않을까? 하는 걱정에 문을 꼭 잠그는 것입니다. 그러던 어느 날 급하게 집을 나서던 군봉할아버지는 자물쇠로 대문을 잠그는 것을 깜빡했고, 순이할머니는 결국 집밖으로 나와서 동네를 배회합니다. 모두들 열심히 순이할머니를 찾아다녔고 결국에는 만석 할아버지와 함께 있는 것을 발견합니다. 이 사건을 계기로 만석할아버지와 군봉할아버지 두 노인 커플은 친해지면서 서로 의지하고 함께 여행도 다니면서 진솔한 우정을 쌓아갑니다.

그러던 어느 날 순이할머니의 건강이 심상치 않아 검사를 받는데 면역력 저하로 오는 합병증으로 심장과 폐기능이 많이 손상된 상태라서 달리 손을 쓸 수가 없다는 절망적인 결과가 나옵니다. 이후 순이할머니의 병세는 점점 더 깊어져가고. 군봉할아버지는 아내가 아파하는 모습을 그저 지켜봐야만 하는 암담한 현실을 헤치고 나갈 여력이 없다는 판단을 하고 세상과의 이별을 준비합니다. 주차창관리원 일을 정리하고, 자식들을 불러 모아 마지막으로 아내에게 자녀들 얼굴을 보여주고, 결국 함께 자살하는 것을 선택하게 됩니다. 유일한 친구인 만석할아버지에게 자살한 흔적을 남기지 않도록 부탁하는 편지를 남기고...

"아내는 늘 함께였던 우리가 병으로 인하여 따로 떨어지는 것을 견디기 힘들어했다네. 그래서 난 다시 아내와 하나가 되어 함께 가기로 했네. 긴 세월 우리는 늘 함께였어. 나는 아내를 위해 끝까지 함께하는 길을 택하려고 하네. 내 아내는 겁이 많아서 그 먼 길을 혼자 가기 힘들다네. 내가 같이 가 줘야지 우리는 함께 갈 거야."

영화 <그대를 사랑합니다>에서 노인성 치매를 앓고 있는 순이 할머니는 가족조차 알아보지 못하고, 의사소통이 불가능하고, 대소 변을 가리지 못하며, 어린애처럼 같은 말만 되풀이합니다. 노인성 치매는 최근 있었던 일부터 점차 기억을 상실하기 시작해서 나중에 는 일상생활에 심각한 지장을 초래할 정도로 기억을 잃어버립니다. 사물의 명칭이나 올바른 단어를 찾는 것은 당연히 불가능하고, 자 신의 집임에도 불구하고 장소를 혼동하여 화장실을 찾지 못해 급한 나머지 옷을 입은 채로 배뇨와 배변을 하는 경우가 많습니다. 매우 간단한 계산도 불가능해질 뿐만 아니라 치매가 진행되는 속도에 따 라 차이는 있지만 식사를 하는 것, 옷을 입는 것 같은 단순한 일조 차 불가능해집니다. 때로 망상이나 환각이 나타나는 의심증, 남의 물건을 훔치거나 숨기는 일, 심한 충동적 행동 등을 나타내기도 합 니다. 우리가 많이 들어서 익히 알고 있는 알츠하이머도 노인성치 매에 속하는 대표적인 질병입니다.

그러므로 치매가족을 책임지고 돌보는 부양자는 일상생활이 불가 능할 정도로 기능이 저하되는 치매가족을 지속으로 돌봐야 하는 부 담과 사후처리에 많은 시간을 투자해야 하기 때문에 사회적 활동이 위축되고 제한될 수밖에 없습니다. 그것으로 인해 수반되는 경제적 인 활동의 제약은 재정적인 어려움을 더욱 가중시키고 돌보는 이의 건강에도 부정적인 영향을 미치게 됩니다. 상황이 해결되지 않고 이 러한 악순환이 반복되어 증가하는 스트레스는 불안, 긴장, 분노, 우 울, 자괴감, 원망과 같은 부정적인 정서를 경험하게 할 수 있습니다.

군봉할아버지와 같은 비극적인 이야기는 영화에서만 존재하는 이 야기가 아닙니다. 노후대책이 마련되어 있지 못하고, 배우자가 떠난 후의 삶이 두렵고, 치매를 앓고 있는 배우자의 간병과 경제적인 어려 움으로 몸과 마음이 피폐해진 배우자가 영화 <그대를 사랑합니다> 의 군봉할아버지와 같은 선택을 하는 경우와 치매 환자가 가족에게 상해를 입히는 사건이 국내외를 막론하고 자주 발생하고 있습니다.

> 치매에 걸린 70대가 부인을 살해하고 음독자살했다. 4일 전북지
> 방경찰청에 따르면 지난 2일 오후 9시 10분께 김제의 한 가정집에서
> 농약을 마시고 쓰러져 있는 집주인 정모(76)씨와 흉기에 찔려 의식
> 을 잃은 아내 박모(74)씨를 아들이 발견해 119에 신고했다.
> 정씨 부부는 인근 병원으로 옮겨져 치료를 받았지만 모두 숨졌다.
> 정씨의 아들은 "아버지가 어머니를 흉기로 찔렀다는 소식을 조카에
> 게 듣고 집에 와보니 두 분이 쓰러져 있었다"고 경찰에 진술했다. 경
> 찰은 정씨가 3년 전부터 치매를 앓았다는 가족들의 진술을 토대로
> 정확한 사건 경위를 조사하고 있다.
>
> 2014-12-04 연합뉴스

> 치매 증상을 보이던 남성이 아내를 목 졸라 살해하고 투신해 숨
> 진 사건이 발생했다. 19일 오전 9시 5분쯤 부산시 해운대구의 한 아
> 파트 1층에서 임모씨(75)가 피를 흘린 채 엎드려 숨져 있는 것을 주
> 민이 발견해 경찰에 신고했다. 임씨는 이 아파트 7층에 살았으며 집
> 에서 아내 이모씨(73)도 숨진 채 발견됐다. 경찰은 올해초부터 치매
> 를 앓던 임씨가 아내를 목 졸라 살해한 뒤 아파트에서 뛰어내린 것
> 으로 보고 정확한 경위를 조사하고 있다.
>
> 2015-07-19 경향신문

치매를 앓고 있는 가족을 돌볼 때 가족이 알고 있어야 하고 실천
해야 할 일이 있습니다. 첫째, 이사를 한다던가, 집안 구조를 바꾸
는 리모델링을 하는 것 같은 급격한 변화를 피해야 합니다. 이사를
하면 치매 환자는 절대로 집을 찾지 못하기 때문에 노인을 잃어버
릴 수 있습니다. 둘째, 치매 환자가 안정적으로 느낄 수 있는 위치
를 제공해줘야 합니다. 할아버지는 할아버지의 권위, 아버지는 아버
지로서의 권위에 맞는 위치를 제공해줘야 합니다. 셋째, 치매환자를
이해하려고 노력해야 합니다. 있는 상태 그대로 치매환자를 이해하

도록 노력하는 것이 중요하므로, 역지사지(易地思之)하는 노력과 진솔하게 대하는 태도가 필요합니다. 넷째, 모든 것을 치매환자의 속도에 맞추는 것이 필요합니다. 식사 속도, 걷는 속도 등을 치매 환자의 속도에 맞춰줘야 합니다. 다섯째, 동년배와 만나는 시간을 되도록 많이 마련해주는 것이 좋습니다. 마지막으로 적절한 자극을 쉬지 않고 조금씩 주면서 고독하게 만들지 않는 것이 중요합니다.

치매는 어느 가족에게나 있었던 일이고, 있는 일이고, 있을 수 있는 일이고, 자신이 치매를 앓게 될 수도 있습니다. 치매를 앓고 있는 환자를 둔 가족 문제를 충분히 이해해서 그 가족들이 더 이상 역기능에 함몰되지 않도록 가족체계를 재조직하여 기능적 가족이 될 수 있도록 사회적 지원체계가 마련되어야 할 것입니다. 노인성 치매로 인해 발생되는 가족의 스트레스와 갈등을 다룬 영화를 보고 싶다면 국내영화는 <내 머리 속의 지우개, 2004>, <세상에서 가장 아름다운 이별, 2011>, <깡철이, 2013>, 외국영화로는 <노트북, 미국, 2004>, <스틸 앨리스, 미국, 2015>, <내일의 기억, 일본, 2006>, <어웨이 프롬 허, 캐나다, 2006>, <소중한 사람, 일본, 2002> 등이 있습니다.

영화 〈그대를 사랑합니다〉를 활용한 가족상담 레시피

레시피 1: 황혼의 로맨스   `연상적 접근`

치유적 장면: 영화 감상

만석할아버지가 송이뿐할머니와 데이트하고 생일상을 차려주는 장면

① 이 장면에서 어떤 감정이 느껴지나요?
② 황혼의 로맨스를 시작하는 두 노인들께 선물을 드린다면 무엇을 드리는 것이 좋을까요?
③ 만약 70세가 넘은 당신에게 황혼의 로맨스가 찾아온다면 그 사랑을 어떻게 하시겠습니까?

레시피 2: 치매환자 돌보기   `연상적 접근`

치유적 장면: 영화 감상

군봉할아버지가 치매에 걸린 순이할머니를 지극정성으로 돌보는 장면

① 만약 당신의 아내나 남편이 영화 속 순이할머니처럼 치매에 걸렸다면 당신은 군봉할아버지처럼 지극정성으로 돌볼 수 있을까요?
② 만약 당신이 치매에 걸린다면 누가 지극정성으로 보살펴줄까요?
③ 만약 당신이 치매에 걸린다면 당신의 자녀들은 당신을 보살피려 할까요? 아니면 군봉할아버지의 자녀들처럼 외면하고 외롭게 지내도록 방치할까요?

제3부

가족상담이론

제8장
경험주의 가족상담

1 경험주의 가족상담의 이해

🎥 **영화 기본 정보**

제목: 우리들의 행복한 시간

　　　(Maundy Thursday, 2006)

제작국: 한국

감독: 송해성

출연: 이나영, 강동원, 윤소정, 정영숙

장르: 드라마

러닝타임: 120분

관람기준: 15세 관람가

📷 **힐링시네마를 위한 이 영화의 키워드**

모녀관계/성폭행/자살충동/사형수

공지영의 소설을 스크린으로 옮겨놓은 송해성 감독의 영화 <우리들의 행복한 시간>은 세 번씩이나 자살을 시도하는 유정의 가족 간 대화를 통해 가족의 감정 전달과 의사소통 향상을 강조한 경험주의 가족상담 기법을 이해할 수 있을 것입니다. 그리고 불우한 어린 시절을 보내고 세상의 밑바닥으로만 떠돌다가 세 명의 여자를 살해한 죄로 사형선고를 받은 스물일곱의 윤수를 통해 삶과 죽음, 죄와 벌, 그리고 진정한 사랑과 용서의 의미를 우리에게 던지는 영화입니다.

부유하고 능력 있는 대학교 미술강사 유정, 남부러울 것 없는 그녀는 얼굴에 웃음이 없고, 삶에 대한 의지도, 희망도 없이 냉소적인 삶을 살아갑니다. 삶에 대한 간절함이 없어서 그렇지 자살욕구가 강한 것은 아닌 것 같습니다. 세 번째 자살시도에서도 실패하고 병원에 입원하게 된 유정은 고모인 모니카 수녀에게 "나 죽으려고 했던 것 아니야, 자살하려고 한 게 아니라고, 그냥 술을 아무리 마셔도 잠이 안 와서 그래서 수면제를 먹었던 것뿐인데... 술이 많이 취해서 수면제를 다 셀 수가 없었거든. 그래서 그냥 손에 잡히는 대로 입에 털어 넣었는데 이 난리가 났지 뭐야. 지난번에 엄마가 와서 죽으려면 그냥 죽지 왜 이 속을 썩이느냐고 하니까, 갑자기 내가 자살 미수에 그친 불량소녀가 되어버린 거 같았어. 고모도 알잖아. 우리 집에서 엄마가 규정해 버리면 그렇게 되는 거."라고 말을 합니다. 주인공 유정이 간절하게 원하지도 않는 자살을 여러 번이나 시도하게 만드는 것은 도대체 무엇일까요? 유정에게는 어떤 일이 있었기에 "엄마한테 난 처음부터 늘 불량품이야. 내 나이가 서른인데 아직까지 엄마한테는 내가 불량품으로 보인다."고 하는 걸까요?

영화 <우리들의 행복한 시간>에 등장하는 주인공 유정의 가족 구성원들 성격과 관계를 살펴보겠습니다. 유정의 아버지는 돌아가셨고, 유정의 어머니는 유명한 피아니스트가 되는 것이 꿈이었습니다. 심장이 좋지 않으며 유방암수술까지 받아 건강이 좋지 않은 편입니다. 결혼을 해서 세 명의 자녀를 낳은 후에도 유정의 어머니는 피아니스트가 되기를 꿈꿨고, 그 꿈을 포기하지 않았습니다. 그런데 원하지도 않은 넷째 유정을 임신하게 되자 꿈을 이루기 힘들어지게 되어 포기하게 됩니다. 그러므로 유정은 엄마에게 달갑지 않은 존재가 되어버렸습니다. 잘난 아들들에게는 자상하고 따뜻한 엄마이지만, 자신의 눈에 천덕꾸러기인 딸에게는 차갑고 매정하며 마음에 있는 미움과 증오를 숨기지 못하고 직설적인 말로 상처를 줍니다. 자존심 지키는 것을 중요하게 여기고 사회적인 지위 욕구도 강하기 때문에 내면 깊은 곳에 자신의 꿈을 이루지 못했다는 좌절감과 그로 인한 딸에 대한 증오가 깊게 자리 잡고 있습니다.

유정의 큰 오빠는 검사라는 직업을 가지고 있고, 아버지가 돌아가신 후에 집안의 가장 역할을 합니다. 겉으로 보기에는 엄마에게도, 여동생 유정에게도 다정다감한 듯 보이지만, 자기 자신과 깊게 관련되어 있지 않은 일이라고 분석되고 판단이 되면 방관하는 모습을 보이며 차가울 정도로 이성적인 면을 소유하고 있습니다. 가족 간의 갈등상황에서 이해하고 화해할 수 있도록 중재하거나 해소시켜주는 역할은 하지 않고, 갈등상황의 가운데에서 구경하는 모습을 자주 볼 수 있습니다.

유정은 눈에 확연히 보일 정도로 삐뚤어지고 모든 일에 부정적이며 의욕이 없습니다. 그러나 힘들고 지칠 때 다가와 먼저 손 내밀어 주는 고모에게 만큼은 언제 그랬냐는 듯 한없이 순한 양으로 바뀝니다. 즉, 유정은 엄마로부터 받지 못했던 사랑을 고모로부터 채우고 있는 것입니다. 나이가 서른이지만 어릴 적 받은 상처로 인해 사람들과 관계를 형성하는 방법이나 자신의 감정을 표현하는 것에 무척 서투르고, 모든 일에 있어 부정적이며 앞뒤를 가리지 않고 직설적입니다. 특히 자신을 엉망으로 만들어 놓은 엄마에게는 소름이 끼칠 정도로 차갑고 매몰차며 공격적으로 반응합니다.

엄마에게 유정은 자기 자신의 꿈을 가로막은 방해물이고, 강제

성추행을 당한 불량품 딸입니다. 그녀가 열다섯 살 때, 사촌오빠에게 강간을 당했던 날. 어머니에게 그 사실을 알렸지만 바로 묵살당하고, 아파서 어쩔 줄 몰라 우는 딸에게 엄마는 창피하니 울지 말라고 화를 내며 유정의 뺨을 때립니다. 그날 이후 그녀의 삶은 어머니와 가족을 향한 원망과 배신감으로 가득 차게 됩니다. 씻을 수 없는 상처를 입은 것이지요. 유정이 엄마의 병실에서 "나를 강간한 사촌오빠보다 나에게 그렇게 상처를 준 엄마가 더 미웠다."는 절규가 씻을수 없는 그녀의 마음 속 깊은 상처를 짐작케 합니다.

그런데, 지금까지 누구에게도 말하지 못한 '진짜 이야기'를 지루한 정신과 치료과정 대신 한 달간 사형수를 만나는 봉사활동을 하라는 고모의 제안으로 만난 윤수에게 털어놓은 유정은 열다섯 살 이후로 처음으로 편안하게 잠을 잡니다. 윤수를 통해 애써 외면해왔던 자기 안의 상처를 들추고 치유해나가는 모습은 슬프면서도 아름답게 느껴집니다.

2 의사소통유형

사티어의 경험주의 가족상담의 핵심은 가족 간의 의사소통유형입니다. 영화 <우리들의 행복한 시간>에서 유정의 가족 간 의사소통을 보면 진정성을 찾아보기 어렵습니다. 단지 유정과 모니카 고모의 대화만이 서로를 이해하고 지지해주고 배려하려는 마음이 들어 있을 뿐입니다. 사티어는 의사소통을 개선하는 것을 매우 중요하게 여겼고, 언어적 의사소통과 비언어적 의사소통 과정을 모두 강조했습니다. 그리고 전하려는 메시지가 일치하는지, 일치하지 않는지 여부에 관심을 두었습니다.

의사소통 기술과 유형은 어려서부터 부모나 가족들의 훈련과정을 통해서 학습된 것이지만, 새로운 학습과 필요에 따라 의사소통유형이 변할 수 있다고 가정합니다. 의사소통유형은 기능적인 의사소통

유형과 역기능적인 의사소통유형으로 나눌 수 있습니다. 문제가 발생하지 않고 평상심을 유지할 수 있다면 가족 간 역기능적인 의사소통은 나타나지 않습니다. 그러나 자녀가 시험을 잘 못 봤다던가, 자녀가 가출을 했다던가, 남편이 술을 마시고 밤을 새우고 들어왔다던가 하는 갈등상황, 가족의 이별이나 상실과 같은 스트레스 상황이 발생하면 역기능적 의사소통은 바로 수면 위로 떠오릅니다. 이것은 그 사람의 생존방식과도 연관되어질 수 있는데, 역기능적 의사소통은 자신이 인식하지 못하는 사이에 자신의 부분이나 전체를 숨기는 것을 통해서 자기가 상처입지 않으려고 하는 자기방어기제라고 볼 수 있습니다. 역기능이면서도 자기를 방어하는 것, 이것이 역기능적 의사소통유형이 가지고 있는 양면성입니다.

사티어는 역기능적인 의사소통유형을 회피형, 비난형, 초이성형, 산만형 네 가지 유형으로 구분하고 있는데, 사람은 한 가지 의사소통 유형만 가지고 있지 않습니다. 상황이나 상대방에 따라서 두 가지, 또는 세 가지 의사소통유형을 사용하기도 합니다. 체면을 지키는 권위주의적인 페르조나를 중요시하고, 눈치를 많이 보는 사람일수록 역기능적인 의사소통유형을 다양하게 사용할 가능성이 높은데, 부모가 역기능적 의사소통유형을 사용하면 자녀의 자존감은 낮아지며 다음 세대로 전수되는 특징을 가지고 있습니다. 그래서 비난을 받으며 성장한 개인은 결혼을 해서 자녀를 양육할 때 자신도 비난하는 의사소통을 그대로 사용할 가능성이 높습니다. 그러므로 사랑과 신뢰를 바탕으로 한 행복한 가정은 역기능적인 의사소통 유형을 기능적인 의사소통유형으로 바꾸는 것에서 출발합니다.

영화 <우리들의 행복한 시간>에 등장하는 엄마, 큰오빠, 유정의 의사소통유형을 통하여 역기능적인 의사소통유형을 살펴보면서 역기능적인 의사소통유형이 일치형 의사소통유형으로 변화할 수 있는 방법을 탐색해보겠습니다.

회유형은 상대방이 화내지 않게 하려는 유형입니다. 상대방의 기분을 맞추려고 애쓰고 자신으로 인해 잘못된 일이 아님에도 불구하고 자신의 과오로 받아들이고, 사과하고, 타인의 의견에 반대하지 않습니다. 불편한 일이 생겼을 때에도 아무 일도 아닌 것처럼 말하고 자기 스스로는 아무 일도 할 수 없다는 듯이 말합니다. 그래서 모든 일에 'Yes'라고 이야기 합니다. 즉, 상대방이 이야기하고 지시하는 대로 받아들이는 유형이 회유형입니다. 영화 <우리들의 행복한 시간>에서 회유형에 가장 가까운 의사소통유형을 갖고 있는 사람은 검사인 큰 오빠일 것입니다. 엄마에게는 한 마디 불평도 하지 않은 채 매사에 "예", 동생 유정이가 엄마에게 버릇없이 대들 때도 "유정아, 그래서는 안 되는 거 아니니? 오늘 아버지 제사다."라고 하면서 유정을 따끔하게 나무라거나 혼내지 못합니다. 엄마의 심기를 살피면서 유정의 기분도 맞추어주는 어정쩡하게 중간에 끼여 있는 의사소통 패턴을 보입니다.

두 번째 유형인 비난형은 회유형과 반대되는 의사소통유형입니다. 비난형은 자기 자신을 강하게 보이기 위하여 상대방의 결점을 발견해서 비난하고, 독재자나 우두머리로서 행동하려하기 때문에 목소리가 딱딱하고 날카롭고 큽니다. 엄마 생신날 엄마가 기분나빠 할 것을 뻔히 알면서도 "아빠가 엄마를 진정으로 사랑했다고 생각해? 아빠는 엄마를 무서워했던 거야."라고 엄마의 심장을 콕콕 찌르는 말만 골라하는 유정은 비난형 의사소통유형에 속한다고 볼 수 있습니다. 물론 거기에 맞받아치는 엄마도 만만치 않습니다. 엄마도 유정이가 자살을 시도해서 병원에 입원해 있을 때, 눈을 뜬 유정에게 비난을 퍼붓습니다. "이놈의 계집애야, 너 때문에 창피해죽겠다. 외삼촌 병원에서 이게 뭐하는 짓이니? 죽으려면 이렇게 사건 크게 만들지 말고 죽지. 진짜 네가 죽고 싶기는 한 거니?"라며 약을 먹고 자살을 기도한 딸에게 위로와 걱정은 못할망정 비난을 퍼붓습니다. 유정의 어머니와 유정은 같은 비난형 의사소통 유형을 사용합니다. 비난형과 비난형이 만나니 당연히 갈등이 유발되고 고조될 수밖에 없는 것입니다.

세 번째 역기능적인 의사소통유형은 초이성형입니다. 초이성형은 계산형이라고도 하는데, 다른 사람으로부터 받은 위협이 아무런 해가 되지 않는 것처럼 행동하며 큰소리를 내는 특징이 있습니다. 비난하려고 큰소리를 내는 게 아니라, 상대방을 제압하려는 목적이 있는 것입니다. "당신이 그렇게 해봐야 나한테 아무런 해가 안 돼." 하면서 기싸움을 통해 자신의 가치를 내세우고 실현하려는 것이지요. 초이성형의 가장 큰 특징은 감정이 바깥으로 표출되지 않는다는 것입니다. 겉으로 감정을 절대 나타내려 하지 않고 매우 이성적이고, 정확하고, 침착하고, 냉정하게 행동하기 때문에 목소리가 단조롭고 건조하며, 말은 추상적이어서 실체를 파악하기가 쉽지 않습니다. 유정의 엄마는 자신의 생일날 유정이가 자신에게 막말을 하고 대들은 것 때문에 혈압이 높아져 쓰러집니다. 결국 응급수술을 받게 되고, 수술실로 달려온 유정이가 오빠에게 "오빠, 엄마 괜찮겠지? 나 때문에 그런 거 아니지?"라고 묻습니다. 이 질문에 오빠는 이성적인 모습으로 "너 때문에 그런 거 아냐, 원래 혈압이 높으셨어."라고 감정의 동요 없이 너무나도 침착하게 말을 합니다. 이런 경우 대체적으로 원인을 제공한 유정에게 화를 낼만도 하지만 유정의 오빠는 감정을 밖으로 드러내지 않습니다. 유정의 오빠는 회유형 의사소통유형을 가지고 있으면서 초이성형 의사소통 유형도 함께 사용하는 패턴을 보이고 있습니다.

네 번째 역기능적인 의사소통유형은 혼란형이라고도 불리는 산만형이 있습니다. 산만형의 사람들은 다른 사람의 행동이나 말과는 무관한 행동이나 말을 함으로써 마치 위협이 없는 것처럼 행동하는 유형이라고 볼 수 있습니다. 초점에 맞는 반응을 하지 못하고, 목소리는 단조로우며 말과 행동이 일치하지 않습니다. 유정의 엄마는 비난형의 역기능적 의사소통유형을 가지고 있는 동시에 혼란하고 산만한 의사소통유형도 보입니다. 혈압이 높아져 병원에 입원한 엄마를 찾아온 유정에게 비난을 쏟아 붓고 난 후, 아침에 일어나지도 않은 딸에게 전화를 걸어 "유정이니? 너 올 거지? 엄마 입안이 깔깔해서 아무것도 못 먹었어. 너 삼청각 전복죽 좀 사와라. 부드럽게 쑤어 달래서..."라고 요구를 합니다. 엄마의 혼란스럽고 산만한 행동에 유정은 "엄마! 특실밥 잘 나오잖아. 차가운 방바닥에서 수갑 차고 밥 먹는 사람도 있어."라고 쏘아붙이면서 전화를 끊어버립니다. 유정의 엄마는 역기능적 의사소통유형 중에서 비난형과 산만형 두 가지를 상황에 따라 적절하게 사용하는 것입니다.

인간이 나타내는 대부분의 행동들은 자동적으로 표출되는 경우가 많습니다. 의사소통유형 또한 예외가 아니라서 역기능적인 의사소통이라고 인식하지 못하는 사이에 행동으로 표출됩니다. 자기 자신에게 귀를 기울이고, 자신의 경험, 과거와 현재를 자각하고 수용하면, 더 이상 규칙으로부터 구속받지 않고, 자동적으로 역기능적인 의사소통유형을 나타내지 않게 될 것입니다. 그러므로 일치된 의사소통유형으로 변화하려면 새로운 경험을 통한 학습과 의도적인 연습이 필요합니다. 의사소통 방식이 일치적일 때, 부정적인 정서적 자극은 힘을 잃게 되고, 과거에 희생자였다는 인식에서 벗어나게 됩니다.

역기능적인 의사소통유형이 지닌 각각의 강점을 활용해서 기능적인 의사소통으로 변화할 수 있는 방법이 있습니다. 회유형의 강점은 '동의'입니다. 거부를 잘 못하고 동의를 해야 하기 때문에 불안이라는 감정을 수반하게 됩니다. 'Yes'를 하는 회유형이 지불해야 할 대가는 많은 사람을 기쁘게 하려는 행동으로 인한 과도한 스트레스와 자기정체성 상실입니다. 회유형의 역기능적인 의사소통을 가지고 있는 사람들을 일치형 의사소통으로 성장할 수 있도록 도와주는 방법은 "네가 진짜 원하는 게 뭐야? 너를 찾아라."라고 질문하고 권유하는 것입니다.

비난형의 강점은 '반대'입니다. 비난형이 자주 나타내는 감정은 분노와 초조이기 때문에 여유가 별로 없습니다. 비난형의 사람들이 가장 마주하고 싶지 않은 것은 '열등감'인데, 열등감을 마주하지 않으려니까 자신이 스스로 부담을 떠안고 과도하게 일하는 것입니다. 비난형 의사소통을 하는 사람들이 우선시하는 것은 우월감을 확보하는 것이므로 일치형 의사소통으로 성장할 수 있도록 도와주는 방법은 그들이 이야기할 때 잘 들어주는 것, 즉 경청입니다.

초이성형(계산형)의 강점은 '이성'입니다. 초이성형이 자주 나타내는 감정은 초조와 불안입니다. 이 유형의 사람들이 가장 마주하고 싶지 않은 것은 수치스러움과 혼란스러운 것입니다. 이것을 위해서 초이성형은 사회적인 소외와 고립이라는 대가를 기꺼이 지불하기도 합니다. 초이성형 의사소통을 하는 사람들이 우선시하는 것은 통제이므로 일치형 의사소통으로 성장할 수 있도록 도와주는 방법은 "남들을 용납하지 못하는 당신들이 가지고 있는 규칙에 감정을 추가해보세요. 그때는 어떤 느낌입니까? 그때 당신의 기분은 어땠나요? 그때의 감정을 말해보세요."처럼 규칙에 감정을 추가해 보도록 권장하는 것입니다.

산만형의 강점은 '산만함'입니다. 산만형이 자주 나타내는 감정은 혼란감인데, 이 유형의 사람들이 가장 마주하고 싶지 않은 것은 고통과 스트레스입니다. 영화 <우리들의 행복한 시간>에서 유정의 엄마는 유정에게 "너 엄마에게 그렇게 이야기 하지 마. 네가 그렇게 말하면 엄마 고통스러워. 나 스트레스 받아 쓰러지면 다 너 때문이야."라고 하소연을 하고, "너 엄마에게 그렇게 이야기하면 엄마 쓰러져서 죽을 지도 몰라."라고 협박을 하기도 합니다. 산만형 의사소통을 하는 사람들이 지불해야 할 대가는 낮은 생산성입니다. 고통과 스트레스를 회피하려다 보니 생산성이 낮아질 수밖에 없습니다. 이 유형의 사람들이 우선시하는 성격 특성은 편안함인데, 일치형 의사소통으로 성장할 수 있도록 도와줄 수 있는 방법은 "당신은 어떤 의미에서 그런 행동을 했습니까? 그럴 때 당신은 어떻게 느껴집니까? 당신이 무엇처럼 느껴집니까? 당신이 어떤 동물처럼 느껴졌습니까?" 같은 질문으로 스스로 자기를 알아차릴 수 있도록 기회를 주는 것입니다.

가족상담을 통해 내담자를 일치된 의사소통유형으로 성장시키는 것은 경험주의 가족상담의 중요한 치료목표입니다. 사티어는 높은 자존감을 갖고 일치된 의사소통을 하는 사람을 기능적인 사람이라고 했는데, 일치형 의사소통을 하는 사람은 자기의 독특함을 인정하고, 다른 사람과의 에너지가 자연스럽게 순환되고, 개성이 뚜렷하면서 개방적입니다. 그리고 다른 사람을 잘 받아들이고, 자신을 잘 개방하며, 자신과 다른 사람을 기꺼이 신뢰합니다. 또한, 모험을 두려워하지 않고, 상처를 기꺼이 감수하며, 자신의 내적·외적 자원을 잘 활용하고, 자신과 타인을 사랑하며, 변화를 받아들이는 데 융통성이 있습니다.

표 8-1 의사소통 유형의 특징

소통유형	단어	감정	회피 하는 것	지불해야 할 대가	우선시 하는 성격 특성	해줄 수 있는 것
회유형	동의	불안	거부	정체성 상실 너무 많은 사람을 기쁘게 해야 함	기쁨	자신이 원하는 것은 무엇인가?
비난형	반대	분노/초조	열등	과도하게 일함 과도한 부담	우월감/의미	잘 들어주는 것(경청)
초이성형	이성	초조/불안	수치심/혼란스러움	사회적 소외	통제	규칙에 감정을 추가
산만형	산만	혼란감	고통/스트레스	낮은 생산성	편안	스스로 자기 자신이 알아차리기

사티어의 경험주의 가족상담 모델의 궁극적 치료목표는 성장입니다. 자존감을 증진시키고, 스스로 선택할 수 있는 사람이 되도록 촉진하고, 책임 있는 사람이 되도록 돕고, 의사소통 유형이 일치형으로 될 수 있도록 돕는 것이 성장으로 가는 길입니다. 변화가 없으면 성장은 멈출 수밖에 없습니다. 자기의 새로운 것을 발견하고, 알고, 이해하고, 새롭게 적용하는 것이 진정한 변화입니다.

3 경험주의 가족상담 기법

1) 재정의: 보는 눈을 변화시킴

영화 <우리들의 행복한 시간>에서 유정의 가족에 대한 경험주의 가족상담 개입은 재정의하는 것으로 시작할 수 있을 것입니다. 재정의는 보는 눈을 변화시키는 것을 도와주는 과정입니다. 자신의 문제, 가족의 문제에 대하여 꼬여있는 시각으로 바라보던 내담자의 눈을 긍정적이고 적절하고 정상적인 것으로 재규정해 줌으로써 의미와 판단을 변화시키는 것입니다. 유정이의 삶을 송두리째 바꾸어 놓은 그날은 변하지 않습니다. 그러한 사실은 변하지 않지만, 가족 구성원들의 고정관념, 사고, 판단의 준거를 이루는 틀을 변화시킴으로써 행동, 감정, 사고의 변화를 가져올 수 있을 것입니다. 고정관념에 공간이 생기고, 사고가 변하면 인간의 행동과 감정은 생긴 공간을 타고 흘러 긍정적인 변화를 만들어 낼 수 있습니다. 마치 자동차가 전진할 때 뒷바퀴가 앞바퀴를 따라가는 것과 같습니다. 부정적인 측면에서 보던 것에서 긍정적 측면을 보도록 유도해 주는 것, 느끼고 행동함으로써 스스로 문제를 해결할 수 있도록 이끌어 주는 기법이 재정의입니다.

2) 부분들의 잔치: 내적 자원(씨앗)들의 통합

경험주의 가족상담을 통해 개입할 수 있는 두 번째 자원은 '부분들의 잔치'입니다. 부분들의 잔치는 내적 자원들의 통합을 이루는 것입니다. 유정의 엄마와 오빠가 가지고 있는 강점, 유정이 가지고 있는 강점을 통합시켜주는 것입니다. 엄마가 가지고 있는 경제적인 안정, 희생, 로맨틱한 면, 오빠가 가지고 있는 친절, 학식, 이성적인 배려, 그리고 유정이 가지고 있는 솔직함, 실천력, 도전적인 정의감 등 가족 구성원 개개인의 내적인 면과 자원들을 발견하고 통합하여 일치적인 개인이 되도록 도와주는 것입니다. 그러기 위해서는 먼저 내적 자원을 발견할 수 있도록 해야 합니다. 대부분의 내담자들은 자신과 가족 구성원들이 가지고 있는 내적 자원을 잘 인식하지 못합니다. 역기능적인 의사소통에 익숙해서 자동적으로 판단하고 행동하기 때문에 내적 자원을 살펴볼 여유가 없는 것입니다. 그러므로 가족상담 과정에서는 가족들이 미처 발견하지 못하는 강점, 내적 씨앗 등의 자원들을 발견할 수 있도록 도와주어야 합니다. 안에 있는 내적 자원들을 끌고 나와서 인정하고, 이해하고, 수용하고, 다듬어서, 변형하고 통합시켜야 합니다.

3) 가족조각

특정 시기에 어려웠던 사건을 선정해서(유정의 경우 사촌오빠에게 강제로 성추행 당하던 그날 엄마에게 비난받았던 때를 가장 어려웠던 사건이라고 생각할 것입니다) 신체적으로 상징화하기 위하여 사람이나 대상물을 배열하여 시각화하는 것을 가족조각이라고 합니다. 가족조각 기법은 비언어적인 자기표현이지만 가족 관계의 변화를 촉진하는 매우 강력한 도구가 될 수 있습니다. 가족조각 기법은 언어적인 표현이 부족하고, 소극적으로 참여하는 가족들을 자연스럽게 상담에 참여하게 하는 장점을 가지고 있습니다. 또한, 가족을 상담하는 과정에서 가족 성원들의 자아존중감을 발전시키고, 자기 스스로 깨달을 수 있도록 자각능력을 증진시키는 효과가 있습니다. 그러므로 상담자의 직접적인 개입을 용이하게 하며, 새로운 경험을 통하여 스스로의 변화를 만들어내게

도와주고, 인지(알아채는 것), 감정, 사고, 반응에서의 변화를 가져올 목적으로 가족조각 기법을 활용합니다.

예를 들어 영화 <우리들의 행복한 시간>의 주인공 유정이 내담자가 되어 가족조각을 한다면, 유정의 배척감정이 시각화, 표면화되고, 유정이 엄마와 오빠에게 느끼는 자신의 내적인 정서 상태 뿐 아니라 엄마와 오빠의 내적 정서 상태를 스스로 알 수 있습니다. 이 과정을 통해 유정이 느끼는 가족 간의 물리적인 거리, 관계, 감정, 스트레스 상황에서의 대처방법을 통찰할 수 있으므로 가족 구성원이 각각 자신의 내면적 감정을 알아차리고, 접함으로써 진정한 자아에 대해서 인식하고 느낌으로써 자신에게 초점을 맞춘 새로운 대처 방법을 생각해보게 할 수 있습니다.

4) 경험주의 가족상담의 단계

경험주의 가족상담의 개입은 아래 그림 [그림 8-1]과 같이 초기, 중기, 종결로 흐름이 이어집니다.

.... 그림 8-1 **경험적 가족상담의 치료적 개입** ....

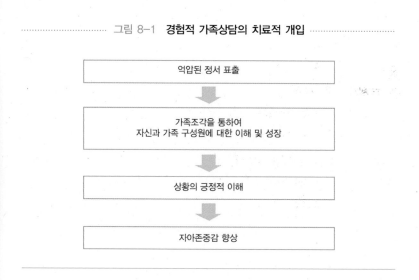

영화 <우리들의 행복한 시간>에서 유정의 열다섯 살 그날. 엄마에게서 "입 다물고 있으라, 창피한 줄 알라."는 말과 함께 뺨을 맞은 그날 이후로 한 번도, 어느 누구에게도 자신의 아픈 상처를 이야기 한 적이 없었던 유정. 그런 아픈 상처를 치유하게 해주고, 사람을 사랑할 수 있다는 것을 통해 살아있다는 행복을 깨닫게 해준 윤수의 사형집행이 결정됩니다. 사형집행을 막기 위해 동분서주 해보지만 방법이 없자 지푸라기라도 붙잡는 심정으로 엄마의 병실로 뛰어 들어와 눈물이 범벅이 되어 15년 동안 꼭꼭 싸매어 누르고 담아왔던 가슴 속 이야기를 합니다.

"죽을 때까지 미워하면서 살려고 그랬어. 정민석이라는 그 인간보다 엄마를 더 미워했는데, 지금 이렇게 용서해보려고 온 거야. 혹시 하나님이 계시면 내가 엄마를 용서하는 게 나한테는 죽기보다 힘든 일이라는 거 아실테니까. <중략> 엄마는 죽지 말란 말이야. 나를 욕하고 괴롭혀도 좋으니까 살아만 있으란 말이야."

유정은 자살시도와 반항적인 행동을 통해 자신의 억압된 감정을 보이기만 했을 뿐, 공격적인 행동 아래에 꼭꼭 숨겨둔 엄마에 대한 정서의 실체를 한 번도 내보인 적이 없습니다. 경험주의적 가족상담의 개입 측면에서 보면 유정은 첫 번째 단계 중 '억압된 정서 표출'을 한 것입니다. 쉽지 않지만 오래 묵혀 두었던 마음 속 응어리를 토해낸 것입니다.

다음 단계는 유정의 가족들이 협력하고 화답할 차례입니다. 초기에 억압되었던 감정이 표출되면 가족조각 기법을 통해서 문제에 직면하고, 가족 구성원들이 유정의 자기 이해와 가족 구성원에 대한 이해의 폭을 넓히는 것을 도와주고 성장할 수 있도록 협력해야 합니다. 가족조각 기법은 사건이 일어났던 그날의 상황에 대하여 희생자였다는 인식에서 벗어나 긍정적으로 이해할 수 있는 징검다리 역할을 하게 될 것입니다.

모든 인간행동은 개인이 세계를 지각하고 해석한 결과에 따른 것입니다. 객관적 현실이 아닌 자신의 현상학적 장에 입각하여 재구성된 현실에 반응하기 때문에 각각 다르게 행동할 수 있습니다. 엄마가 유정의 아픔을 이해하지 못하고 공감해주지 못했던 그날이 엄마가 처한 상황에서 지각하고 해석한 결과였음을 긍정적으로 이해하는 사고의 전환을 이룰 수 있을 것입니다.

긍정적인 이해를 하는 단계를 거치면 역기능적인 의사소통유형을 일치형 의사소통유형으로 변화할 수 있도록 새로운 의사소통 방법을 학습하고, 과제수행을 통하여 연습하고, 감정을 공유하기 위한 노력을 해야 합니다. 그럼으로써 일치하지 않았던 현실적 자아와 이상적 자아의 차이가 좁아지게 되고, 점진적으로 삶의 의미를 찾고, 주관적인 자유를 실천하는 성숙된 삶의 태도를 갖게 되어 자아존중감 향상이라는 궁극적인 목표가 이루어질 것입니다. 이것은 인간이 성장과 자기증진을 위하여 끊임없이 노력하는 성장지향적 유기체이기 때문에 가능한 것입니다.

 영화 〈우리들의 행복한 시간〉을 활용한 가족상담 레시피

 레시피 1: 그날　　　　　　지시적 접근 + 연상적 접근

 치유적 장면: 영화 감상

사촌오빠에게 성폭행을 당한 유정이 엄마에게 울면서 이야기를 하는데 엄마는 역정을 내면서 뺨을 때리는 장면

① 이 장면을 보고 올라오는 감정은 무엇인가요?
② 엄마에게 뺨을 맞은 유정의 마음은 어땠을까요? 만약 당신이 유정이라면 어떻게 행동했을까요?

③ 만약 당신이 엄마였다면 어떻게 행동했을까요?

④ 그날 이후 유정은 엄마를 용서하지 않기로 결심을 합니다. 혹시 당신에게도 용서를 하지 못하는 가족이 있나요?

 레시피 2: 고백 지시적 접근 + 연상적 접근

집단활동 권장

 치유적 장면: 영화 감상

유정이 교도소 면회실에서 윤수에게 자신이 강간당했던 경험을 고백하는 장면

① 아무에게도 이야기하지 않고 당신의 마음에 꼭꼭 숨겨둔 아픈 상처를 이야기하면 그 비밀을 죽음까지 가져갈 사람이 있나요?

② 당신의 비밀을 끝까지 알지 못하기를 바라는 사람이 있나요?

 레시피 3: 가족사진 촬영하기 표현치료

준비물: 즉석사진기

 치유적 장면: 영화 감상

윤수가 못해본 일이 많다고 하자 유정이 이곳저곳 다니면서 사진을 찍어 윤수에게 선물하는 장면

 마음타래 풀기: 가족사진 촬영하기

당신이 사진기사가 되어 가족사진을 촬영합니다. 자신의 느낌대로 가족의 위치, 표정, 자세를 지시하면서 사진을 촬영할 수 있습니다. 단, 가족사진을 촬영하는 동안 장난으로 웃거나 이야기하지 않도록 가족들에게 주의를 주시기 바랍니다.

① 당신이 촬영한 가족사진이 마음에 드시나요? 소감을 말씀해주세요.
② 가족사진에서 바라는 것은 어떤 모습이었나요?
③ 가족사진에 제목을 붙인다면?

 마음에 북주기: 역할극

다른 가족의 역할을 수행해봄으로써 해결되지 않은 경험과 방해요소를 체험해보시기 바랍니다. 새로운 시각으로 자신을 바라보고 가족과 마음을 나눌 수 있는 기회가 되어 이해의 폭을 넓힐 수 있을 것입니다.

제9장

구조주의 가족상담

🎥◀ 영화 기본 정보

제목: 길버트 그레이프(Gilbert Grape, 2015재개봉, 1994)

제작국: 미국

감독: 라세 할스트롬

출연: 조니 뎁, 줄리엣 루이스, 레오나르도 디카프리오

장르: 드라마

러닝타임: 118분

관람기준: 12세 관람가

📷 힐링시네마를 위한 이 영화의 키워드

가장역할/비만/지적장애/가족부양/진로

1 구조주의 가족상담 이해

피터 헤지스(Peter Hedges)의 소설 What's Eating Gilbert Grape(무엇이 길버트 그레이프의 삶을 갉아먹는가?)를 원작으로 조니 뎁(Johnny Depp)이 주인공으로 열연한 영화 <길버트 그레이프(Gilbert Grape)>는 구조주의 가족상담의 이해에 유익한 도움을 줄 것입니다.

영어 원제목의 의미처럼, 주인공 길버트 그레이프는 자신의 도움 없이는 아무 것도 할 수 없는 가족의 울타리 속에 갇혀 무기력하고 희망 없는 하루하루를 보냅니다. 17년 전 아버지가 자살한 뒤로 폭식증에 걸려 200kg이 넘는 거구가 된 어머니, 30세를 넘긴 노처녀 누나 에이미, 정신지체 장애를 가지고 있는 남동생 어니와 외모에 관심이 높은 반항적인 사춘기 여동생 엘렌을 부양해야 합니다. 대학을 졸업한 형이 있으나 집을 나가 소식이 끊긴 지 오래되었습니다. 영화는 가족을 소개하는 길버트 그레이프의 독백으로 시작하지만 정작 그는 자기에 대한 소개는 하지도 못합니다. 길버트 그레이프의 삶에 길버트 그레이프는 없기 때문일까요? 24살 파릇파릇한 청년 길버트 그레이프의 시간과 정력은 오로지 가족을 부양하는 데에 소비될 뿐입니다.

대형마트에 밀려 손님이 줄어들기 시작하는 동네 식료품점에서 배달을 하며 무기력한 나날을 보내는 길버트 앞에 어느날 우연히 오토캠핑족 소녀 베키가 나타나고, 길버트는 운명처럼 베키를 사랑하게 됩니다. 베키를 통하여 자신의 욕구와 의지대로 살아가는 자유로운 삶을 동경하게 된 길버트는 모든 것을 훌훌 털어버리기로 결심하고 어깨에 짊어진 무거운 짐 같은 가족과 변화 없이 침체되어 있는 마을을 떠나지만, 결국 가족이라는 끈에 이끌려 다시 돌아오고 맙니다. 길버트의 가족은 길버트의 삶을 옥죄기도 하지만 결코 끊어버릴 수 없는 사슬이고, 수난과 고통을 함께 하는 공동체이며, 그의 양심이 결코 그것을 허락하지 않기 때문에 길버트는 가족

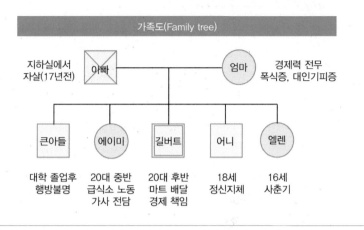

········· 그림 9-1 **길버트 그레이프의 가족사항** ·········

가족도(Family tree)

지하실에서
자살(17년전)   아빠   엄마   경제력 전무
폭식증, 대인기피증

큰아들   에이미   길버트   어니   엘렌

대학 졸업후   20대 중반   20대 후반   18세   16세
행방불명   급식소 노동   마트 배달   정신지체   사춘기
가사 전담   경제 책임

을 떠날 수가 없습니다.

길버트가 힘들어하는 가장 큰 이유는 가족들을 부양해야 한다는
책임감 때문입니다. 하지만 가족에 대한 배려와 사랑을 잃고, 증오
심을 보이기도 하는 그의 행동을 보면 그를 정말 힘들게 하고 괴롭
히는 것은 길버트 자신일 수도 있다는 생각이 듭니다. 어니의 열여
덟 번째 생일 전날, 몸을 씻지 않겠다고 반항을 하는 동생 어니에
게 길버트는 화를 참지 못해 주먹을 휘두르고 집을 뛰쳐나갑니다.
그의 몸은 가족들 곁에 있었지만 마음은 어딘가로 떠나가고 싶었던
것입니다. 가족들을 책임지고는 있지만 그 책임이 너무 무거워 버
거웠던 것입니다. "네가 원하는 게 무엇이냐?"는 베키의 질문에 길
버트는 가족을 위한 새 집을 원한다고 하면서 어머니가 에어로빅이
라도 했으면 좋겠고, 엘렌은 철이 좀 들고, 어니에겐 새로운 뇌가
있었으면 좋겠다고 대답합니다. "너만을 위한 것은 없느냐?"고 묻
자 길버트는 좋은 사람이 되고 싶다고 말을 하는데, 이 말에는 그
가 가족들을 챙기고 있지만 마음속에는 가족을 향한 원망과 부담감
으로 인한 죄책감이 있다는 것을 보여주고 있습니다.

영화 <길버트 그레이프>는 무기력한 삶을 살아가는 한 청년이 무거운 책임과 막연한 의무감에서 벗어나 자신이 해야 할 일을 깨닫게 되는 과정을 그린 성장영화입니다.

구조적 가족치료의 이론적 근거는 구조주의입니다. 구조주의에서는 체계 전체와 부분은 부분 간의 관계를 통해서만 적절히 설명할 수 있다고 전제하는데, 이것을 가족체계에 적용하면 가족과 가족구성원을 이해하기 위해서는 구성원 간의 관계를 이해해야 한다는 것입니다. 구조주의 가족상담에서 구조는 구성원들의 상호작용을 조직화하는 기능적 규칙들이 모인 것이라고 할 수 있습니다. 예를 들면, 영화에서 식사시간에 길버트가 엘렌이 입에 음식을 넣고 말을 하는 것에 대한 지적을 하자 엘렌은 길버트에게 "아빠"를 언급하며 비아냥거립니다, 이에 엄마는 충동적이고 예민한 반응을 보이고 불같이 화를 냅니다. 그러니까 길버트네 가족에서 '아빠' 이야기를 꺼내는 것은 금기시하는 규칙이 있는 것이지요. 또한 식사할 때 테이블에 음식을 차려서 한 발자국도 움직이기 싫어하는 어머니가 있는 소파까지 가지고 오는 것, TV 채널주도권을 엄마가 쥐고 있는 것, 소파에서 잠을 자는 엄마, 그리고 사소한 것도 항상 엄마에게 물어 본 다음에 행동하는 것 등은 길버트네 가족의 기능적 규칙이라고 할 수 있습니다.

구조적 가족상담의 중요한 목적은 구조적 변화에 초점을 두는 것이며, 상담자는 가족이 재구조화해가는 과정에 적극적인 자세로 개입합니다. 가족의 구조가 변하면 동시에 가족성원들의 지위가 달라져서 결국 각 개인의 경험도 변할 수밖에 없다고 보기 때문에 환경의 변화는 한 개인의 지각을 변화시킬 만큼 지대한 영향을 미친다는 것입니다. 구조적 가족상담에서 개인의 병리는 가족구조와의 관계에서 이해되어집니다. 개인의 기능장애는 인간관계 규칙의 문제, 즉 가족의 구조상의 문제점이 반영된 것이라고 생각하는 것입니다. 그러므로 구조적 가족치료에서는 가족체계의 경계선, 제휴, 권력을 변화시키려는 노력에 의해서 가족구조를 개선하는 것을 시도합니다.

구조적 가족상담의 목표는 가족의 구조를 바로잡는 것이므로 역기능적 구조를 기능적 구조로 재구조화하는 데 있어서 상담자가 해야 하는 중요한 일은 역기능적인 경계선을 기능적인 경계선으로 만드는 것입니다. 역기능적인 경계선은 격리된 가족에서 나타나는 경직된 경계선, 밀착된 가족에서 나타나는 애매한 경계선 2가지가 있고, 기능적인 경계선은 정상적인 가족에서 볼 수 있는 명료한 경계선을 말하는 것입니다. 경계선은 감정적인 선이 아닌 물리적인 선을 의미하는데, 가족 구조 내에서 구조적 위계질서를 바로잡는 것은 명료한 경계선을 만드는 일입니다. 가족은 1세대, 2세대, 3세대 등 세대별로 효율적인 계층구조가 있어야 하고, 부모 간에는 안정적인 연합이 있어야 하고, 부모가 연합할 때 형제체계는 동료체계가 되며, 부부의 하위체계는 분리된 하나의 실체로서 존재하는 것이 구조적 가족상담의 목표입니다.

2 가족진단

영화 <길버트 그레이프>의 가족구조 경계선을 살펴보도록 하겠습니다. 정신지체장애를 가진 아들 어니와 엄마는 대단히 밀착되어 애매한 경계선을 보이고 있습니다. 18살 된 아들을 껴안고 어린애 대하듯 모든 것을 받아줍니다. 장애를 가지고 태어났고, 아버지의 사랑과 보살핌을 전혀 받지 못한 아들이니 각별한 애정을 쏟는 것을 이해하지 못하는 것은 아니지만 분별력 없는 사랑과 감싸는 양육만 존재할 뿐 기본적인 모자관계의 위계질서는 존재하지 않습니다. 이러한 엄마와 어니의 애매한 경계선은 다른 가족들의 희생을 당연하게 여기고 위화감을 조성하는 원인이 됩니다. 반면 길버트와 엄마는 경직된 경계선을 나타내고 있습니다. 엄마와 아들 사이에 의미 있는 대화는 없고, 지시와 비난 속에 엄마의 일방적인 요구가 이어집니다. 가족의 생계를 책임지는 일꾼과 여주인 같은 관계만 존재할 뿐 존경과 사랑은 찾아볼 수 없고, 엄마는 일찍 죽은 남편 대신 전적으로 길버트에게 경제적인 의지를 하고 있고 때로는 남편의 역할까지 요구하고 있습니다. 큰 딸 에이미는 엄마를 대신하여 가족들의 식사와 살림을 맡아하면서 엄마까지 챙기고 보살피는 가정주부 역할을 불평 한 마디 하지 않고 감당합니다. 엄마로서, 가정주부로서의 역할을 감당해내지 못하면서도 "베이컨은 오븐에 잘못 구우면 바삭바삭하지 않는다."고 잔소리를 늘어놓는 엄마의 비위를 건드리지도 않고, 자신의 마음을 표현하지 않는 경직된 경계선을 보이는 관계입니다. 영화에서는 막내딸 엘렌과 엄마와의 관계를 살펴볼만한 장면이 많지 않지만, 엘렌이 엄마에게 어리광이나 애교를 부리는 모습을 볼 수 없는 것으로 미루어 짐작해보면 경직된 경계선을 가지고 있는 것 같습니다.

그림 9-2 **부부 및 부모 하위체계**

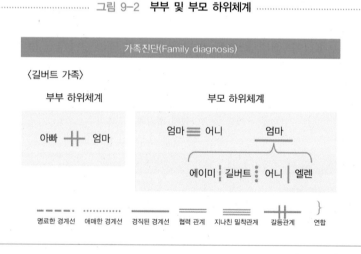

형제자매 하위체계를 살펴보면 누나 에이미와 길버트는 가정을 실질적으로 이끌어가는 중심축으로써 각자 어깨에 짊어진 삶의 무

게를 잘 알고, 순응하며, 서로 존중해주는 명료한 경계선, 여동생 엘렌에게 에이미는 실질적인 엄마의 역할을 하고 있고, 나이 차이가 많이 나서 함부로 대할 수 없는 상대라서 언니가 지시하는 것은 토를 달지 않는 명료한 경계선을 유지하고 있습니다. 한편, 어니에게 누나 에이미와 형 길버트는 부모같이 듬직하게 보살펴주기도 하지만 함께 다니고 놀아주는 친구같은 존재입니다. 지적 장애를 가지고 있는 어니는 5살짜리 아이를 키우듯 모든 것을 챙겨주어야 정상적인 생활이 가능하며 때로는 통제할 수 없는 행동 때문에 곤란한 상황(높은 곳에 올라가서 경찰서에 잡혀가거나 자신의 생일케이크를 뭉개버리는 일)을 만들기 때문에 출발부터 애증으로 밀착되어 있는 애매한 경계선입니다. 여동생 엘렌은 열 살 차이가 나는 오빠 길버트에게 따지고, 비아냥거리고, 대들고, 손가락 욕도 합니다. 길버트 또한 엘렌의 행동을 못마땅하게 여기고, 분노가 엘렌을 향할 때 이성을 잃어버리는 모습을 보면 손위아래의 구분이 없이 반목질시하는 경직된 경계선을 가지고 있습니다. 또한, 엘렌은 말도 안통하고 지적 능력이 떨어지는 오빠 어니의 존재를 귀찮아하고, 우습게 여기고, 홀대하며 하극상 행동을 하므로 이 관계 또한 경직된 경계선이라고 할 수 있습니다.

-------------------------------- 그림 9-3 **형제 하위체계** --------------------------------

가족진단(Family diagnosis)

〈길버트 가족〉

형제 하위체계

엄마
───────────────────
에이미 = 길버트 ≡ 어니 ┼┼ 엘렌

위에서 살펴본 바와 같이 영화 <길버트 그레이프>의 가족구조 경계선에서 정상적인 가족으로 기능할 수 있는 명료한 경계선을 보이는 관계는 길버트와 누나 에이미, 에이미와 여동생 엘렌의 관계밖에 없습니다. 즉, 가족관계에 존재하는 경계선 10개 중 2개만 정상적으로 기능을 할 수 있다는 것입니다. 경직된 경계선, 애매한 경계선에서 비롯되는 가족의 역기능은 평상시에 잘 나타나지 않기 때문에 대부분의 가족들은 자신들의 역기능적인 경계선이 표면으로 드러나면 얼마나 무시무시한 괴물 같은 모습을 연출하는지 인식하지 못하고 살아갑니다. 그렇지만 일상적인 일에서 조금이라도 벗어나는 사건이 발생하면 그동안 실체를 드러내지 않던 역기능적인 경계선은 마른 하늘에 천둥 번개가 치는 것처럼 걷잡을 수 없는 상황으로 전개됩니다. 길버트네 가족들은 '어니의 경찰서 구금', '길버트의 부적절한 관계'와 '베키와의 사랑', '어니의 성인식 파티', '어머니의 갑작스러운 심장마비사'라는 상황과 사건을 마주하면서 수면 아래 잠잠하게 가라앉아있던 감정이 드러나 미묘한 갈등상황으로 전개되면서 위기를 맞이하게 됩니다.

영화 <길버트 그레이프>에서 길버트 앞에 우연히 나타난 캠핑족 베키는 길버트의 가족 속으로 들어가 구조주의 가족상담사 역할을 훌륭하게 해냅니다. 나무 위에 올라가 내려오기를 거부하고 물을 두려워하던 어니를 물에 들어오게 만들고, 길버트가 마음의 빗장을 풀고 가족들에게 다가가게 만드는 징검다리를 놓기도 합니다.

························· 그림 9-4 **가족상담 목표** ·························

치료목표(Therapeutic goals)
엄마

에이미 = 길버트 = 어니 = 엘렌

특히 7년 동안 아무와도 만나지 않았던 길버트 엄마의 규칙을 깨트리고, 길버트가 자신의 마음을 솔직하게 표현함으로써 엄마와 화해하고 성장할 수 있도록 중요한 역할을 감당합니다.

3 구조적 가족치료 과정과 단계

구조주의 가족상담은 상담자가 내담자 가족의 구조에 변화를 주고 재구조화하는 과정에 적극적으로 개입하기를 바랍니다. 미누친(Minuchin)은 가족의 재구조화와 가족체계의 변형을 촉진하기 위하여 상담자가 개입하는 과정을 3단계로 분류하고 있습니다. 1단계는 '참여'로 가족과 합류해서 지도자로서의 위치를 확인하는 것인데, 기존의 가족구조 패턴에 합류하는 것입니다. 2단계는 가족의 기본 구조를 확인하는 것입니다. 이 과정에서는 가족의 역기능적 구조를 평가하고 사정하는 것입니다. 마지막 3단계는 가족구조를 변화시키는 단계입니다. 이 단계를 흔들기 단계라고 하는데, 가족구조를 변화시키기 위해 환경을 조성하고 재구성하여 가족의 기능적인 역할을 수행하도록 돕는 것입니다.

1단계 참여하기는 가족들과 상담자 간의 신뢰감을 형성하는 것이 중요합니다. 그러기 위해서 상담자는 기존 가족체계를 적극적으로 지지하고 인정해서 가족을 편안하게 해주는 것이 좋습니다. 자신의 행동을 가족의 상호작용에 맞추어 가족의 상호작용 방식을 존중하고 그것을 따르려고 노력해야 합니다. 이것은 상담자가 가족이 가지고 있는 기존의 구조를 유지해 나가는 것을 존중해 주는 것입니다. 참여단계에서 상담자는 따라가기 기법을 많이 사용하는데, 가족들이 지금까지 해 온 의사소통이나 행동을 계속하도록 지지하여 가족의 기존 상호작용 흐름에 거슬리지 않고 쫓아가는 것입니다. 대체로 가족이 말한 것을 반복하기와 흥미 보이는 것을 열심히 듣는

그림 9-5 **가족상담 과정**

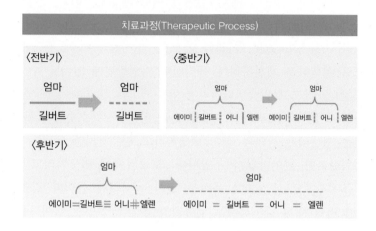

태도 등을 통해서 이루어집니다. 참여하기 단계에서 상담자는 판토마임처럼 가족의 언어사용, 동작, 감정표현, 비유적 표현 등을 그대로 흉내를 냄으로써 합류를 촉진할 수 있습니다.

영화 <길버트 그레이프>에서 베키는 평범하지 않은 어니의 행동을 지지하고 인정해 줌으로써 어니와 길버트를 편하게 해주고, 그들의 방식을 존중하고 따라줌으로써 흐름에 역행하지 않습니다. 식료품을 배달해주는 과정에서 어니가 자기가 하겠다고 설치다가 땅에 엎었을 때 길버트가 "미안하다."고 반복적으로 사과를 하자 어니에게 "너도 미안하니?"라고 질문함으로써 길버트가 더 이상 미안해하지 않아도 되는 상황을 조성한 것은 구조주의 가족상담의 1단계(참여하기)에 해당하는 것이라 할 수 있습니다.

2단계 이해하기에서는 적극적으로 가족의 구조를 이해하는 것이 중요합니다. 가족의 구조를 이해하기에 적합한 방법으로 실연화(enact-ment inducement)가 있는데, 실연화는 역기능적인 가족 구성원 간의 상호작용을 실제로 재현시키는 것으로 구조주의 가족상담에서 사용하는 적극적이고 독특한 기법입니다. 상담자가 구상하고 있는 상호작용의 방법을 가족들로 하여금 실제로 행동을 통해서 연기하도록 하는 것입니다. 행동을 통한 실연화 기법은 직접적이고, 상담자가 적극적으로 가족과 관여하게 됨으로써 긍정적인 상담관계의 성립에 기여할 가능성이 크며, 가족들 스스로 역기능적인 구조를 새로운 구조로 실험하고 개선하려는 움직임이 자연스럽게 일어날 수 있다는 장점을 가지고 있습니다.

영화 <길버트 그레이프>에서 옷을 입은 채로 호숫가에 들어간 베키는 어니에게 들어와 같이 수영하자고 권유하지만 어니는 물을 무서워한다며 들어가길 거부합니다. 호숫가에서 머뭇거리고 있는 길버트에게 "당신도 물이 무서운 것이 아니라면 들어와 같이 놀자."며 어니 대신 들어오라고 권유하자 잠깐 망설이던 길버트는 호수에 들어가 재미있는 물놀이를 합니다. 물에 들어가기 전에 길버트가 몸에 물을 적시는 행동이 어색한 것을 보면 물이 무서워 들어가기 겁내는 것은 길버트도 마찬가지였던 것 같습니다. 며칠 후에 베키와 놀던 어니는 나무 위에서 물로 뛰어내리는 행동을 하게 되는데, 물에 들어가기를 거부하는 역기능적인 행동을 실연화를 통해 개선한 좋은 예로 평가할 수 있습니다.

3단계는 흔들기 단계인데, 가족이 정의하는 문제 방식에 도전하는 상담의 핵심적인 부분으로 역기능적인 구조를 기능적인 구조로 재구조화시키는 것입니다. 개인만 고치면 된다는 믿음에 도전함으로써 재구조화를 시도하는 과정에서 가족의 역기능적인 상호작용을 집중적으로 부각시키는 것입니다. 주제 반복을 통하여 상담자가 가족에게 전달하고 싶은 내용을 반복적으로 전달하고, 가족과 이야기하는 동안 바람직한 행동을 하도록 직접 요구하며 상호작용하는 방법을 활용해보라고 반복적인 지적을 하는 단계입니다.

영화 <길버트 그레이프>에서 길버트는 가족을 떠나지 못하고 다시 돌아와 베키의 품에 안겨 "갈 곳이 없어."라며 눈물을 흘립니다. 그리고 가족의 식비를 벌기 위해 매일 시간외 근무를 했던 일,

엄마가 충격에서 헤어 나오지 못한 것, 아버지가 한 마디 말도 없이 자취를 감추고 지하실에서 목을 맨 채 발견되었던 사건 등을 이야기 합니다. 그런 길버트에게 베키는 그런 일이 벌어진 것이 누구의 탓이라고 생각하느냐고 반복해서 질문을 합니다. 이 질문으로 길버트는 그것이 자신의 탓도, 아버지의 탓도 아님을 깨닫게 되고 자신이 앞으로 무엇을 해야 할지 알게 됩니다. 길버트의 문제방식에 도전하여 흔들었던 베키의 개입은 오랜 시간 동안 창피하고 부끄러워 누구에게도 소개하지 못한 엄마를 어니의 생일날 베키에게 소개하는 변화를 이끌어냅니다. 길버트 스스로 역기능적인 구조를 기능적인 구조로 바꾸는 재구조화를 이루어낸 것입니다.

 영화 〈길버트 그레이프〉를 활용한 가족상담 레시피

 레시피 1: 가족 소개　　지시적 접근 + 연상적 접근

집단활동 권장

 치유적 장면: 영화 감상

길버트 그레이프가 독백을 하듯 자기의 가족구성원을 한 사람씩 소개하는 장면

 마음타래 풀기 1: 시나리오 작성

당신은 지금 당신의 가족을 소개하는 영화의 시나리오를 쓰는 작가가 되었습니다. 5분 동안 가족소개를 하는 시나리오를 작성하세요.

마음타래 풀기 2: 작성한 시나리오를 활용하여 가족소개 동영상 촬영하기(휴대폰 활용)

① 시나리오를 쓰면서 어떤 감정이 올라왔나요?

② 시나리오를 쉽게 쓸 수 있었던 가족구성원은 누구인가요?
   설명하는 것이 어렵게 느껴진 가족구성원은 누구인가요?

③ 시나리오에서 먼저 소개하는 가족구성원은 누구인가요?

④ 시나리오에서 마지막으로 소개하는 가족구성원은 누구인가요?

⑤ 소개하고 싶지 않은 가족구성원이 있었나요?

⑥ 가족소개 동영상을 촬영한 후의 느낌은 어떻습니까?

레시피 2: 우리는 한 가족　　　　　연상적 접근

치유적 장면: 영화 감상

높은 물탱크에 올라갔다가 경찰에 체포되어 연행된 어니를 구하기 위해 온 가족이 경찰서에 가서 어니를 석방시키는 장면

① 길버트의 가족처럼 가족 중 한 사람의 문제를 해결하기 위해 온 가족이 모두 힘을 합쳤던 경험이 있나요?

② 온 가족이 힘을 합쳤을 때 어떤 기분이 들었나요?

③ 사건을 해결하기 위해 가장 앞장을 섰던 가족은 누구였나요?

④ 사건을 해결할 의지가 가장 약했던 가족은 누구였나요?

제10장

다세대중심 가족상담

🎥 영화 기본 정보

제목: 샤인(Shine, 1997)

제작국: 미국

감독: 스콧 힉스

출연: 아민 뮬러 스탈, 노아 테일러, 제프리
　　　러쉬, 린 레드그레이브

장르: 드라마

러닝타임: 105분

관람기준: 15세 관람가

📷 힐링시네마를 위한 이 영화의 키워드

아버지/피아노천재/정신분열증/가정폭력/

재기/멘토

1 다세대중심 가족상담 이해

스콧 힉스 감독의 영화 <샤인>은 피아노에 천부적인 재능을 타고난 피아니스트의 성장과 정신적 붕괴, 한 여인의 헌신적인 사랑으로 인한 재활과 홀로서기를 다루고 있습니다. 호주의 천재피아니스트 데이빗 헬프갓의 실화를 바탕으로 만들어진 영화로 더욱 관심을 끌었던 영화 <샤인>은 보웬의 다세대중심 가족상담을 이해하기에 적합한 영화입니다.

엄격하고 가부장적이며 독선적인 성격을 가진 아버지 피터가 어려서부터 피아노를 직접 가르친 아들 데이빗은 그의 자랑이자 유일한 희망입니다. 그는 가족은 항상 함께 있어야 한다는 것과 경쟁에서 이겨 최고가 되어야 한다는 것을 강조하며 데이빗을 세계적인 피아니스트로 만들고 싶은 꿈을 품고 있습니다. 데이빗은 인생에서 두 번의 좋은 기회를 맞이합니다. 비범한 재능을 인정받아 미국 최고의 음악 학교에서 초청유학을 제안받지만 아버지는 데이빗을 세파에 뺏길지도 모른다는 불안감 때문에 입학통지서를 불에 태워버림으로써 데이빗의 첫 번째 좋은 기회는 재가 되어 하늘로 날아갑니다.

희망이 없어지자 의기소침해지고 절망에 빠지게 되지만 유명한 노 여류작가, 캐더린 여사의 지지와 성원으로 상처를 극복하고 정신적으로 성숙한 청년으로 성장합니다. 데이빗의 재능을 알아본 영국 왕립음악학교에서 유학 제의가 들어오자 캐더린은 기회를 놓치지 말라고 충고를 해주고, 다시는 오지 않을 수도 있는 기회를 놓칠 수 없었던 데이빗은 폭력을 휘두르며 강력하게 만류하는 아버지의 반대에 굴하지 않고 두 번째 찾아온 기회를 살려 영국유학을 떠납니다.

하지만 아버지를 배신하고 가족을 버리고 왔다는 죄책감과 성공해야만 한다는 압박감을 이기지 못한 데이빗은 결국 자신의 고향으로 돌아와 아버지에게 전화를 걸지만 아버지는 데이빗의 목소리만 듣고 전화를 끊어버립니다. 아버지로부터 버림을 받은 데이빗은 이후 정신적으로 피폐해져서 정신병원에서 10년이라는 시간을 보내게 되고, 피아노를 멀리한 채 사람들의 뇌리에서 잊혀져갑니다.

가족치료이론 모델 가운데 가장 포괄적인 견해를 가지고 있는 보웬(Bowen)의 가족상담이론은 가족성원들의 마음과 생각까지 더욱 깊이 보려고 하였고, 가족의 생활을 형성하고 유지하게 하는 가족의 상황을 보다 넓게 보려는 접근을 하였습니다. 직관적인 방법이 아닌 지적이고, 계획적이며 이론적인 방법을 중요하게 생각한 보웬은 가족체계를 정서적 단위이고, 상호 관련된 관계망이며, 가족의 역사를 분석하기 위한 가장 기초가 되는 체계로 인식했습니다. 정신분열증 가족에 대한 연구 결과, 한 가족 성원의 정신분열증은 병리적 가족체계의 증상이라는 것, 개인의 증상은 그가 속한 정서체계와 관련지어야 설명이 가능하다는 것을 발견한 보웬은 기능장애를 유발하는 역기능적인 역동성이 정신분열증 환자 가족에게만 있는 것이 아니라 정도는 약하지만 정상 가족에게도 존재한다는 사실을 발견하였습니다. 이후 계속적인 연구를 통하여 자아분화, 삼각관계, 핵가족의 정서과정, 가족투사과정, 다세대 전수과정, 형제순위, 정서적 단절, 사회적 정서과정 등 8개의 기본개념을 발전시켰습니다.

1) 자아분화(Self-Differentiation)

자아분화는 보웬의 가족치료 이론에서 가장 핵심적인 개념입니다. 자아분화는 개인 내적인 분화와 대인관계 분화가 있습니다. 개인 내적 자아분화는 사고와 느낌을 분리시킬 수 있는 능력이고, 자신과 타인을 분리시켜서 생각할 수 있는 능력이 대인관계 분야에서의 분화입니다. 개인 내적인 분화와 대인관계에서의 분화가 잘 이루어지면 '분화된 사람'이 되고, 분화된 사람은 독립적으로 사고하고, 결정을 내리고, 행동하는 사람입니다. 즉, 개인의 분화와 대인관계의 분화가 함께 이루어져야 온전히 '분화된 사람'이 되는 것입니다.

　영화 <샤인, 1997>에서 데이빗의 아버지 피터는 개인 내적 자아 분화는 물론 대인관계 분화가 낮은 사람입니다. 외부에서 오는 자극에 쉽게 반응하고, 화를 내고, 작은 일에도 신경질적으로 큰소리를 냅니다. 큰 딸 마가렛이 친구들과 만나는 것을 차단하고, 이웃들과 교류가 없고, 데이빗에게 피아노를 정식으로 가르치고 싶어 집으로 찾아온 로젠선생님을 경계한 나머지 호의를 무시하고 차갑게 돌려보냅니다. 이런 그가 나중에 뾰족한 방법이 없자 데이빗의 손을 잡고 로젠선생님을 찾아가서도 사고와 느낌을 분리하지 못해 정중하게 부탁하지 못하는 장면은 씁쓸함과 안타까움을 느끼게 합니다. 데이빗의 아버지 피터처럼 반사 행동을 지적 사고에 의해 통제하지 못하는 사람들을 분화가 낮은 사람이라고 할 수 있습니다. 이와 같은 사람은 감정 체계와 지적 체계의 구별이 어려워 가족체계의 정서에 쉽게 융합을 하게 됩니다. 감정과 사고의 구별이 잘 이루어지지 않으면 객관적인 사고를 하지 못하고, 자아정체감이 약하고, 의존성이 강하며 개별성이 매우 낮게 형성됩니다.

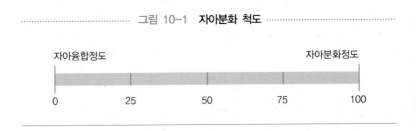

그림 10-1 **자아분화 척도**

[그림 10-1]과 같이 자아분화는 100점을 만점으로 0~25점, 25~50점, 50~75점, 75~100점으로 나눠서 4단계로 구분하여 수준을 측정할 수 있습니다. '가장 낮은 수준(0~25점)'의 자아분화를 보이는 사람은 다른 사람과의 융합정도가 너무 심해서 주위 사람들의

감정이나 반응에 매우 민감하고 의존적입니다. 이런 사람들은 대인 관계를 오랫동안 지속하는 것이 불가능하고, 긴장이나 스트레스 상황에서 가출이나 약물을 남용하는 등의 부적응 행동을 보입니다. 또한 타인에게 심한 정서적인 애착을 보이며 욕구가 충족되지 못할 때는 불안감이 상승하게 됩니다. 그래서 자아분화 척도가 가장 낮은 수준에 있는 사람들은 가족관계 체계가 만족스럽게 균형을 유지할 때는 증상 없이 생활을 유지할 수 있지만 관계체계에 불만족이나 불신이 발생할 경우 신체적 또는 정신적 질병과 사회적 역기능 문제를 유발합니다. 영화 <샤인>에서 데이빗의 아버지는 가장 낮은 수준의 자아분화에 해당된다고 할 수 있습니다.

검사점수가 25~50점 사이에 분포된 사람들은 '낮은 수준의 자아분화'를 보입니다. 융합의 정도는 심하지 않지만 자아정체감이 분명하지 못하고, 긴장과 스트레스 상황에서는 자기 신념과 의견을 쉽게 바꿉니다. 관계 지향적이어서 사랑과 인정받는 것에 에너지를 사용하기 때문에 사랑과 인정을 받으면 자아존중감은 높아지고, 그렇지 못하면 자아존중감이 현저하게 떨어집니다. 즉, 자아존중감이 다른 사람의 손에 달려있는 것이지요. 이런 사람들은 감정표현에 예민하게 반응하고, 다른 사람의 분위기나 표현, 자세를 해석하는데 많은 에너지를 사용합니다. 자아분화가 낮은 사람들에게는 다른 사람이 나를 어떻게 바라보느냐가 많은 영향을 미칩니다. 다른 사람이 나를 어떻게 평가하는지를 중요시하기 때문에 인지적인 왜곡을 하게 됩니다. 그 사람에게 물어보지 않은 상태에서 자기 스스로 자기의 느낌으로 판단을 해 버립니다. 합리적인 사고를 하지 못하고 감정이 앞서기 때문에 직접적인 표현으로 충동적인 심리상태를 드러냅니다. 그러므로 대인관계 체계가 균형을 잃어버리면 신체적 질병(만성두통, 폭식), 정신적 질병(우울, 강박장애, 공황장애), 그리고 주의력 결핍 과잉행동 장애와 같은 사회적 역기능을 일으키는 경우도 있습니다. 신경질적으로 내면화된 문제에 집착하고, 불안이나 우울과 동반된 행동의 장애를 일으키는 경우가 있습니다. 때로는 불안을 제거하기 위해서 상습적으로 약물을 사용하는 경우가 있습니다. 영화 <샤인>에서 주인공 데이빗이 사람을 만나거나, 연주를 하는 상황에서 항상 입에 담배를 물고 있거나 트램펄린 위에서 오랜 시간 동안 나체로 뛰는 행동 등을 보면, 데이빗은 낮은 수준의 자아분화를 가지고 있는 것으로 보입니다.

보통 수준의 자아분화는 50~75점까지의 사람들로 평소에 정신적, 신체적으로 건강해 보이는 사람들이 대부분 해당됩니다. 보통 수준의 자아분화는 정서적 체계와 지적 체계 사이가 충분히 분화되어 있어 자기의 감정과 인지적인 지적 체계가 서로 균형을 이루면서 자신의 감정을 잘 통제할 수 있습니다. 불안이 증가할 때도 정서적 체계에 의한 지배를 받지 않기 때문에 자율적으로 자기를 지키고 정상적으로 기능합니다. 독립적으로 의사결정을 하고, 남편, 부인, 부모, 자녀로서의 기능을 충분히 수행하며, 질서 있는 생활과 폭넓은 사회 환경에 무리 없이 성공적으로 적응합니다. 만약 생활을 하면서 문제가 발생하더라도 충분히 의연하게 극복할 수 있습니다. 안타깝게도 영화 <샤인>에서 데이빗의 가족 구성원 중에는 보통수준의 자아분화를 가진 사람을 찾아볼 수 없습니다.

높은 수준(75~100점까지)의 자아분화는 깊은 심신의 성숙을 이룬 사람으로서 현실적으로 흔하지 않습니다. 자신의 내적 관점이 자유로우며 성숙함이 최고조에 도달하였고, 타인에 대한 배려가 뛰어나며, 높은 수준의 독립성을 가지고 기능하는 사람을 지칭합니다. 이 수준의 사람들은 다른 사람들과 친근한 정서적 관계를 맺고, 확고한 자아정체감을 유지하며, 자신과 타인의 신념과 가치를 있는 그대로 존중해주면서 목표지향적인 삶을 살아갑니다.

2) 삼각관계(Triangles)

삼각관계는 가족의 다른 구성원을 두 사람의 상호작용 체계로 끌어들이는 것인데, 가족 내에서 가장 불안정한 가족 체계입니다. 영화 <샤인>에서 데이빗의 인생 여정은 아버지와 떼어놓고 생각할 수 없을 정도로 아버지와 데이빗은 칡넝쿨처럼 얽혀 있습니다. 데이빗이 피아노에 몰두하도록 동기를 부여한 것도, 그가 죄의식을 안고 살도록 만든 것도 바로 아버지입니다. 아버지의 눈에는 오로지 데이빗 밖에 보이지 않았습니다. 데이빗이 콩쿠르에 참가했다가 돌아오는 동정을 살피던 장녀 마가렛에게 여동생 수지가 상을 탔느냐고 물어보자 상을 타지 못했음을 눈치 채고 "우린 죽었다."고 말을 하는 장면이 데이빗이라는 존재가 전체 가족에게 미치는 영향력이 얼마나 큰 것인지를 대변해줍니다. 데이빗의 누나 마가렛과 동생 수지는 관심 밖이므로 데이빗에게 쏟아 붓는 노력과 정성에 반에 반도 미치지 않습니다. 자매들에게 아버지는 단순히 자녀들의 행동을 통제하는 무서운 아버지로 비쳐지고 있을 뿐입니다. 장녀인 마가렛이 아버지를 바라보는 눈빛에서는 반항과 적대감이 많이 묻어나는 것을 영화 곳곳에서 볼 수 있습니다.

피아노 교습을 하는 로젠선생님이 데이빗의 집을 방문해서 아버지에게 데이빗의 체계적인 교육이 필요하다고 권유할 때, 누나 마가렛은 갑자기 피아노를 치기 시작합니다. 그때 아버지가 하지 말라고 핀잔을 주자 마가렛이 등 뒤의 아버지를 원망하는 눈빛으로 한참을 쳐다보는 장면이 나옵니다. 아마도 아버지가 남동생에게만 관심을 주는 것에 대한 불만과 열등감, 부러움, 시기, 질투 등 다양한 감정이 복합되어 있었을 것입니다. 데이빗이 콩쿠르에서 지고 돌아왔을 때 아버지 몰래 데이빗에게 "나라면 이겼어."라고 비꼬는 장면은 마가렛이 아버지에게 동등한 대접을 받고 싶은 욕구와 바람을 표현한 것이 아닐까요? 자신도 음악적 재능을 발휘하고 싶은 마음이 얼마나 간절했겠습니까? 그래서였는지는 모르지만 동생 수지는 데이빗과 대화도 잘 하고 친근하게 지내지만 마가렛은 데이빗을 '멍청이', '돼지', '강아지'라고 놀리고 무시하며 거리를 둡니다. 시간이 흘러 성인이 되었을 때에도 동생 수지는 정신병원에 입원한 데이빗을 위로하기 위하여 자주 방문하여 격려를 하지만 누나 마가렛은 머나먼 이스라엘에 떨어져 살면서 연락도 하지 않고 살아갑니다.

가족구성원의 자아분화 정도가 낮을수록 삼각관계의 형태는 더욱더 심해지고, 관계가 중요하면 삼각관계 형태는 더 강해집니다. 데이빗의 가족은 아버지와 데이빗의 관계가 매우 밀착되어 있기 때문에 두 사람이 정서적으로 불안과 긴장이 없을 때는 안정된 관계를 유지할 수 있지만, 불안이나 스트레스 상황으로 두 사람 사이에 긴장이 높아지면 다른 가족들은 감정이 혼란스러워지고 희생양이 되기도 합니다. 데이빗의 어머니가 식사준비를 하면서도 업고 일을 해야 하는 갓난아이 동생이 있지만, 아버지를 비롯한 어느 누구도 어머니의 아이양육을 도와주거나 동생을 돌봐주는 것을 볼 수가 없습니다. 무기력하고 신경질적인 어머니만이 양육의 책임을 지고 있을 뿐이며, 힘이 버거운 어머니는 데이빗의 유학문제로 가족들이 갈등과 혼란을 겪을 때 아무런 의견을 제시하지 못하고, 남편의 말과 행동만을 기다리는 답답함을 보입니다. 그러므로 아버지와 데이빗의 과도한 밀착관계 때문에 나머지 가족들은 모두 희생양이 될 수밖에 없었던 것입니다. 가족관계는 자아분화가 기초가 되어 정서체계의 균형을 이루는 것이 중요합니다. 가족의 증상은 가족의 역기능적인 체계를 유지시키는 역할을 합니다. 다세대 중심 가족상담의 치료목표 중 하나는 가족의 삼각관계를 해체시키는 것입니다.

3) 핵가족의 정서적 체계(Nuclear Family Emotional System)

핵가족의 정서적 체계는 가족 구성원들 사이의 기본적인 정서적 기능의 형태라고 볼 수 있는데, 가족들이 정서적으로 서로 강한 결속력과 연결 정도를 나타내는 것을 의미합니다. 핵가족에서 형성되는 가족들 간의 정서적인 강한 유대감은 이미 자신들의 원가족으로부터 형성된 것을 다시 반복하는 것입니다. 자신의 원가족에서부터 자아분화가 안된 사람은 결혼을 하여도 부부관계에서 강한 융합을 이루려는 경향이 있기 때문에 결혼을 할 때에 자기 자신의 분화정도와 비슷한 수준의 배우자를 선택한다고 합니다. 자신의 불안감을 해소하기 위해서 감정적으로 강한 밀착과 의존성을 유지할 만한 사람을 선택한다는 것입니다.

영화 <샤인>에서 데이빗의 미국유학을 실현시켜줄 기금마련연주회에 다녀온 아버지는 그런 자리를 마련하는 데 힘을 쓴 로젠선생에 대하여 아내가 당신이 원했던 것을 실현시켜줄 사람이라고 이야기 하자 "우리를 비교하지마, 그 자는 고통이 뭔지도 몰라. 뭘 알겠어? 당신 언니나 우리 부모가 어떻게 죽었는지 상상도 못할걸...?"이라고 이야기합니다. 나치에게 가족이 잔혹하게 학살당한 불행한 기억을 가지고 있는 데이빗의 아버지는 같은 상처를 가지고 있던 여인과 결혼을 하였습니다. 아마도 감정적으로 강한 밀착과 의존성을 유지하는 것이 가능했을 것입니다.

아버지 피터는 "항상 이겨야 돼. 오직 강한 자만이 이 세상에서 살아남는다. 내가 어렸을 때 좋은 바이올린을 샀지만 할아버지는 그걸 부숴버렸지. 하지만 아버지는 달라. 너는 축복받은 아이란다." 는 말을 데이빗에게 주문처럼 반복합니다. 어렸을 때 아버지의 횡포로 바이올린을 켜지 못해 꿈을 좌절당했던 기억으로부터 받은 마음의 상처가 있었던 것입니다. 이러한 자신의 트라우마로 인해 데이빗을 향한 아버지의 사랑은 집착으로 변질되어 결국 데이빗의 성장을 방해하게 됩니다. 데이빗의 아버지는 자신의 꿈을 부숴버린 아버지와의 감정적인 단절을 회복하지 못하고, 자신도 강력한 아버지가 되어 데이빗을 한없이 무기력하고 수동적인 존재로 만들어 버렸습니다. 당신의 아버지가 자신에게 그랬던 것처럼...

가족과의 감정적 단절 정도와 가족 안에서의 스트레스 수준의 강도에 따라 다르게 나타날 수 있는 가족문제는 원가족과의 감정적인 단절을 회복하고 상호작용을 변화시키는 시도와 노력으로 해결이 가능합니다. 그런데, 데이빗의 아버지 피터는 바이올린을 부순 자신의 아버지와 피아노를 치도록 후원하고 있는 자신은 다르다는 차별성을 부각시켜 데이빗이 자유롭게 음악공부를 하는 것을 운이 좋은 것으로 받아들이기를 강요합니다. 하지만 자신의 아버지로 인해 형성된 폭력적인 양육방식을 무의식적으로 아들 데이빗에게 그대로 반복하고 있다는 것을 인식하지 못하고 결국 아들을 무기력한 파파 보이로 만드는 우를 범하게 됩니다.

4) 가족투사과정(Family Projection Process)

가족투사과정은 가정에서 심한 스트레스나 위기의 상황, 갈등과 싸움의 관계에서 바람직하게 해결하지 못하고 부모의 문제나 갈등을 자녀에게 전가시키는 것입니다. 부모의 투사대상이 되는 자녀는 주로 장남이나 장녀, 또는 외동이라서 엄마에게 정말 특별하거나, 아버지와 감정적으로 특별한 관계를 맺는 자녀일 경우가 많습니다. 영화 <샤인>에서 데이빗의 아버지 피터는 데이빗과 매우 특별한 감정적 관계를 보입니다. 영국왕립음악학교에 입학하겠다는 결심을 듣자마자 사정없이 때리면서 "네 맘대로 영국에 가겠다고? 난 네 애비다. 너한테 모든 걸 바쳤다. 모든 걸... 이 어리석고 무정한 녀석. 가고 싶다면 가, 가버려! 런던에서 무슨 일이 생길지 누가 알아? 집 떠나면 절대 돌아올 생각은 말거라. 자식으로 받아들이지 않겠다. 동생들도 없다고 생각해라. 그걸 원하느냐? 가족을 버리고 갈 테냐?"라고 비난 섞인 협박을 하면서 데이빗이 자신의 품에서 떠나는 것을 필사적으로 막으려고 합니다. 그래도 데이빗이 가겠다고 버티자 이번에는 끌어안으면서 "이 애빌 사랑한다면 가지 마라. 절대 나가선 안 돼. 데이빗! 지금 가면 넌 평생 벌 받아. 가지 마라. 대체 왜 이러느냐?"라며 어린아이가 투정을 부리듯 데이빗에게 사정하면서 동정심을 유발하는 행동을 보입니다. 그럼에도 불구하고 데이빗이 결심을 꺾지 않으며 고집을 부리자 결국 그동안 아들의 성공을 바라면서 자신이 정성들여 모아온 데이빗 관련 신문기사 스크랩을 불에 태우는 어른답지 못한 행동을 합니다.

데이빗과 같이 부모의 스트레스 투사대상이 되는 자녀는 심리적인 불안감에 독자적인 자아로 성장하기 어렵고, 기능적인 장애가 나타날 수 있습니다. 부모는 이것을 자녀의 문제로 여기고 책임을 자녀에게로 돌립니다. 가족투사과정은 신체적·정서적 결함이 있는 자녀로 더 쉽게 향하는 경향이 있습니다. 가족의 투사정도는 부모의 자아분화수준과 상관관계가 있으며, 위기 상황에서의 불안감, 결혼과 자녀에 대한 태도, 기대와도 관련이 있습니다.

영국왕립음악학교에서 재능을 인정받고, 언제나 한결같은 지지와 격려를 보내주는 정신적인 멘토, 캐더린 여사가 옆에 있었음에도 불구하고 데이빗은 가족과의 단절을 감당해내지 못합니다. 아버지에게 쓴 수많은 편지는 읽혀지지도 못하고 수취인 거부로 되돌아와 책상 위에 쌓여만 갑니다. 자신을 위해 가족을 버리고 왔다는 죄책감과 성공에 대한 압박감을 견뎌내지 못한 데이빗은 메이저 콘서트에서 악마의 교향곡이라는 라흐마니노프 3번을 완벽하게 연주해내 음악적인 승리를 쟁취하지만, 극심한 신경쇠약으로 쓰러져 정신병원에서 10년이란 혼돈과 격리의 세월을 보냅니다. 가족의 투사과정에서 자란 데이빗은 대인관계와 사회생활에 잘 적응하지 못하고, 자아분화수준도 낮아졌으며, 정신적 기능장애를 나타낸 것입니다.

5) 다세대 전달과정(Multigenerational Transmission Pro -cess)

다세대 전수과정은 자녀들의 자아분화 정도가 현재 속해 있는 세대에서만 형성된 것이 아니라, 여러 세대를 거쳐서 형성된 것으로 낮은 자아분화수준에 따른 가족의 이상 행동들은 세대를 넘어 또 다음 세대에도 전달됩니다. 부모가 자녀들에게 드러내는 화, 짜증, 폭력 등은 여러 세대에 거쳐 전수되어온 역기능적인 것들이 투사되는 것입니다. 자녀들은 자신도 모르는 사이에 부모의 역기능을 받아들이고, 자존감은 낮아지고, 우울감 등의 심리적 장애를 전달받습니다.

가족투사과정은 대체적으로 어떤 한 자녀에게 집중이 되는 경향이 많은데, 영화 <샤인>에서 아버지 피터는 자신의 아버지에게서 받은 스트레스와 갈등상황을 전적으로 데이빗에게 투사하고 있습니다. 데이빗과 같은 자녀는 부모보다 낮은 수준의 자아분화를 나타낼 가능성이 많고, 투사과정이 여러 세대에 거쳐 계속되면 정신분열증이나 만성적인 정서장애를 발생시키기도 합니다. 하지만 가족의 정서적 과정 바깥에서 성장한 자녀는 부모보다 높은 수준의 자아분화를 발전시킬 수 있습니다. 자신을 옥죄는 가족상황에서도 데이빗이 잘 견뎌내고 영국왕립음악학교에 가지 말라는 아버지에 "갈 거니까 막지 마세요. 이제 저도 결정을 내릴 만큼 컸어요. 왕립음악학교에 입학할 거예요."라고 강압적인 아버지에 맞서서 자신이 원하는 것을 위하여 중대한 결단을 내리고 독립적인 행동으로 옮길 수 있었던 것은 가족과 분리되어 캐더린 여사의 진솔한 돌봄과 따뜻한 배려 속에 자아분화 수준이 높아졌기 때문일 것입니다.

6) 출생 순위(Sibling Position)

출생 순위는 어떤 특정한 자녀가 가족투사 과정의 대상으로 선택되느냐를 이해하기 위한 새로운 차원을 제공해줍니다. 부모의 기대수준이 높은 장남이나 장녀는 부모와 강한 감정의 유대관계를 가지며 삼각관계에 빠질 위험이 높아 자아분화수준이 떨어지는 경향이 많습니다. 반면 부모의 기대수준이 낮은 자녀는 삼각관계에 빠져들 위험이 적고 부모와의 감정적인 유대도 약한 편이어서 오히려 독립적이고 자아분화가 잘 되고 분화수준도 올라갑니다. 영화 <샤인>에서 데이빗은 어려서부터 아버지를 비롯한 온 가족의 기대를 한 몸에 받고 성장을 하면서 가족과 강한 감정의 유대관계를 뿌리칠 수 없어 혼란스러워합니다. 이렇게 역기능적인 삼각관계에 속한 장남이나 장녀는 막내처럼 행동하는 경향이 있는데, 데이빗이 정신병동에서 퇴원하여 레스토랑 주인 실비아의 집에서 돌봄을 받으면서, 그리고 길리언과의 결혼생활에서 천진난만한 어린애와 같은 행동을 하는 것은 어린 시절 감당해내기 어려운 과도한 기대로 심신이 자유롭지 못했던 것에 대한 퇴행적인 행동인지도 모릅니다.

하지만, 아버지에게 폭행을 당하는 순간에 엉켜 붙어 말리는 여동생에게 "그냥 내버려두라."고 외치고, 때리는 아버지에게 "경찰을 부르겠다. 그만하라."고 소리치는 마가렛은 부모로부터 독립적이며 감정적인 자아분화 수준이 높다는 것을 증명합니다. 장녀이긴 하지만 부모로부터 큰 기대를 요구받지 않았기 때문에 삼각관계의 희생양이 될 가능성이 적었으며 자신 스스로 손상된 가족의 기능을 적절하게 조절했기 때문일 것입니다.

7) 정서적 단절(Emotional Cut-off)

정서적 단절은 가족의 중요성을 부정하는 것이거나 독립하고자 하는 강한 표현으로 부모와 정서적인 관계를 단절하는 것입니다. 부모와 한 지붕 밑에서 함께 사는 경우에는 부모를 멀리하고, 대화를 회피하며, 부모가 원하는 것을 거부하고, 정서적으로 자신을 고립시키며 마치 유령인 듯이 정서적인 유대관계를 전혀 갖지 않는 행동을 합니다. 반대로 부모와 분리해서 사는 경우에는 물리적으로 멀리 떨어져 있고, 만나는 기회도 별로 없으며, 부모에게 문제가 있다고 생각하여 독립적인 생활을 합니다.

영화 <샤인>에서 부모의 곁을 지키면서 오빠 데이빗을 챙기는 여동생 수지는 전자의 경우에 해당되고, 멀리 이스라엘에 떨어져 살기 때문에 만나는 기회도 거의 없는 누나 마가렛은 후자의 경우에 해당되는 정서적 단절을 택한 것입니다. 데이빗은 자신의 재기를 다룬 신문기사를 보고 찾아온 아버지가 "내가 어렸을 때 바이올린을 샀단다, 좋은 거였지. 정말 아꼈는데... 무슨 일이 있었는지 아니? 어떻게 된 줄 알지? 알지?"라며 묻자 "아뇨, 어떻게 됐어요? 어떻게 됐는지 몰라요." "중요한 건 살아남는 거죠. 그렇죠? 살아남는 거."라고 대답함으로써 아버지가 주문처럼 중요시하는 것을 부정합니다. 그리고는 힘없이 돌아서서 걸어가는 아버지의 뒷모습을 창가에서 바라보며 "안녕히 가세요."라고 나지막이 인사하는 방법으로 정서적 단절을 이루어 냅니다. 그리고는 아버지에게서 물려받은 헬프갓(Helfgott)이라는 성을 버리고 '빛나다'라는 뜻을 가진 '샤인(Shine)'으로 성을 바꿉니다.

정서적 단절은 위와 같은 방법으로 부모와의 관계에서 과거에 해결되지 못한 정서적 애착을 처리하는 과정입니다. 자신의 삶을 다시 출발하기 위해서 과거로부터 자기 자신을 분화시키는 것입니다.

8) 사회적 정서과정(Societal Emotional Process)

개개인이 사회생활에서 경험하는 감정적 과정들은 가족들의 감정적 과정에도 영향을 줍니다. 사회생활에서 적응을 잘하고 대인관계에서 친밀감을 유지하며 개별적인 행동이 가능하게 되면 가족 안에서도 분화수준이 올라갈 수 있습니다. 그렇지만 사회생활에서 받는 스트레스를 해소하지 못하고 원만한 대인관계를 유지하지 못하면 가족 안에서의 분화수준 또한 낮아지게 됩니다.

영화 <샤인>에서 베릴이라는 여인의 도움으로 10여년 만에 정신병동에서 퇴원하여 카페에서 피아노를 치면서 사람들에게 다시 인정을 받고 정서적 안정을 회복한 데이빗은 영국왕립음악학교에서 자신을 지도해 주었던 파크스 교수에게 라흐마니노프 3번을 더 잘 이해할 수 있고 다시 연주하고 싶다는 편지를 쓴 후, 무대에 올라 훌륭하게 연주해냄으로써 관중들의 기립 박수 속에 뜨거운 눈물을 흘립니다. 그리고는 드디어 아버지의 묘지를 찾아가 용서하고 화해하면서 "모든 것은 때가 있고 순간에 맞는 이유를 찾아야 된다."고 이야기합니다. 지금 여기에 충실한 건강한 자아를 찾은 것이지요. 피아니스트로서 데이빗의 재기과정은 사회에서의 역할과 위치, 관계맥락이 가족관계에 영향을 미친다는 사실을 보여주는 것입니다.

　다세대중심 가족상담은 모든 가족이 정서적 융합에서 분화에 이르기까지 한 직선 위의 한 점에 놓여있으므로 가족 구성원들의 자아가 비교적 잘 분화되고, 불안수준이 낮고, 부모가 자신들의 원가족과 정서적으로 좋은 관계를 맺고 있을 때 최상의 가족발달이 이루어진다고 강조합니다. 이런 가족을 기능적인 가족이라고 합니다. 기능적인 가족은 균형과 변화에 잘 적응하고, 어느 정도의 정서적인 문제를 가지고 있으며, 여러 세대에 걸친 가족과 관계를 갖고, 문제해결방법을 잘 알고 있으며, 개인의 차이와 다름을 인정하고, 정서적으로 지지해주고, 사고와 느낌을 분리해서 대처할 수 있으며, 긍정적인 정서적 분위기를 우선시함으로써 가정을 살기 좋은 곳으로 생각하고 만드는 힘을 가지고 있습니다.

　그러기 위해서는 불안을 경감시키고, 자아분화를 촉진시키며, 삼각관계를 해체시키고, 타인과의 유대관계에서 자신이 어떻게 참여하고 있는지를 탐색하고 이해하며, 원가족으로 초점을 이동해서 확대가족 내에서의 분화를 시도해야 합니다.

영화 〈샤인〉을 활용한 가족상담 레시피

 레시피 1: 원가족 가계도 그리기 지시적 접근 + 연상적 접근

 치유적 장면: 영화 감상

'샤인' 클립(① 교육청 주관 콩쿠르에서 입상하지 못하고 데이빗이 아버지와 집으로 돌아오는 장면, ② 아버지와 체스를 두는 장면, ③ 심사위원 중 한 사람이 집으로 찾아와 가르침을 제안하는 장면, ④ 미국유학 초청장을 받았으나 아버지가 난로에 불태우는 장면)

 마음타래 풀기 1: 영화 〈샤인〉의 가계도 그리기

 마음타래 풀기 2: 나의 원가족 가계도 그리기

① 원가족 가계도를 그리면서 올라온 감정은 무엇인가요?
② 가계도에서 자신과 가장 친밀한 가족은 누구인가요? 그 사람에 대해 얘기해주세요.
③ 가계도에서 자신과 가장 멀게 느껴지는 가족은 누구인가요? 멀어지게 된 사건은 무엇인가요?
④ 가족 중에 문제를 가장 많이 지니고 있는 사람은 누구인가요?
⑤ 가족이 모두 지켜야 할 규칙은 어떤 것이 있나요?
⑥ 가족만의 독특한 행사가 있다면?
⑦ 우리 가족의 강점은 무엇인가요?

레시피 2: 핵가족 가계도 그리기 　지시적 접근 + 연상적 접근

 치유적 장면: 영화 감상

'샤인' 클립(① 데이빗이 길리언에게 청혼, 결혼하는 장면, ② 감동적인 첫 콘서트 장면, ③ 홀로서기에 성공하여 담담하게 아버지의 무덤을 찾아간 장면)

 마음타래 풀기: 나의 핵가족 가계도 그리기

① 핵가족 가계도를 그리면서 올라온 감정은 무엇인가요?
② 가족 구성원들의 가정 안에서의 역할은 무엇인가요?
③ 가족 구성원 중 어떤 사람이 힘과 권력을 많이 소유하고 있나요?
④ 가족 안에서 갈등이 생기는 경우 해결을 주도하는 사람은 누구입니까?
⑤ 가족들의 의사소통방식은 어떻습니까?
⑥ 가족의 취약점은 무엇인가요?

제11장
해결중심 가족상담

📹 영화 기본 정보

제목: 남자가 사랑할 때(When A Man
      Loves A Woman, 1994)

제작국: 미국

감독: 루이스 만도키

출연: 앤디 가르시아, 멕 라이언

장르: 드라마

러닝타임: 125분

관람기준: 15세 관람가

📷 힐링시네마를 위한 이 영화의 키워드

알코올 중독/별거/알애논/외로움/재결합/
부부상담

1 해결중심 가족상담 이해

영화 <남자가 사랑할 때(When A Man Loves A Woman, 1994)>는 주인 공 앨리스가 가족의 사랑으로 알코올 중독을 이겨내고 건강한 자아 를 회복하여 가족을 지켜내는 과정을 그린 가족드라마로 해결중심 가족상담을 이해하는 데 적절한 도움을 줄 것입니다.

초등학교 상담교사 앨리스는 자상한 남편, 사랑스러운 두 딸, 가 정부를 둘 수 있는 경제적인 여유를 누리면서도 비행기 조종사인 남편이 집을 자주 비우는 것으로 인한 외로움, 직장에서의 스트레 스, 두 아이의 육아부담 때문에 술을 마시는 횟수가 점점 늘어갑니 다. 급기야 남편의 비행이 있는 날에 연락도 없이 술을 마시고 밤 늦게 귀가하는 바람에 아이들을 돌봐야했던 남편은 비행스케줄을 취소할 수밖에 없는 사건이 벌어집니다. 술을 자제하지 못하는 것 으로 인해 일상생활이 엉망이 되기 시작하지만 냄새가 덜 나는 보 드카만 마시기 때문에 가족들은 앨리스가 알코올 중독이란 사실을 눈치 채지 못합니다.

앨리스를 위로하기 위하여 남편 마이클이 특별히 휴가를 받아 여 행을 떠나지만, 앨리스가 여행지에서 술에 취해 물에 빠져 익사할 뻔한 위기에 처하면서 여행은 엉망이 되어 버립니다. 자신의 심각 함을 깨달은 앨리스는 스스로 술을 끊으려 노력해보지만, 이미 중 독에 빠진 그녀는 술을 마시지 않으면 한없이 무기력하게 되는 자 신이 싫어 술의 유혹을 떨치지 못합니다.

그러던 어느 날, 몸도 못 가눌 정도로 취한 앨리스는 아스피린을 보드카와 함께 삼켜 인사불성이 된 상태에서 딸아이의 뺨을 때리 고, 샤워를 하다가 의식을 잃고 쓰러집니다. 결국 앨리스는 알코올 중독치료센터에 입원해서 치료를 받은 후 집에 돌아와 새로운 생활 을 하려고 노력하지만 무기력, 불안감, 우울로 인해 부부사이는 점 점 멀어지게 되어 결국 별거를 하게 됩니다.

20세기 말에 가족상담은 문제중심적인 사고에서 벗어나 해결중심적인 사고를 하도록 돕고, 개인과 가족의 강점과 장점을 발견하여 문제해결을 하도록 돕는 것에 관심을 가지며, 효과적인 개입으로 시간이 단축되는 데 관심을 두기 시작하면서 단기가족치료 접근법으로 발전한 것이 해결중심 가족상담입니다. 단기가족치료는 공식적인 진단과정을 거치지 않고 치료적 개입을 하면서 사정을 하며, 그 목표를 분명히 세우고 목표를 성취하기 위한 접근방법을 주로 사용합니다.

2 해결중심 가족상담의 원리

해결중심 가족상담에는 7가지 기본원리가 있는데, 첫 번째 원리는 '정신건강에 대한 강조'입니다. 내담자가 자신의 문제를 다루는 데 있어서 성공했던 경험에 일차적인 초점을 맞추고, 내담자의 강점과 자원, 능력에 집중합니다. 영화 <남자가 사랑할 때>에서 앨리스의 강점은 전문상담교사라는 것, 자원은 경제적으로 여유가 있다는 것과 어려운 상황에서 남편의 넓고 따뜻한 사랑이 함께 한다는 것입니다. 이런 강점과 자원에 힘을 얻어 알코올중독치료소에서 장기간 치료를 받을 수 있었고, 상담을 전공한 앨리스는 알코올중독의 위험성을 인식하고 자기성찰능력과 치료에 대한 의지가 있었기 때문에 알코올중독치료를 선택하고, 금단증상을 이겨내는 의지를 보입니다. 이것이 바로 앨리스가 가진 강점과 자원, 능력입니다. 해결중심 가족상담에서는 내담자가 가지고 있는 결함이나 보이는 장애를 되도록 다루지 않습니다. 무엇이 잘못되었는지 보다는 무엇이 잘 되었는지, 그것을 어떻게 활용할 것인가에 관심을 갖습니다. 어떤 증상이나 불평을 일으키는 패턴에는 항상 예외가 있다고 인정하면서 잘못되지 않았을 때도 있다는 것입니다. 알코올 중독으로 술에 대한 유혹을 이기지 못하지만 술에 대한 유혹을 이겼을 때도 있었다는 것입니다.

두 번째 원리는 '활용'입니다. 내담자의 강점이나 자원, 건강한 특성들을 도출해서 제시된 문제를 해결하는 것입니다. 즉, 과거의 잘못이나 실패를 고치려고 노력하기보다는 과거의 성공이나 장점을 찾아내서 그것을 확대시키는 것이 문제 해결을 수월하게 한다는 것입니다. 내담자가 바라는 결과를 성취하기 위해서 내담자가 이미 갖고 있는 자원, 지식, 믿음, 행동, 증상, 사회 관계망, 환경, 개인적 특성 등을 활용한다는 데 의의가 있습니다. 앨리스는 대인친화력과 솔직한 자기표현 용기가 있습니다. 덕분에 알코올중독치료소에서 어려움을 함께 나눌 수 있는 소울메이트를 만나고, AA모임[9]에서 자기 마음의 상처와 잘못을 용기 있게 개방함으로써 사랑을 다시 찾고 가정을 회복시키는 성취를 얻게 됩니다.

세 번째 원리는 '탈이론적, 비규범적, 내담자 견해 중시'입니다. 이론을 중요하게 여기지 않고 규범적이지 않습니다. 내담자가 경험하는 문제에 대해서는 어떤 가정도 하지 않습니다. 즉, '만약 무엇을 하지 않았더라면...'이라는 질문은 하지 않습니다. 그리고 내담자가 호소하는 독특한 불평에 기초해서 개별화된 해결방법을 발견합니다. 내담자를 모두 독특한 존재로 존중하기 때문에 이론이나 규범에 적용시키면 치유가 어렵다고 보는 것입니다. 또한 상담과정에서 내담자의 견해는 액면 그대로 수용되어서 인본주의 심리학에서 추구하는 진정한 내담자중심의 상담이 가능합니다.

네 번째 원리는 '간략화'입니다. 복잡한 문제라고 해서 반드시 그 해결방법이 복잡할 것이라는 생각은 잘못된 가정이므로 복잡한 문제일지라도 작은 변화가 또 다른 변화를 가져오며 나아가서 큰 변화를 가져올 수 있다는 것입니다. 나비의 날갯짓처럼 작고 경미한 바람이 폭풍우와 같은 커다란 변화를 유발한다는 '나비 효과(Butterfly effect)'의 원리와 같다고 볼 수 있습니다. 해결중심 가족상담이론의

---

9 Alcoholics Anonymous. 알코올 중독자들의 자조집단(self-help group)

기본 원리는 작은 변화를 중시하라는 것입니다. 목표는 내담자가 달성할 수 있는 작은 것부터 세우는 것이 중요하며 파급효과를 가져온다고 믿기 때문에 상담개입은 가장 단순한 것에서부터 시작하라고 권고합니다.

다섯 번째 기본원리는 '변화의 불가피성'입니다. 인간의 삶 속에서 변화는 끊임없이 일어납니다. 변하지 않는 사람은 없습니다. 대체적으로 사람의 치유는 자연스럽게 일어나는 변화를 단순하게 확인하고 그 변화를 해결책으로 활용하는 작업입니다. 여기서 상담자의 역할은 긍정적인 변화가 일어나도록 돕고 이 자연스러운 변화를 해결책을 구축하는 것으로 이어지도록 하는 것입니다. 상담자는 내담자를 이끌고 가는 것이 아니라 내담자가 작은 변화라도 일으킬 수 있도록 돕고, 긍정적인 작은 변화가 내담자 자신도 모르게 자신이 안고 있던 문제의 해결책으로 구축되도록 징검다리를 놓는 것입니다.

여섯 번째 원리는 '현재와 미래 지향성'입니다. 내담자가 과거에 어떤 문제를 일으켰는지는 중요하지 않습니다. 따라서 과거를 깊이 연구하기보다는 내담자가 현재와 미래 상황에 적응하도록 돕는 것에 일차적인 관심을 갖습니다. 그렇기 때문에 해결중심상담의 과정은 내담자로 하여금 과거의 문제로부터 멀어지게 합니다. 과거의 문제나 잘못으로부터 멀어지게 해서 현재와 미래에서의 해결책을 지향하도록 하는 것입니다. 영화 <남자가 사랑할 때>에서 알코올 중독치료를 마치고 집에 돌아와 혼란스러운 앨리스는 자신을 어린 아이처럼 취급하는 마이클에게 "난 당신의 문제가 아니야. 당신이 풀어야 하는 문제거리가 아니라구! 잘 하려고 한다고 다 잘되는 게 아니야. 나도 어떻게 해야 잘 되는지 몰라. 당신도 모를테고... <중략> 현실적으로 노력하는 것이 좋아. 그리고 방법을 모를 땐 모를 수도 있는 거야."라고 말합니다. 자신을 아직도 과거의 알코올 중독에서 벗어나지 못한 나약한 존재로 바라보는 남편이 자신의 자존감을 낮게 만들고 있다고 호소하는 것입니다. 그러나 안타깝게도 문제를 해결해주려는 속성을 가진 화성남자는 자신의 이야기에 귀 기울여주고, 공감해주기를 바라는 금성여자의 마음을 이해하지 못해 별거를 결심하게 되고 남편이 짐을 싸서 집을 나갑니다.

마지막 일곱 번째 원리는 '협력'입니다. 해결중심 가족상담은 해결방안을 구축하는 치료과정에서 내담자의 협력을 매우 중요하게 생각합니다. 전통적인 가족상담이 상담자의 능력과 상담 진행과정, 상담자의 역할에 중점적으로 초점이 맞추어져 있다면, 해결중심 가족상담은 내담자와 상담자가 같이 해결방안을 구축하고 치료해나가는 것을 권장합니다. 따라서 진정한 협력관계는 내담자가 상담자에게 협력할 때뿐만 아니라 상담자도 내담자에게 협력할 때 이루어지므로 상담자는 내담자가 치료에 협력하도록 계속 의식적으로 노력해야 합니다.

3 해결중심 가족상담에서 가족과 가족상담자와의 관계유형

영화 <남자가 사랑할 때>에는 앨리스와 마이클이 알코올중독치료센터 퇴소 후에 소원해진 부부관계를 개선하기 위하여 상담을 받는 장면이 나옵니다. 앨리스의 요청에 마이클이 마지못해 이끌려 간 것이기는 하지만 대부분의 남자들이 상담을 받는 것에 대한 부정적인 견해 때문에 상담실 근처에조차 가려고 하지 않는 속성이 있다는 것을 감안할 때, 상담실 문턱을 넘어설 수 있는 마이클은 참으로 용기 있는 남편입니다. 상담 장면에서 상담자는 어려움을 가지고 있는 내담자 앨리스의 견해를 존중하고 받아들입니다. 주의 깊게 경청을 하고 자신의 견해를 자제하면서 "지금 당신의 기분은 어떻습니까?"라는 질문을 통해 부부사이의 역동이 오고가는 현재의 감정에 초점을 맞춥니다. 과거가 아닌 현재에 집중하고 지금 여기의 감정에 머물 수 있도록 하는 것입니다. 상담 받는 것이 처음부터 내키지 않았던 마이클은 뻬딱하게 앉아서 "당한 기분이군요. 우리는 사이를 좋게 하려고 여기 온 거예요."라고 불만을 표현하자 상담자는 "문제를 터놓고 이야기해야 사이도 좋아지는 것이 아닌가요?"라고 직면시키며 'Al-Anon'[10]에 참여할 의사가 없느냐고 묻습니다.

이 장면에서 해결중심 가족상담의 내담자와 상담자 사이의 관계 유형을 살펴볼 수 있습니다. 내담자와 상담자 사이의 관계 유형에는 3가지가 있습니다. 첫째는 고객형 관계(customer type relationship)인데 앨리스가 이 유형에 해당이 됩니다. 고객형 관계는 내담자와 상담자가 공동으로 문제와 도달하고자 하는 해결책을 확인했을 때 이루어집니다. 고객형 내담자는 자신을 문제해결의 일부로 생각하고 문제해결을 위해서 무언가를 할 의지가 있는 상태입니다. 그러므로 자신이 원해서 도움을 요청한 내담자가 고객형 관계로 이루어지는 것이 수월합니다. 영화 <남자가 사랑할 때>에서 앨리스가 남편에게 "우리 상담 좀 받아보자."고 제안했을 때 남편 마이클은 뗍은 표정으로 "당신이 내가 상담소에 같이 가주는 것에 고마워하면 가겠다."고 합니다. 앨리스는 고객형 관계이기 때문에 상담을 통해서 무엇을 이루고 싶은지에 대해 생각해보고 그것을 달성하기 위해서 자신의 노력이 필수적이라는 것을 깨닫고 있습니다.

두 번째는 불평형 관계(complainant type relationship)입니다. 내담자와 상담자의 관계 중 내담자의 불평과 문제에 대해서 공동으로 확인했지만, 해결책을 구축해 나가는 데 있어서 내담자의 역할을 확인하지 못하는 경우 불평형 관계가 형성됩니다. 불평형 내담자는 상담 과정에서 관찰을 잘하고 문제유형과 상황을 자세하게 설명하지만, 자신을 문제 해결의 일부로 인식하지 않는 것입니다. 자신이 문제 해결의 일부가 아니고, 주위에 있는 자신의 배우자나, 자녀, 친구, 직장 상사 등이 먼저 변해야 자신의 문제가 해결될 수 있다고 생각합니다. 다시 말해 자신을 희생자로 인식하고 있는 것입니다.

---

10 알코올 중독자 가족들의 자조모임. 상호원조를 제공하고 공통적인 문제해결에 도움을 주는 방법을 토론하기 위해 정기적으로 만나는 알코올 중독자 가족들로 구성된 자조조직(self-help organization).

세 번째는 방문형 관계(visitor type relationship)입니다. 방문형 관계는 상담을 한 후에도 상담자와 내담자가 공동으로 문제나 상담 목표를 발견할 수 없었을 때 형성됩니다. 영화 <남자가 사랑할 때>에서 부부가 상담 받는 장면을 보면 마이클은 무언가 불만이 있고, 화가 난 듯 보입니다. 상담자에게 당한 느낌이라고까지 이야기합니다. 어떤 문제나 상담의 목표를 같이 공유하지 못하고, 발견하지도 못한 상태입니다. 내담자가 상담자와 함께 해결하자고 하는 문제를 인식하지 않고 있거나, 문제는 자신에게 있는 것이 아니라 다른 사람에게 있다고 생각하는 경우가 방문형 관계에 속합니다. 대체적으로 자신의 의지와는 관계없이 상담을 받으러 온 내담자와 형성될 가능성이 높습니다.

방문형 내담자는 여성보다 남성인 경우가 많은데, 대부분의 남성들은 문제가 생기면 혼자 동굴 속에 들어가 고민하면 좋은 해결책을 자신이 직접 가지고 나올 수 있는 일을 누군가의 도움을 받기 위해 상담을 받는 것은 자신이 열등하다는 것을 인정하는 상태라고 인식하는 것 같습니다. 내가 해결해야 한다는 해결지향적인 사고를 갖고 있는 화성에서 온 남자로서는 받아들이기 쉽지 않을 것입니다. 그렇지만 사람은 모두 자신이 경험한 인식의 눈으로 세계를 바라보기 때문에 가족의 문제를 객관적으로 바라보는 것은 쉽지 않은 일입니다. 이런 의미에서 가족상담에서 가장 중요한 문제 해결의 열쇠는 남자들(아버지와 남편)이 가지고 있다고 생각합니다.

4 해결중심적 대화

앨리스와 마이클 부부를 상담한다고 가정을 할 경우 구조주의 가족상담 입장에서 접근한다면 상담자가 가족의 구조에 참여하고, 개입하고, 가족 안으로 들어가서 흔들기를 시도할 것입니다. 하지만 해결중심 가족상담에서는 내담자가 문제 삼지 않는 것은 건드리지 않는다는 철학을 가지고 있습니다. 내담자가 이야기하지 않은 것에 초점을 두지 말라는 것이지요. 내담자가 문제 삼지 않는다면 상담자가 문제 삼지 말라는 것입니다. 또한, 어떤 것이 효과가 있는지를 알게 되면 그것을 많이 하라는 것입니다. 만약 내담자가 명상과 음악 감상을 통해 가족에 대한 걱정과 불안이 감소하고 내담자의 사고와 행동에 변화가 나타났다면 그것을 계속하라고 권할 수 있습니다. 그렇지만 만약 그것이 효과가 없다면 중단하고 다른 대안을 모색해야겠지요.

해결중심 가족상담에서는 문제를 해결하는 과정에 가족이 능동적으로 참여하도록 개입하는 상담적 대화를 면담이라고 합니다. 상담자는 면담을 통하여 가족이 해결방안을 찾아내고, 과거에 성공적이었던 경험을 근거로 자신의 능력을 인정하고, 상담과정에서 성취하고 있는 것을 인정할 수 있는 질문을 하기 위하여 노력합니다. 문제해결방안을 구축하는 데 사용하는 유용한 질문 방법은 면담 이전의 변화를 묻는 질문, 예외질문, 기적질문, 척도질문, 대처질문으로 구성되어 있습니다.

일반적으로 내담자들이 상담을 요청하는 시기는 봉착한 문제의 심각성이 최고조에 도달한 경우가 대부분이므로 상담을 받으러 오기까지 문제를 해결하기 위한 해결책을 스스로 모색하는 과정에서 상황이 변화하는 경우도 있습니다. 그러므로 "저의 경험에 의하면 처음 상담을 약속했을 때와 상담을 받으러 오기까지의 시간에 어려운 상황이 나아진 사람들이 많이 있습니다. 당신도 그런 변화를 경험하셨습니까?"와 같이 상담을 약속한 후 상담실에 올 때까지 발생한 변화에 대하여 질문하고, 변화를 발견하기 위한 접근이 필요합니다. 또한 상담을 받기로 결정한 순간부터 변화가 시작된다고 보기 때문에 내담자가 의식적이거나 무의식적으로 실시했던 방법에 관한 인정과 칭찬, 그리고 다른 사람의 도움 없이 스스로 노력한 것과 해결능력을 인정하고, 그것을 강화하고 확대할 수 있도록 격려하는 것이 필요합니다.

예외질문은 우연적인 성공을 찾아내어 의도적으로 실시하도록 유도하는 질문입니다. 예를 들면 술을 마신 남편으로부터 매일 폭력을 당하는 내담자에게 "남편이 술을 마셨지만 신체적인 폭행을 하지 않았던 때가 있었나요? 있다면 그때의 상황에 대해 말씀해주실래요?"라는 질문처럼 예외적인 상황을 찾아 밝히는 것입니다. 문제에 관하여 주로 부정적이며 문제에 몰두하는 사고방식으로부터 해결방안을 모색하는 것에 관심을 집중하게 하는 질문이지요. "어떻게 맞지 않는 것이 가능할 수 있었나요? 매일 술을 마시면 때린다면서요? 안 때리는 상황을 만든 것, 그것은 정말 잘한 것 같습니다."라고 함으로써 내담자가 가지고 있는 자원을 활용해서 내담자의 자아존중감을 강화시키는 효과가 있습니다.

기적질문은 어려운 문제가 해결된 상태를 상상해보고, 해결하기 원하는 것들을 구체화하고 명료화하며, 상담목표를 현실적이고 구체적으로 설정하기 위한 질문 방법입니다. 그 과정에서 자기문제를 재인식하고, 해결된 상태를 상상하고, 작은 변화가 큰 변화의 시작이라는 것을 인식하고 점차로 확대해나가도록 합니다. 기적질문은 문제를 제거시키거나 감소시키지 않고, 문제와 해결을 분리하여 해결 상태를 상상하게 하는 것인데, 영화 <남자가 사랑할 때>에서 마이클은 항공회사의 구조조정으로 인해 가족들과 멀리 떨어져 덴버로 전근을 가야 하는 상황에 처합니다. 만약 이런 상황에 있는 마이클을 상담한다면 기적질문을 이렇게 할 수 있을 것입니다. "지금 드리는 질문은 당신에게 상상의 나래를 활짝 펼 수 있도록 해드릴 것입니다. 오늘 상담 후에 집에 가서 잠을 잔다고 상상해보십시오. 잠자는 동안 기적이 일어나서 당신이 덴버로 전근을 가지 않아도 된다고 회사에서 결정을 했습니다. 하지만 당신은 잠을 자고 있으니 이런 기적이 일어났는지 모르겠지요. 아침에 일어나서 지난밤 기적이 일어나서 모든 문제가 해결되었다는 것을 어떻게 알 수 있을까요? 무엇을 보면 기적이 일어났다는 것을 알 수 있을까요?"

척도질문은 문제해결에 관한 전망과 관련된 척도인데, 변화에 대한 동기를 강화하고 다음 단계로 발전하기 위해 무엇을 해야 할지 탐색하기 위해 만들어진 질문입니다. 가족들에게 문제의 심각한 정도, 상담목표, 성취수준 측정 등을 수치로 표현하도록 하는 질문입니다. 영화 <남자가 사랑할 때>에서 치료를 마치고 돌아온 앨리스는 죄책감, 무기력감, 슬픔의 정서 때문에 일상생활에 적응을 잘 못합니다. 이런 상황에 있는 앨리스를 상담한다면 척도질문을 이렇게 할 수 있을 것입니다. "1부터 10까지의 척도에서 10은 문제가 모두 해결된 상태입니다. 1은 문제가 심각한 상태이구요. 그러면 당신의 오늘 죄책감은 몇 점에 해당됩니까? 어제는 6점이었는데 오늘은 8점이군요. 어떻게 6점에서 8점까지 올라갈 수 있었어요? 현재 무기력한 상태를 6점이라고 한다면 '6점에서 7점'으로 변했을 때 무엇이 달라질 것 같은가요? 남편이 여기 있다면 이 문제가 해결될 가능성을 몇 점 정도라고 말할까요?"

척도질문에는 "이 문제를 해결하기 위해 10점 척도에서 어느 정도 노력할 수 있겠습니까?" 같은 동기척도질문과 "말씀드린 것처럼 10이 상담목표가 성취된 상태이고, 1을 상담 받으러 왔을 때의 상태로 본다면, 오늘은 몇 점 정도입니까?"라고 진전 상태를 평가하는 질문도 할 수 있습니다.

자신의 미래를 매우 절망적으로 보면서 아무런 희망이 없다고 하는 내담자에게 주로 사용하는 대처질문은 내담자의 신념체계와 무력감에 대항하는 전략을 구사하는 동시에 내담자에게 약간의 성공을 느끼도록 유도할 수 있고, "당신은 그 어려운 상황에서 어떻게 지금까지 견딜 수 있었습니까?"라는 질문을 통해서 내담자 자신이 바로 대처방안을 제시할 수 있는 기술과 능력을 가졌다는 것을 깨닫게 하는 것입니다.

"당신 어머니가 여기 있다고 가정했을 때 제가 어머니께 당신 문제가 해결되면 무엇이 달라지겠냐고 여쭙습니다. 그러면 어머니가 뭐라고 말씀하실까요?"라고 내담자에게 질문을 던진다면, 내담자는 자신을 한정된 자신의 입장에서 보다가 자신에게 중요한 타인의 눈으로 바라보게 됩니다. 그러면 이전에 없었던 가능성을 만들어낼 수 있습니다. 자신에게 유의미한 다른 사람의 눈으로 자신을 보게 하는 것, 이것이 관계성 질문입니다.

간접적인 칭찬 질문도 해결중심으로 이끄는 질문입니다. 영화 <남자가 사랑할 때>에서 아내와 의견 차이를 좁히지 못한 마이클은 별거를 시작한 지 4개월이 지나 'Al−Anon'에서 용기를 내어 속마음을 표현하면서 가족에게 자신이 생각만큼 필요한 존재가 아니었다고 자조 섞인 고백을 합니다. 이런 상황에 있는 마이클을 상담한다면 간접적인 칭찬 질문을 이렇게 할 수 있을 것입니다. "당신의 예쁜 아이들이 여기 있다고 상상해보세요. 제가 그들에게 당신의 아버지는 좋은 아빠가 되기 위해서 무엇을 했느냐고 묻는다면 당신 생각에 그 아이들이 뭐라고 대답할 것 같습니까?"

해결중심 가족상담은 아래 그림과 같이 문제 기술 ⇒ 목표 형성 ⇒ 예외적인 것 탐색 ⇒ 회기종결과 피드백 ⇒ 향상정도 평가의 다섯 단계를 거치는 것이 기본적인 단계입니다.

·············· 그림 11-1 **해결중심 상담의 기본적인 단계** ··············

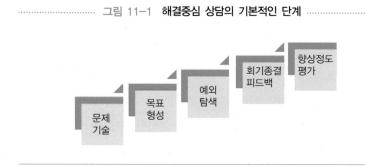

해결중심 가족상담의 원리와 상담기법, 절차는 복잡하지 않고 간단하다는 특징이 있습니다. 문제를 문제로 바라보지 않고 문제와 떨어져서 해결책을 바라보고, 해결책은 개인에게 있지 않고 내담자 가족 구성원 간의 관계에 있다고 믿으며, 내담자가 가지고 있는 강점과 자원들을 활용합니다. 또한 무엇을 했는가 보다 무엇을 할 수 있을 것인가 하는 과거, 현재, 미래에서의 가능성을 봅니다. 해결중심 가족상담은 혼란스럽고 애매한 언어가 아닌 명료한 언어를 사용하고, 모든 내담자가 각각 다른 경우에 있다는 것을 인정하기 때문에 규범과 이론에 얽매이지 않는 탈규범적, 탈이론적 가족상담이론입니다. 그러므로 해결중심 가족상담 이론을 한마디로 하면 SIMPLE이라고 말할 수 있습니다.

Solution(Solutions, not problems), Inbetween(The action is in the interaction, not the individual), Make Use(Make use of what is there–not what isn't), Possibilities (Passibilities–past, present and future), Language(Language–simply said), Every case is different(Every case is different–beware ill–fitting theory)

 영화 〈남자가 사랑할 때〉를 활용한 가족상담 레시피

 레시피 1: 이런 엄마가 좋아요!　　　　　지시적 접근

집단활동 권장

 치유적 장면: 영화 감상
*A타입: 술에 취해 집에 들어온 앨리스가 큰딸 제시의 뺨을 때리는 장면
*B타입: 알코올중독치료를 마치고 돌아온 앨리스가 제시와 대화를 잘 하고 이해하려고 노력하는 장면

마음타래 풀기

클립 'A타입'과 클립 'B타입'을 차례로 보여주고 각 타입에서 엄마의 행동 중 장점, 단점을 활동지에 적고 모둠원들과 의견을 나눈 후 장점과 단점을 종합해서 발표한다.

① 모둠원들과 이야기를 주고받으면서 어떤 감정이 느껴졌나요?
② 당신의 엄마는 A타입과 B타입 중 어느 쪽에 가까운가요?
③ 제시처럼 엄마로부터 맞아본 적이 있나요??

 레시피 2: 대화가 필요해! `연상적 접근`

 치유적 장면: 영화 감상

가족들과 떨어져 알코올 중독 센터에서 장기간의 치료를 마치고 집으로 돌아온 앨리스가 일상생활에 적응하지 못하고 죄책감, 무기력감, 정서적인 불안과 우울로 힘들어하는 상황에 대하여 'Al-Anon(알코올중독자 가족들의 자조모임)'을 마치고 돌아온 남편과 이야기하다가 다투는 장면

① 지금 앨리스와 마이클의 부부관계 만족도는 몇 점을 줄 수 있나요?
   (점수: 1점-최저, 5점-중간, 10점-최고)
② 그들의 부부관계 만족도가 올라가려면 어떤 변화가 있어야 할까요?
③ 지금 현재 당신의 부부관계 만족도는 몇 점이라고 생각하나요?
④ 당신의 배우자는 부부관계 만족도를 몇 점이라고 말할까요?
⑤ 부부관계 만족도를 향상시키기 위해 당신이나 당신의 배우자가 노력해야 할 것은 무엇인가요?
⑥ 내일 아침 눈을 뜨면 부부관계 만족도가 10점으로 느껴질 것입니다. 구체적으로 무엇이 변하면 그렇게 느껴질까요?
⑦ 다툼이 없는 부부는 세상에 없을 것입니다. 저도 가끔 다투는 적이 있는데, 당신의 부부가 다투는 상황에 대하여 말씀해주실래요?

제12장
이야기 치료 가족상담

📽 영화 기본 정보

제목: 국제시장(2014)

제작국: 한국

감독: 윤제균

출연: 황정민, 김윤진, 오달수, 정진영

장르: 드라마

러닝타임: 126분

관람기준: 12세 관람가

📷 힐링시네마를 위한 이 영화의 키워드

전쟁/가족부양/아버지/이산가족/가장/우정

1 이야기 치료 가족상담 이해

고대 아랍의 한 술탄(왕)이 자기 아내의 부정을 알게 되어 아내를 처형합니다. 그 후 술탄은 배신감을 이기지 못하고 세상의 모든 여성을 증오한 나머지 매일 새 신부를 맞이했다가 다음날 아침에 신부를 처형시키는 일을 반복합니다. 그러던 중 어떤 신하의 딸 '세헤라자드'라는 현명한 여성이 다른 처녀들을 구하기 위하여 자신을 희생하기로 작정을 하고 자진해서 술탄과 결혼을 하고 첫날밤부터 재미있는 이야기를 들려줌으로써 술탄의 관심을 끄는 데 성공합니다. 그런데 이야기 도중에 이튿날이 밝아오고 다음 이야기가 궁금한 술탄은 처형을 하루 연기합니다. 어부와 악마의 이야기, 짐꾼과 바그다드의 세 처녀 이야기, 세 개의 능금 이야기, 꼽추 이야기 등 세헤라자드의 이야기는 그칠 줄 모르고 다음날, 그 다음날로 계속되었으며 이야기가 궁금한 술탄은 세헤라자드를 처형하는 시기를 하루하루 연기합니다.

그녀가 풀어놓기 시작한 이야기보따리는 천일하고도 하루를 더해서 1001일 동안 이어집니다. 흥미롭고 신비한 모험과 체험으로 삶의 지혜를 전하는 이야기를 듣고 감탄하여 술탄은 마음의 상처를 치유하고 분노를 다스리게 되었습니다. 그리하여 자신의 잘못을 반성하고 비합리적인 생각과 행동을 수정하였고 세헤라자드를 왕비로 맞아들여 왕국은 오래도록 번영하였다고 합니다.

여러 사람들을 통해 전해져 내려오던 알라딘과 요술 램프, 알리바바와 40인의 도둑, 뱃사람 신밧드의 모험과 같은 유명한 이슬람 문학 이야기들은 이런 우여곡절 끝에 세상에 알려지게 되었습니다. 세헤라자드가 1001일 동안 술탄에게 들려주었던 이야기는 술탄이 자기의 잘못을 뉘우치고, 악법을 폐하고, 선정을 베푸는 왕으로 거듭나게 합니다. 세헤라자드가 술탄에게 들려준 천일야화(千一夜話) 속에는 술탄을 치유할 수 있는 치유의 핵이 있었던 것입니다. 이렇게 입에서 입으로 전해지던 아라비안나이트 설화집은 18세기에 프랑스어로 번역된 뒤 세계의 언어로 번역되었으며, 유럽 문학에 큰 영향을 미쳤습니다.

이야기 치료는 상담분야에 나타난 새로운 패러다임과 방법론으로 새롭고 건강한 이야기 속에서 적극적으로 살아가는 어떤 인물로서 자기 자신을 바라볼 때 스스로의 삶을 변화시키고 성장시켜 나갈 수 있는 힘을 얻게 된다는 믿음을 가지고 있습니다. 어린 시절 천둥 번개가 치고 비 내리는 밤에 할머니가 들려주는 이야기를 들으면서 서서히 단잠에 빠졌던 기억이 있습니다. 어떻게 그 무서운 밤에 단잠을 잘 수 있었을까요? 해답은 바로 할머니의 이야기 속에 있었습니다. 그 이야기 속에는 무서움을 잊어버리고 단잠에 들 수 있는 치유의 핵이 있었던 것입니다. 할머니가 들려주시던 이야기는 치료적인 힘을 지니고 있었고, 할머니는 이야기 치료사였던 것입니다.

1950년대 한국전쟁 이후로부터 현재에 이르기까지 격변의 세월을 살아내신 우리 시대 아버지들을 그린 영화 <국제시장>은 힘들었던 그때 그 시절, 오직 가족을 위해 굳세게 살아내느라 자신을 위해서는 살아본 적이 없는 '덕수'의 이야기입니다. 전쟁의 포화를 피해 원산의 흥남부두에서 철수하는 미군의 배를 타야 했던 덕수네 여섯 식구. 목숨을 건 사투 끝에 가까스로 배에 오르던 중 덕수는 등에 업었던 여동생 막순이를 그만 잃어버립니다. 잃어버린 막순이를 찾으러 나서는 아버지는 울고 있는 덕수에게 자신이 입고 있던 두루마기 옷을 입혀주며 신신당부를 합니다. "명심해 들으라우. 내 없으믄 장남인 니가 가장인걸 잘 알지 에이야. 가장은 어떤 일이 있어도 가족이 제일 우선이다. 알았지 에이야. 시방부터 니가 가장이니까 가족들 잘 챙기라우."

갑자기 부여받은 가장의 역할은 동생을 잃어버렸다는 죄책감과 더불어 평생의 짐이 되어 덕수를 따라 다닙니다. 그렇게 생이별을 하고 부산에 피난을 와서 구두닦이, 생선궤짝 나르는 일 등 닥치는 대로 일을 하지만 살림은 나아지질 않고, 아버지를 대신해서 가족의 생계를 책임져야 했던 '덕수'는 공부 잘 하는 남동생의 대학교 입학 등록금을 벌기 위해 이역만리 독일로 가는 광부 일을 지원합니다. 갱이 무너져 죽을 고비를 넘기는 고생을 하여 동생 둘을 공부시키고, 집까지 장만한 덕수는 건강하게 돌아와 독일에서 만난 여인 '영자'와 결혼을 합니다. 고모가 운영하는 국제시장의 수입 잡화점 '꽃분이네'서 성실하게 일하며 어느 정도 안정을 찾자 선장이 되고 싶었던 자신의 꿈을 이루기 위해 해양대학교에 시험을 치르고 합격통지서를 받아듭니다. 하지만 기뻐할 겨를도 없이 가족의 생활 터전이자 흥남부두에서 헤어진 아버지와 만나기로 약속한 곳, '꽃분이네' 가게를 지키기 위해 자신의 꿈과 행복을 뒤로하고 돈을 벌기 위해 전쟁이 한창이던 베트남으로 건너가 위험을 무릅쓰고 기술 근로자로 일을 하다가 다리에 총상을 입어 장애를 가지게 됩니다.

가족을 지키는 일이 가장 우선이었기에 물, 불 가리지 않고 뛰어들었던 고집불통 덕수에게 가게 '꽃분이네'는 삶의 전부입니다. 뒤를 돌아볼 시간도 없이 살았던 일흔 살 까칠한 노인 덕수, 그가 이

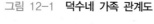

그림 12-1 **덕수네 가족 관계도**

출처: http://blog.naver.com/hama

제 흥남부두에서 막내여동생 막순이의 손을 놓쳤던 아픈 과거로의 시간여행을 떠납니다.

2 이야기 치료의 원리와 과정

화이트(M. White)와 앱슨(D. Epston)에 의해 서서히 정립되어 하나의 치료 이론으로써 자리를 잡게 되는 이야기 치료의 목표는 사람들이 문제에 빠져 있는 이야기를 버리고 자기 자신에게 힘과 만족을 주는 새로운 대안적 이야기를 가질 수 있도록 돕는 것입니다. 자신의 대안적 이야기를 통해서 빠져있었던 문제에서 스스로 탈출하여 걸어 나오는 것입니다. 이야기 치료의 원리는 사람들의 경험이 어떻게 이야기의 형식을 빌어 조직되고 유지되는지를 파악해서 이것을 다르게 바꾸어 주는 데 있습니다. 문제의 이야기에서 대안적 이야기로 전환시킬 때 상담자는 문제를 중심으로 만들어진 이야기를 해체시키려는 의도를 가지고 듣는 해체적 경청기법을 활용합니다.

이야기 치료의 과정은 대체적으로 외재화 대화 단계 ⇒ 문제의 영향력 알아보기 ⇒ 예외적 결과 찾기 ⇒ 독특한 가능성 찾기 ⇒ 대안적 이야기하기로 이루어집니다. 외재화 대화 단계는 자기 안에 내재화 되어 있는 이야기를 바깥으로 끄집어내는 것입니다. 외재화는 자신의 정체성을 문제로부터 분리시키는 경험을 하고, 자신의 호소 문제가 더 이상 자기의 본질을 반영하는 것이 아님을 알게 됨으로써 성공적 문제 해결을 위한 대안이 가시화 될 수 있도록 돕습니다. 이것을 통해 내담자는 죄의식과 수치심을 줄일 수 있고 문제의 관찰자가 될 수 있습니다.

영화 <국제시장>에는 구두닦이를 하던 덕수가 불량배들에게 매를 맞으면서도 미군들에게 얻은 초콜릿을 지켜내고, 그것을 동생들에게 나누어주면서 엄마에게 자신이 원망스럽지 않느냐고 물어보는 장면이 있습니다.

#용두산 판자촌 -덕수가족의 방 / 저녁

호롱불빛에 보이는 남루한 방안 풍경.
덕수모, 낡은 미군 군복 여기저기를 바늘로 기워 가고 있다.
덕수모, 쓰윽... 돌아보면 한쪽 구석에 앉아 있는 덕수와 두 동생.
덕수, 초콜릿을 떼어내 승규와 끝순의 입에 넣어 준다.
승규와 끝순... 참새 새끼들 마냥 맛나게 초콜릿을 받아먹는다.
덕수... 한쪽 눈두덩이가 부어올라 바둑이처럼 퍼렇고
입가엔 얻어 터져 굵힌 상처가 선명하다.

덕수모 : 니 어째 그러니? 이 난리통에 학교 보낸 어마이 속도 모르고
         쌈질이나 하고 싸돌아 다니믄
덕수 : 내 아이 싸웠습니다. 기냥 달리다가 자빠졌습니다.
덕수모 : 이젠 오마이한테 후라이까지 치네.

엄마를 물끄러미 바라보는 덕수

덕수 : 오마이!
덕수모 : 와
덕수 : 오마이는 내가 원망스럽지 않습니까?
덕수모 : 어찌해?
덕수 : 어째 오마이는 단 한번도 막순이 얘기를 아이 합니까?
덕수모 : 예를 들어서 덕수야. 우리 집에 불이 붙었다고 치자. 니는 불
         난 집 안에 있고, 우리는 집 밖에 있다 기리믄 기카믄 오마이
         가 어쩌면 좋겠니?
덕수 : 당연히 나를 구원하러 들어오지 않겠습니까?
덕수모 : 아이다. 니 구원하려다 내까지 죽으믄 동생들은 누가 먹여 살
         리니?

덕수 (어머니를 유심히 바라본다)

덕수모 : 막순이 생각하면 가슴이 찢어지지만 내는 시방 니랑 니 동생들
        을 보살펴야 한다. 그게 오마이니까. 오마이는 기래야 되니까
덕수 : 기래도 나땜에 아버지도...
덕수모 : 아이다 니 잘못이 아이다. 니는 기딴 거 생각하지 말고 공부
        나 열슴히 해라. 아바이 돌아올 때 까정 니가 이 집안의 가장
        이니까 알았지 애이야?

덕수의 두 눈이 벌겋게 달아오른다. 두 동생을 바라본다.
승규와 끝순, 뭔 소린지 관심도 없이 오직 열심히... 열심히 초콜릿을 빨아
먹는다.

　덕수는 자기로 인해 동생을 잃고, 아버지 없이 힘들게 피난살이
를 하는 엄마와 동생들에게 미안하고 죄스러운 마음이 컸을 것이
고, 그 문제로부터 벗어나고 싶었을 것입니다. 그런데, 엄마에게서
너의 잘못이 아니라는 이야기를 들었으니 마음에 위로가 되고, 그
문제를 바라볼 수 있는 힘이 생겼을 것입니다. 그런 덕수의 마음을
알고 집에 불이 붙었을 경우를 예로 들어 덕수 스스로 답을 구하는
질문을 던진 엄마는 현명하고 지혜로운 이야기 치료사입니다.
　내담자로부터 문제가 분리되면 내담자는 관찰자의 입장이 되기
때문에 문제가 자신의 삶에 미치고 있는 영향력을 깨닫게 됩니다.
이때 상담자는 예외적 결과를 찾을 수 있도록 내담자가 문제를 극
복했거나 무시했을 경우에 대해서 생각해보도록 하거나 문제의 생
성과 발전에 내담자가 미치는 영향을 탐색할 수 있도록 질문을 합
니다. 영화 <국제시장>에서 덕수의 절친 달구가 영사실에서 덕수
에게 한 것처럼...

극장 영사실

얼큰하게 술에 취해있는 덕수
달구는 영화필름을 되감기 하고 있다.

덕수 : 돌았나? 새끼야. 가족들 다 여기 있고, 서독이 오덴지도 모르
　　　고, 광부는 무슨 지랄하고... 평생 삽질도 안 해본 주제에...
달구 : 덕수야! 인생은 타이밍이다! 타이밍!
　　　다 때가 있다는 말이다! 무슨 말인지 알긋나? 딱 3년만 갔다
　　　오자.
덕수 : 안 간다고, 안 간다고 쫌... 검정고시 시험도 얼마 안 남았구
　　　마는 진짜...
달구 : 그거는 갔다와서 하믄 된다 아이가 임마! 막말로 느그집에 니
　　　말고 돈 벌 사람이 누가 있노? 느그 동생 등록금 내야 된다
　　　매! 생선궤짝 백만개 만들어 봐라 등록금 나오는가... 생각할
　　　게 뭐가 있노 임마! 답 딱 나왔는데...

달구와 입씨름을 하다가 술이 얼큰하게 취해서 집에 돌아온 덕수는 대학
등록금 문제로 고민하는 엄마와 광부를 하러 서독에 가겠다는 동생 승규
의 이야기를 문 밖에서 듣다가 들어와서 파독광부를 가기로 결정한 듯 이
야기 합니다.

덕수의 집 안방 / 밤

미닫이문을 세게 열어젖히며 덕수가 들어온다.

덕수 : 주둥이 닥쳐. 새끼야! 어디서 확...

순간! 가족들의 시선이 모두 덕수에게 향한다. 얼큰하게 취한 모습의 덕수

승규 : 행님아...
덕수 : 공부나 열심히 해. 대학교 가서 임마!
끝순 : (눈치 없다) 오빠야 니 또 술 쳐마싰나!!! 내가 몬산다! 진짜...
덕수 : 인생은 타이밍이야! 타이밍! 다 때가 있다 뭐 이 말이야. 뭔
　　　　말인줄 알겠어? 어린노무 시키가 빠지가꼬... 어디서 엄마한
　　　　테 꽁알꽁알...확
　　　　(엄마에게) 어무이! 저 들어가 잘께요~~~

다시 드르륵 미닫이문을 닫는 덕수. 어안이 벙벙한 표정의 가족들.

덕수는 서독으로 가서 지하갱도에 들어가 석탄을 캐서 번 돈으로 동생을 공부시키고 가족을 부양합니다. 가족을 돌보는 책임을 어느 정도 덜은 후에 자신을 위한 삶을 살만도 하지만 덕수는 이후로도 자신은 없고 가족만 있는 희생적인 인생을 살아갑니다. 베트남으로 돈을 벌기 위해 떠나려는 덕수에게 아내 영자가 "당신 인생인데 그 안에 왜 당신은 없냐구요?"라고 울부짖으며 묻지만 "이런기 내 팔자라고! 내 팔자가 그런데 우짜란 말이고!"라며 자포자기한 듯 소리를 지르고 베트남으로 떠납니다.

덕수는 가게 '꽃분이네'에 대한 집착이 매우 강합니다. 가게를 팔라고 찾아오는 청년들에게 욕을 해대고 때리기도 하면서 눈에 흙이 들어와도 팔지 않겠다고 고함을 지릅니다. 덕수는 흥남부두에서 헤어진 아버지에게 진 마음의 빚과 동생을 잃어버렸다는 죄책감이 있습니다. 자신으로 인해 아버지와 막순이가 가족들과 생이별을 하게 되었다는 생각을 평생 품고 살아왔고 아마도 그럴 수밖에 없었을 것입니다. 덕수가 새롭고 건강한 이야기 속에서 스스로의 삶을 변화시키고 성장시켜 나갈 수 있는 힘을 얻게 되려면 독특한 가능성

을 찾아야 합니다. 그러기 위해서는 지배적인 이야기 밖에 존재하는 잊혀진 삶의 경험 중에서 덕수에게 중요한 의미를 가질 수 있는 경험들에 대해서 이야기하는 것이 필요합니다. 막순이와 관련된 문제는 '이산가족찾기'를 통하여 재회를 함으로써 해결되었지만, 아버지에게 진 빚은 해결이 되지 않은 채로 남아 있었기 때문에 그 문제에서 벗어나지 못했던 것입니다. 그러던 덕수가 어머니의 기일에 제사를 지내고 나서 자신을 따르고 마음을 알아주는 손녀 '선연'이 부르는 '굳세어라 금순아' 노래를 들으며 아버지를 만납니다.

영화 '국제시장' 중

덕수의 집 - 작은방 / 밤

딸깍, 소리가 나면서 작은방의 문이 열리고 덕수가 들어온다.
거실에서는 여전히 선연의 '굳세어라 금순아'가 울려 퍼지고,
가족들은 박장대소를 하며 즐거워한다.
물끄러미 책상 위에 놓인 아버지의 사진을 바라보는 덕수

덕수(Na) :   아부지...

             내... 약속 잘 지켰지예. 막순이도... 찾았고예. 이만하면...
             내 잘 살았지예...

             근데~ 내 진짜 힘들었거든예~ (울먹이면서 눈물이 흘러
             내린다)

천천히 거울이 비추어지고 어느새, 어린 덕수가 울먹이며 서있다.

덕수부   :   울지말라우 덕수야!

어린 덕수: 아부지

천천히 덕수부가 다가와 덕수의 얼굴을 두 손으로 감싸며 반무릎을 꿇는

다. 헤어질 때 아버지가 그랬던 것처럼...

덕수부   : 그래! 니 얼마나 씨게 고생했는지 다 안다
            내가 니한테 영~ 고맙다. 내 못한 거 니가 잘 해줘서 진짜
            고맙다.
어린 덕수: 아부지... 아부지... 되게 보고 싶었습니다.

어린 덕수가 아버지를 격하게 끌어 안으며 엉엉 소리내어 운다.

덕수부   : 그래... 내도 니가 영~ 보고싶었다...

화면이 바뀌면서 노인 덕수가 무릎을 꿇고
흥남철수 때, 아버지가 입혀 준 두루마기를 끌어안은 채 오열하고 있다.
작은방에서 울고 있는 백발 노인 덕수의 모습과 함께,
거실에서 노래를 부르며 행복해 하는 가족의 모습이 동시에 비춰진다.

잊혀진 삶의 경험 중에서 어린 덕수의 마음 속에 깊숙하게 자리 잡고 있던 죄책감과 아버지에 대한 그리움이 이야기되는 장면입니다. 흥남부두에서 아버지가 입혀주셨던 두루마기는 덕수에게 가족을 책임지는 아버지의 역할을 부여해주는 그런 의미였던 것입니다. 아버지의 두루마기는 덕수의 삶에서 때로는 힘이 되었지만, 때로는 감당해내기 무거운 짐이 되었던 것입니다. 이제 그 두루마기를 아버지에게 돌려드리고 어린 덕수가 아버지로부터 고맙다는 감사의 말과 인정, 칭찬을 듣는 것으로 자신의 가능성을 인정합니다.

독특한 가능성을 찾는 것은 대안적인 이야기를 만들어 내는 재료를 가능하게 합니다. 새로운 이야기가 시작되는 것입니다. 덕수는 자신이 찾은 독특한 가능성을 가지고 새로운 이야기를 만들어갑니다.

덕수의 집 / 마당

덕수의 집 마당에 있는 마루에 덕수와 영자가 걸터앉아 부산항을 내려다 보고 있다.

덕수 : 그라몬 니는 꿈이 뭐였는데?

영자 : 저는... 멋진 남자 만나서 행복한 가정 이루는 거...

덕수 : 축하한다. 니는 완벽하게 꿈을 이뤄뿟네...

영자 : 나는 그래 생각 안하는데...

덕수 : 와? 후회하나? 내하고 결혼한 거...

영자 : 그럼 당신은? 왜 나랑 결혼했어요?

덕수 : 이쁘니까!

영자 : (수줍게 웃으면서) 거짓말이라도 듣기는 좋네...

덕수 : 그라몬 니는 내랑 왜 결혼했는데?

영자 : 사랑하니까

덕수 : (껄껄 웃으면서) 거짓말이라도 듣기는 좋~네...

덕수 : 인자 팔아라...

영자 : 뭘요?

덕수 : 가게...

영자 : 하이고, 이제 당신도 철들었네요.

두 사람의 시선이 담장으로 향하고 담장 위에 앉았던 나비가 하늘 높이 날아간다.

덕수 : 인자는 못오시겠지? 너무 나이드셔갔고...

영자, 덕수를 바라보며 덕수의 손을 천천히 잡아준다. 엔딩 음악이 흘러나온다.

이야기 치료와 기존의 가족 치료는 차이점이 있습니다. 기존의 가족 치료는 가족의 문제를 논의하지만, 이야기 치료에서는 가족의 문제를 논의하기보다는 내담자 스스로 개인의 문제를 재검토하는데 관심을 기울입니다. 또한 이야기 치료는 문제에 대한 가족의 영향력보다 문제가 가족에게 끼치는 영향력에 관심이 있고, 지시를 내리거나 과제를 처방하는 데 초점을 두지 않고 예외적인 질문을 하고, 독특한 가능성을 찾는 질문을 하고, 대안적 이야기를 시작할 수 있는 질문을 하며 담화를 하는 데 초점을 둡니다. 한편, 내담자의 삶의 이야기를 경청하고 대안적 이야기를 열어줄 수 있는 사건들을 탐색하는 것이 치료과정이기 때문에 이야기 치료에서는 내담자의 과거를 살피는 것이 필수적입니다.

 영화 〈국제시장〉을 활용한 가족상담 레시피

 레시피 1: 내 인생의 주인공 　　　　　　　　　연상적 접근

 치유적 장면: 영화 감상

덕수가 가게 '꽃분이네'를 지키고 여동생의 결혼자금을 마련하기 위해 베트남에 가기로 결심한 후 아내 영자와 초등학교 운동장에서 이야기하는 장면

① 덕수의 아내 영자는 남편에게 "당신 인생인데 왜 그 안에 당신은 없냐?"고 따져 묻습니다. 당신의 인생에서 부모, 형제자매의 형편을 고려하느라 당신이 주인공이 아니었던 때가 있었습니까?
② 만약 그때 당신이 인생의 주인공이 되는 선택을 했더라면 당신의 인생은 어떻게 전개되었을까요?
③ 당신이 어떤 일을 결정하려고 할 때, 당신 곁에서 당신을 먼저 위하라고 이야기해줄만한 사람은 누구인가요?

레시피 2: 내면아이 만나기

영화관람 전 안내

지금 당신이 앉아 있는 의자는 당신을 편안하고 안전하게 보살펴줄 것입니다. 지금부터 볼 국제시장 영화는 당신이 어떤 감정을 충분히 느끼게 안내할 것입니다. 영화를 보시면서 눈물이 올라오면 우셔도 됩니다. 물론 화가 나면 화를 내거나 짜증을 내셔도 괜찮습니다. 영화를 감상하시면서 자신의 감정을 진술하게 느껴 보시고 용기 있게 표현하시기 바랍니다. 그러면 영화를 시작하겠습니다.

 치유적 장면: 영화 감상

돌아가신 어머니 제사를 지내고 가족들이 둘러 앉아 노래하면서 즐겁게 보내는 사이 자기 방으로 들어간 덕수가 꿈에 그리던 아버지를 만나 오열하는 장면

① 영화에서 당신의 감정을 자극한 장면이나 대사는 무엇이었나요?
② 그 장면과 대사는 나에게 어떤 의미로 다가오나요?
③ 감정이 올라 왔을 때 내 몸에 어떤 변화가 있었나요?
④ 평소에 당신은 이런 감정을 어떤 방법으로 처리했습니까?
⑤ 그런 감정이 아직도 남아 있다면 그것은 당신의 생활에 어떤 영향을
   미치고 있나요?

 마음에 북주기: 드라마치료

영화 속 덕수는 자신의 어린 시절로 돌아가 흥남부두에서 헤어질 당시의 아버지를 만납니다. 당신도 원한다면 덕수처럼 누군가를 만나서 대화를 할 수 있습니다. 지금 가장 만나고 싶은 한 사람을 떠올려보세요.
① 어떤 이유로 그 사람을 만나고 싶은가요? 만나면 무슨 말을 하고 싶
   고 어떤 말을 듣고 싶습니까?

김용규(2009). 영화관 옆 철학카페, 이론과 실천.

김유숙(2006). 가족상담, 학지사.

김은하 외(2016). 영화치료의 기초: 이해와 활용, 박영story.

김진숙 외(1997). 청소년위기상담, 청소년대화의 광장.

김춘경 외(2013). 상담의 이론과 실제, 학지사.

김충완 외(2013). 영화인문학 산책, 종문화사.

김혜숙(2004). 가족치료 이론과 기법, 학지사.

낸시 L. 메이스 외(2012). 36시간 길고도 아픈 치매가족의 하루, 안명옥 역, 조윤
　　커뮤니케이션.

데이비드 스탯(1999). 심리학용어사전. 정태연 역, 끌리오.

린다 셀리그만(2011). 상담 및 심리치료의 이론, 김영혜 외 역, 시그마프레스.

박승숙(2000). 영화로 배우는 미술치료 이야기, 들녘.

박태영(2003). 가족생활주기와 가족치료, 학지사.

박창욱(2012). 영화, 나의 멘토가 되다, 한울.

배정우 외(2006). 상담심리학의 이론과 실제, 학지사.

백상빈(2005). 영화치료의 정신분석적 요소, 라깡과 현대정신분석, 7(2), pp.
　　113-137.

비르기트 볼츠(2006). 시네마테라피, 심영섭, 김준형, 김은하 역, 을유문화사.

신민섭, 한수정(2006). 영화 속의 청소년, 서울대학교 출판부.

심영섭(2011). 영화치료의 이론과 실제, 학지사.

오윤선(2006). 청소년의 이해와 상담, 예영비앤피.

올더스 헉슬리(2014). 멋진 신세계, 이덕형 역, 문예출판사.

유계숙 외(2005). 영화로 배우는 가족학, 신정.

유안진(1997). 아동양육, 문음사.

윤희윤(2015). 이 영화 함께 볼래?, 문학동네.

윌리엄 그리핀(2001). 가족치료모델 -핵심 가이드-, 한국가족상담치료연구회 역, 하우.

이계정(2015). 심리학자와 함께 가는 치유의 영화관, 소울메이트.

이승민 외(2010). 청소년을 위한 추천영화 77편, 씨네북스.

이유갑 외(2002). 현대사회와 아동양육, 교육과학사.

이지영(2015). 영화로 배우는 심리학개론, 한국애니어그램교육연구소.

이철수 외(2008). 사회복지학사전, 혜민북스.

장헌권(2008). 영화치유 이야기, 쿰란출판사.

정신장애의 진단 및 통계편람 DSM-Ⅳ(1995). 하나의학사.

조현춘, 조현재(2006). 심리상담과 치료의 이론과 실제(제6판), 시그마프레스.

존 브래드쇼(2004). 상처 입은 내면아이 치유, 오제은 역, 학지사.

주정(2013). 소설 『우리들의 행복한 시간』과 영화 〈우리들의 행복한 시간〉의 비교 연구, 순천향대학교 석사학위 논문.

토미 햄너 외(2002). 현대사회와 아동양육, 이유갑 외 역, 교육과학사.

펄벅(1990). 자라지 않는 아이, 샘터사.

Bowen, M. (1990). *Family Therapy in Clinical Practice*. Northvale and London. Jason Aronson Inc.

Goldenberg, I., & Goldenberg, H. (1990). *Counseling today's families*. Pacific Grove, CA : Brooks/Cole.

Minuchin, S. (1974). *Familes and Family Therapy*. Massachusetts: Harvard University Press.

Satir, V., Banmen, J, Gerber, J., & Gomor, M (1991). *The Satir Model: Family Therapy and Beyond*. Palo Alto, Calif: Science & Behavior Books, Inc.

찾아보기

저자소개

조 원 국

저자 조원국은 한국교원대학교 체육교육과를 졸업하고 강원도의 고등학교에서 체육을 가르치고 있습니다. 학생들에게 상처를 덜 주는 교사가 되고 싶은 마음에서 상담을 공부하기 시작했고, 강원대학교에서 교육학 박사학위(상담심리)를 취득했습니다. 상담 및 심리와 관련해서는 MBTI일반강사, STRONG진로상담전문가, 드라마치료전문가, 영화치료강사 자격을 가지고 있고, 강원대·상지대·극동대·한라대에서 상담 및 교육학 겸임교수로 활동하였습니다. 현재 한국영상영화치료학회 영상영화심리상담전문수퍼바이저로 활동하고 있고, 원주의 작은 공간(담쟁이심리상담연구소)에서 사람들과 어울려 마음공부를 하고 있습니다.

영화로 열어가는 가족상담

초판발행	2017년 2월 17일
중판발행	2018년 1월 5일
지은이	조원국
펴낸이	안상준
편 집	배근하
기획/마케팅	노 현
표지디자인	김연서
제 작	우인도·고철민
펴낸곳	㈜ 피와이메이트
	서울특별시 마포구 월드컵북로 400, 5층 2호(상암동, 문화콘텐츠센터)
	등록 2014. 2. 12. 제2015-000165호
전 화	02)733-6771
f a x	02)736-4818
e-mail	pys@pybook.co.kr
homepage	www.pybook.co.kr
ISBN	979-11-87010-74-6 93180

정 가   14,000원

박영스토리는 박영사와 함께하는 브랜드입니다.